SCHAUM'S OUTLINE OF

ITALIAN VOCABULARY

SCHAUM'S OUTLINE OF

ITALIAN VOCABULARY

•

FIORENZA CONSONNI CLARK
Foreign Language Instructor
Raritan High School

and

CONRAD J. SCHMITT
Consultant and Former Editor in Chief
Foreign Language Department
McGraw-Hill Book Company

•

SCHAUM'S OUTLINE SERIES
McGRAW-HILL, INC.
New York St. Louis San Francisco Auckland Bogotá Caracas Lisbon
London Madrid Mexico City Milan Montreal New Delhi
San Juan Singapore Sydney Tokyo Toronto

FIORENZA CONSONNI CLARK was born and educated in Italy. She received her teacher's certificate in Marche, Italy and undertook advanced studies at the University of Rome. Ms. Clark also attended Rutgers University, New Brunswick, New Jersey. She has taught languages for twenty-five years and is presently a teacher of Italian and Spanish at the Raritan High School in Hazlet, New Jersey.

CONRAD J. SCHMITT was Editor in Chief of Foreign Language, ESL and bilingual publishing with McGraw-Hill Book Company. Prior to joining McGraw-Hill, Mr. Schmitt taught languages at all levels of instruction, from elementary school through college. He has taught Spanish at Montclair State College, Upper Montclair, New Jersey; French at Upsala College, East Orange, New Jersey; and Methods of Teaching a Foreign Language at the Graduate School of Education, Rutgers University, New Brunswick, New Jersey. He also served as Coordinator of Foreign Languages for the Hackensack, New Jersey, Public Schools. Mr. Schmitt is the author of numerous foreign language textbooks.

 This book is printed on recycled paper containing 10% postconsumer waste.

Schaum's Outline of
ITALIAN VOCABULARY

5 6 7 8 9 10 11 12 13 14 15 16 17 18 19 20 PRS PRS 9 9 8 7 6 5

ISBN 0-07-023032-3

Sponsoring Editor, John Aliano
Production Manager, Nick Monti
Editing Supervisor, Marthe Grice

Library of Congress Cataloging-in-Publication Data

Clark, Fiorenza Consonni.
  Schaum's outline of Italian vocabulary.

  (Schaum's outline series)
  1. Italian language—Vocabulary. 2. Italian
language—Conversation and phrase books—English.
I. Schmitt, Conrad J. II. Title. III. Title:
Theory and problems of Italian vocabulary. IV. Title:
Italian vocabulary.
PC1445.C5 1987   458.3′421   86-27494
ISBN 0-07-023032-3

Preface

The purpose of this book is to provide the reader with the vocabulary needed to converse effectively in Italian about everyday topics. Although the book contains a review of common, basic words the reader has probably encountered in his or her early study of Italian, the major aim of *Italian Vocabulary* is to enrich the student's knowledge of the language by providing words that seldom appear in typical textbooks but that are essential for communicating comfortably about a given situation.

Unlike a bilingual dictionary, *Italian Vocabulary* provides the reader with a great deal of guidance in selecting the proper word(s) for expressing exactly what he or she wishes to say. Anyone not completely fluent in Italian often finds a bilingual dictionary frustrating. For example, look up the word *bunch* and you will find as entries *mazzo, fascetto, grappolo, nodo* and *ciocca*. You will still be at a loss as to which word you need. *Italian Vocabulary* alleviates this frustration by indicating the specific words used to express such ideas as a bunch of flowers, a bunch of grapes or a bunch of asparagus.

The content of each chapter is focused on a real-life situation, such as making a telephone call, traveling by plane or train, staying at a hotel or shopping for food. In order to enable readers to build and retain the new vocabulary, the book affords many opportunities to use the new words. Each chapter is divided into subtopics. The student acquires a few new words about a specific topic and is immediately directed to practice them in a multitude of exercises. Answers are provided so the student can make prompt self-correction.

In case the student should also wish to use this book as a reference tool, at the end of each chapter there is an Italian to English reference list that contains the key words presented in that chapter. The dot below the word indicates the stressed syllable. A topical reference list from English to Italian appears immediately after the appendixes. In addition, at the very end of the book there are Italian to English and English to Italian glossaries that contain all key words introduced in the book. A special list of foods appears in Appendix 6.

Italian Vocabulary can be used as a review text or an enriching companion to any basic text.

FIORENZA CONSONNI CLARK
CONRAD J. SCHMITT

Contents

CONTENTS

INDICE

CONTENTS

Chapter 1: At the airport

Capitolo 1: All'aeroporto

GETTING TO THE AIRPORT

Nell'aeroporto ci sono due *stazioni d'imbarco*.	terminals
La stazione d'imbarco A è per *i voli internazionali*.	international flights
La stazione d'imbarco B è per i voli *nazionali*.	national, domestic
Possiamo andare all'aeroporto in *tassì (taxi)*.	taxi
Possiamo *prendere un autobus*.	take a bus
Gli autobus partono dal *capolinea in città*.	city terminal

1. Complete.

    Non voglio andare all'aeroporto in tassì. Il tassì costa molto. Preferisco andare in

    _____. Gli autobus partono dal _____ in città. C'è un servizio molto

         1   2

    conveniente e frequente. Gli autobus _____ ogni cinque minuti dal capolinea nel

                                         3

    centro della città.

2. Complete.

    —A quale stazione d'imbarco va Lei, signore?

    —C'è più di una _____ _____ nell'aeroporto?

                                 1

    —Sì, signore. Ce ne sono due. La stazione d'imbarco A è per i _____ internazionali

                                            2

    e la _____ _____ B è per i voli _____.

                  3   4

    —Bene, io vado a Nuova York. È un _____ internazionale. Per piacere (per favore)

                                       5

    desidero andare alla _____ A.

                              6

CHECKING IN (Fig. 1-1)

Lì è *il banco della linea aerea (compagnia aerea)*.	airline counter
C'è *una fila (coda) lunga*.	long line
L'impiegato vuole vedere *il biglietto*.	ticket
Deve vedere anche *il passaporto* ed *il visto*.	passport; visa

3. Complete.

    Quando arriviamo ad un aeroporto, dobbiamo andare al _____ della compagnia

                                                     1

    aerea. Generalmente c'è una _____ lunga di gente che aspetta al _____.

                                  2   3

    Al banco dobbiamo mostrare il nostro _____ all'impiegato. Se facciamo un

                                               4

    _____ internazionale, l'impiegato dovrà anche vedere il nostro _____.

       5   6

SPEAKING WITH THE AIRLINE AGENT (Fig. 1-2)

—Il suo biglietto, per favore.	
—*Eccolo*, signorina.	here it is

Fig. 1-1

—Lei va a Roma? Mi faccia vedere il passaporto, per
favore. Grazie. Desidera sedersi nello *scompartimento*
(nella *sezione*) *non fumatori*?   no-smoking section

—Sì, *un posto* nello scompartimento non fumatori.   a seat
Nel corridoio, per favore.   on the aisle

—Lei ha il posto C nella *fila* 22.   row
Quante *valige* porta?   suitcases

—Due.

—Porta del *bagaglio a mano*?   hand luggage

—Solamente questa *valigetta*.   briefcase

—Molto bene. Il bagaglio a mano *deve stare sotto* il suo   has to fit under, has to stay
sedile (posto). Ecco *una targhetta* per la sua valigetta.   under; seat; label, tag

—Grazie.

—Benissimo. Tutto è in ordine. Ecco la sua *carta   boarding card
d'imbarco, volo* 430 per Roma, posto C nella fila 22,   flight
sezione non fumatori. Qui ha *gli scontrini* per il bagaglio.   baggage claim stubs
Lei ha due valige *controllate* per Roma. Le può *ritirare* a   checked; claim
Roma. Entro mezz'ora annunzieranno *la partenza* del suo   departure
volo. Buon *viaggio*!   trip

Fig. 1-2

4. Complete.

1. Il signor Martin va da Nuova York a Roma. Fa un viaggio _____.
2. Sta al _____ della linea aerea.
3. Parla con l'impiegata della linea aerea. L'impiegata vuole vedere il suo _____. Siccome fa un viaggio internazionale, l'impiegata vuole anche vedere il suo _____.
4. Al signor Martin non piace fumare. Lui desidera un _____ nello(a) _____ non fumatori.
5. Il posto C nella _____ 22 è nel _____ nello scompartimento _____.
6. Negli aeroplani il _____ _____ _____ deve stare sotto il sedile del passeggero. Il signor Martin non ha problema. Lui porta solo una _____.
7. L'impiegata gli dà una _____ per la sua valigetta.
8. È necessario avere una _____ _____ per andare a bordo di un aereo.
9. Il signor Martin parte con il _____ 430 per Roma. Ha il _____ C nella _____ 22 nel _____ della sezione _____ _____.
10. Al signor Martin sono state controllate due valige per Roma. Lui ha i due _____ e potrà _____ le sue valige a Roma.

5. Answer on the basis of Figs. 1-3 and 1-4.

1. Dov'è la signora?
2. Con chi parla?
3. Cosa dà all'impiegato?
4. Dove desidera sedersi la signora?
5. Quante valige ha la signora?
6. Porta bagaglio a mano?
7. Cosa porta?
8. Può starci sotto il sedile la valigetta?

Fig. 1-3

9. Che cosa dà l'impiegato alla signora?
10. Con quale volo parte la signora?
11. Dove va la signora?
12. Qual è il suo posto?
13. Dov'è il posto?
14. Quante valige sono state controllate alla signora?
15. Dove può ritirare le valige?

6. Choose the appropriate word.
1. I passeggeri devono mostrare il loro passaporto perché fanno un viaggio _____.
   (*a*) lungo (*b*) internazionale (*c*) nazionale
2. Il posto C è _____. (*a*) nella sezione (*b*) nel finestrino (*c*) nel corridoio
3. Per identificare il mio bagaglio a mano metto _____. (*a*) questa targhetta
   (*b*) questo posto (*c*) questa valigetta
4. Per andare a bordo dell'aereo è necessario (si deve) avere _____. (*a*) una
   targhetta (*b*) una ricevuta (*c*) una carta d'imbarco
5. Il mio posto è _____ 22. (*a*) nella sezione (*b*) nella fila (*c*) nel banco

Fig. 1-4

LISTENING TO ANNOUNCEMENTS

Una partenza

La compagnia aerea Alitalia annunzia *la partenza* del volo   departure
430 per Roma. Preghiamo i signori passeggeri di passare per
la stazione di controllo.   security check
Imbarco immediato per *l'uscita d'imbarco* numero otto.   boarding; gate

7. Complete.
   1. _____ _____ _____ annunzia una partenza.
   2. Annunziano la _____ di un volo.
   3. Annunziano la partenza del _____ 430.
   4. Annunziano la partenza del volo 430 _____ Roma.
   5. I passeggeri devono passare per la _____ _____ _____.
   6. Ispezionano il bagaglio a mano alla _____ _____ _____.
   7. I passeggeri vanno a bordo per l'_____ _____ numero otto.
   8. L'_____ è immediato.

8. Complete.
   1. L'aereo sta per partire. Stanno annunziando la _____.
   2. Il volo va a _____.
   3. Vanno a ispezionare il bagaglio dei passeggeri. I passeggeri devono passare per la _____ _____ _____.
   4. I passeggeri del volo 430 vanno a bordo per l'_____ _____ numero _____.

Un arrivo

Attenzione! Attenzione! La compagnia aerea Alitalia
annunzia *l'arrivo* del volo 129 *proveniente da* Parigi. I
passeggeri *sbarcheranno* dall'uscita numero 10.

arrival; arriving from
disembark, deplane

9. Complete.
   —Non ho capito bene l'annunzio. Stanno annunziando la partenza del nostro volo?

   —No, no. Stanno annunziando l'_____ di un altro volo.
   1

   —Che volo è?

   —È il _____ 129 _____ _____ Parigi.
   2 3

10. Give the opposite of each of the following.
    1. l'arrivo
    2. nazionale
    3. imbarcare

CHANGING AN AIRLINE TICKET

Ho perduto il volo dell'ATI per Londra.   I missed
C'è un altro volo con la British Airways.
Il volo non è *al completo*.   full
Ci sono dei *posti disponibili*.   seats available
Non è un volo *diretto*.   nonstop
Fa *scalo* a Zurigo.   a stop
Non dobbiamo *cambiare aereo*.   change planes
La tariffa è uguale in tutte e due le linee aeree.   fare
Non c'è nessuna differenza nel *prezzo*.   price
L'ATI deve *intestare* il biglietto alla British Airways. endorse

11. Complete.
    —Sono arrivata tardi all'aeroporto perché c'era molto traffico ed _____ _____
    1

    il volo per Londra. C'è possibilmente un _____ _____ per Londra?
    2

    —Sì, signora. Ne abbiamo uno che parte alle tredici e venti. Viaggia sola?

    —Sì, viaggio sola.

    —Vediamo se il volo è _____ _____ o se ci sono dei _____
    3

    _____. No, non è al completo.
    4

    —Che fortuna! C'è differenza nel prezzo?

    —No, il _____ delle due compagnie è uguale.
    5

    —Può accettare questo biglietto dell'ATI o me ne deve dare uno nuovo?

    —Posso accettare il biglietto che ha, però Lei dovrà prima andare all'ATI dove dovranno

    _____ il biglietto a nostro favore.
    6

    —È un volo _____?
    7

    —No, fa _____ a Zurigo.
    8

    —Va bene. Non importa. Ritorno subito.

La signora Calvi arriva all'aeroporto e nota che ci sono due stazioni d'imbarco. Da una partono i voli nazionali e dall'altra partono i voli internazionali. Dato che va all'estero si dirige alla stazione d'imbarco internazionale. Immediatamente va al banco della linea aerea con la quale viaggia. Mostra all'impiegata il suo biglietto. L'impiegata vuole vedere anche il passaporto. Tutto è in ordine. La signora consegna il suo bagaglio all'impiegata. Ha due valige. L'impiegata mette i due scontrini nella busta del biglietto e spiega alla signora Calvi che può ritirare il suo bagaglio all'arrivo a Londra, sua destinazione. L'impiegata dà anche una targhetta da mettere nella valigetta che porterà a bordo. L'impiegata le rammenta che il suo bagaglio a mano deve stare sotto il suo sedile. La signora dice all'impiegata che lei ha un posto riservato nel corridoio nello scompartimento non fumatori. L'impiegata le spiega che il computer non indica che lei ha un posto riservato. Pero non c'è nessun problema. Il volo non è al completo e ci sono molti posti disponibili, alcuni nel corridoio. L'impiegata dà alla signora la carta d'imbarco. Le dice che ha il posto C nella fila 25 nello scompartimento non fumatori. Il volo 215 per Londra partirà dall'uscita d'imbarco numero sei. La signora vuole sapere se il volo è diretto. No, non lo è. Fa scalo a Zurigo, pero i passeggeri che continuano il viaggio non devono cambiare aereo. Lo stesso aereo proseguirà per Londra. Appena ha terminato di parlare con l'impiegata, la signora sente l'annunzio: «La British Airways annunzia la partenza del volo 215 per Zurigo e Londra. Imbarco immediato. I signori passeggeri sono pregati di usare l'uscita d'imbarco numero sei».

12. Complete.
    1. Ci sono due _____ _____ nell'aeroporto. Una è per i _____ internazionali e l'altra è per i voli _____.
    2. L'_____ lavora al _____ della compagnia _____.
    3. I passeggeri devono mostrare il loro _____ all'impiegata e, se fanno un viaggio all'estero, devono anche mostrare il loro _____.
    4. La signora consegna il suo _____ all'impiegata. Ha due valige.
    5. L'impiegata mette i due _____ nella busta del biglietto. La signora avrà bisogno degli _____ per ritirare il suo bagaglio a Londra.
    6. La signora porterà a bordo una _____. Il bagaglio a _____ deve stare _____ il _____ sedile.
    7. La signora Calvi desidera sedersi nel _____ nello(a) _____ non fumatori.
    8. Il computer non indica un posto riservato per la signora, ma non importa. L'aereo non è _____ e ci sono molti _____ disponibili.
    9. La signora guarda la sua _____ d'imbarco. Vede che ha il _____ C nella _____ 25.
    10. Il volo per Londra farà _____ a Zurigo, ma la signora Calvi non dovrà _____ aereo.
    11. Annunziano l'_____ immediato per il volo 215 _____ Londra con scalo a Zurigo.
    12. I passeggeri del volo 215 devono passare per _____ _____ numero sei.

13. Answer.
    1. Dove arriva la signora Calvi?
    2. Quante stazioni d'imbarco ci sono all'aeroporto?
    3. Perché ce ne sono due?
    4. Dove va la signora quando è alla stazione d'imbarco internazionale?
    5. Cosa vuole vedere l'impiegata?
    6. Quante valige sono state controllate alla signora?
    7. Dove mette gli scontrini l'impiegata?
    8. Dove può ritirare il suo bagaglio la signora?

9. Cosa porta a bordo la signora?
10. Dove deve entrare (stare) il bagaglio a mano?
11. Ha un posto riservato la signora?
12. Perché non c'è nessun problema?
13. Che posto ha la signora?
14. Da quale uscita d'imbarco parte l'aereo?
15. Fa scalo l'aereo?

14. Complete.

La signora Calvi volerà con il _____ 215 _____ Londra. L'aereo farà
                                    1   2

_____ a Zurigo, ma la signora non dovrà _____ aereo. Lei ha il _____
          3   4   5

C nella _____ 25 nel _____ nella sezione _____ _____.
         6   7   8

Key Words

l'aeroporto   airport
l'arrivo   arrival
il bagaglio   luggage
il bagaglio a mano   hand luggage, carry-
                                on luggage
il banco   counter
il biglietto   ticket
la busta del biglietto   ticket envelope
cambiare aereo   to change planes
la carta d'imbarco   boarding card, board-
                                ing pass
la compagnia aerea   airline
la compagnia di aviazione   airline
al completo   full
il computer   computer
con destinazione   bound for
controllare   to check
il corridoio   aisle
disponibile   available
entrare   to fit
all'estero   abroad
fare scalo   to make a stop (airplane)
la fila   line, row
l'imbarco   embarcation, boarding
l'impiegato(a)   employee, clerk
informare   to inform
intestare   to endorse
internazionale   international
la linea aerea   airline

nazionale   national
la partenza   departure
il passaporto   passport
il (la) passeggero(a)   passenger
perdere   to miss
pieno   full
il posto   seat
il prezzo   price
proveniente da   arriving from
ritirare   to claim
lo scompartimento   compartment
lo scontrino   baggage claim check
il sedile   seat
senza scalo   nonstop (flight)
la sezione (non) fumatori   (no-) smoking
                                            section
stare   to stay, to be located
la stazione d'imbarco   terminal, station
la targhetta   label, tag (for identification)
la tariffa   fare
il tassì   taxi
il taxi   taxi
l'uscita d'imbarco   boarding gate
la valigetta   briefcase, small suitcase
la valigia   suitcase
vistare   to issue a visa
il visto   visa
il volo   flight

Chapter 2:   On the airplane
Capitolo 2:   In aeroplano

WELCOME ON BOARD (Fig. 2-1)

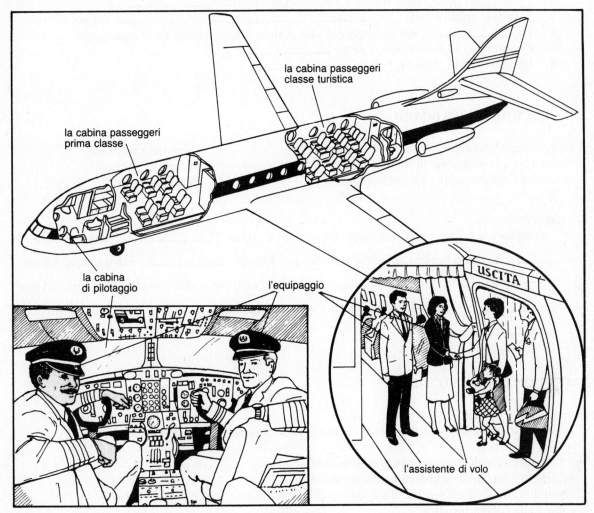

la cabina passeggeri
classe turistica

la cabina passeggeri
prima classe

la cabina
di pilotaggio

l'equipaggio

USCITA

l'assistente di volo

Fig. 2 -1

Il pilota ed il suo *equipaggio* si occupano della *sicurezza* dei passeggeri.	crew; safety
Gli assistenti di volo lavorano nell'aereo.	flight attendants
Loro *danno il benvenuto* ai passeggeri.	welcome
La cabina anteriore (davanti) è la prima classe.	forward cabin (in front)
La cabina posteriore (didietro) (principale) è per la classe turistica (economica).	rear cabin (in back) (main)
I passeggeri non possono entrare nella *cabina di pilotaggio* durante il volo.	cockpit
L'aereo *decolla* da Nuova York.	takes off
L'aereo *atterra* a Roma.	lands

1. Complete.
1. Tutto il personale a bordo di un aereo è l'_____.
2. Gli _____ _____ _____ aiutano i passeggeri.
3. La cabina _____ è più grande della cabina anteriore.
4. I passeggeri della classe turistica viaggiano nella cabina _____.
5. È vietato entrare nella _____ _____ _____ durante il volo.
6. La _____ dei passeggeri è una grande responsabilità per l'equipaggio.
7. Quando il volo incomincia, l'aereo _____.
8. Quando il volo termina, l'aereo _____.

ANNOUNCEMENTS ON BOARD

Il viaggio impiegherà circa otto ore e venti minuti.	flying time will take
Voleremo ad *una altitudine* di milleduecento metri ed a *una velocità* di milletrecento chilometri *all'ora.*	we will fly; altitude speed, an hour

2. Complete.

Signori e signore: il capitano Casanova e tutto l'_____ danno Loro il
$\quad$ 1
_____ a bordo dell'aereo volo 281 per Roma. _____ entro cinque minuti.
$\quad$ 2 $\qquad\qquad\qquad\qquad\qquad\qquad$ 3
Il viaggio da Nuova York a Roma _____ otto ore e dieci minuti. Voleremo ad una
$\qquad\qquad\qquad\qquad\qquad\qquad\qquad\qquad$ 4
_____ di milleduecento metri e ad una _____ di milletrecento chilometri
$\quad$ 5 $\qquad\qquad\qquad\qquad\qquad\qquad\qquad$ 6
_____.
$\quad$ 7

SAFETY ON BOARD (Fig. 2-2)

In caso di emergenza:	in case of emergency
Il giubbotto di salvataggio (salvagente) è situato sotto il suo sedile.	life vest; is located
Nel caso di un cambiamento nella pressione dell'aria, *la maschera d'ossigeno* scenderà automaticamente.	oxygen mask
Ci sono due *uscite di emergenza* nella cabina di prima classe e due nella cabina turistica.	emergency exits
Ci sono anche quattro uscite di emergenza *sopra le ali.*	over the wings

3. Answer.
1. Dove sono i salvagenti (giubbotti di salvataggio) nell'aereo?
2. Se nell'aereo c'è un cambiamento nella pressione dell'aria, cosa scenderà automaticamente?
3. Dove sono situate le uscite di emergenza nell'aereo?

I passeggeri devono *rimanere seduti.*	remain seated
Devono rimanere seduti durante *il decollo* e *l'atterraggio.*	takeoff; landing
Durante il decollo e l'atterraggio i passeggeri devono *agganciarsi la cintura di sicurezza.*	fasten their seat belts
Anche durante il volo devono *continuare a tenere le cinture di sicurezza agganciate.*	continue to keep the seat belts fastened
A volte l'aereo può incontrare delle *turbolenze inaspettate.*	unexpected turbulence
Quando c'è turbolenza, l'aereo *sobbalza.*	bounces, bumps

l'uscita
di emergenza

la maschera
di ossigeno

il giubbotto
di salvataggio

Fig. 2-2

4. Complete.

Durante il _____ ed anche durante l'_____ i passeggeri di un aereo
            1   2

devono rimanere _____. Non possono andare in giro per l'aereo. Non solo devono
                3

rimanere seduti, ma devono agganciarsi la _____ _____ _____.
                                      4

È anche una buona idea continuare a tenere agganciata la _____ durante tutto il
                                              5

volo. Non si sa mai quando l'aereo incontrerà qualche _____ inaspettata. Quando
                                        6

c'è turbolenza, l'aereo _____.
                      7

Il segnale «vietato fumare» è acceso.	no-smoking sign; lit
Il segnale «vietato fumare» è acceso durante il decollo e l'atterraggio.	
Quando il segnale è acceso, i passeggeri non possono fumare.	
Non possono fumare nemmeno *nella sezione fumatori.*	in the smoking section
È proibito fumare nei *corridoi.*	aisles
È proibito fumare anche nei *gabinetti.*	toilets

5. Complete.

1. I passeggeri a bordo di un aereo non possono fumare nella _____ _____
   _____, nei _____, né nei _____.

2. Non possono fumare quando il _____ «vietato fumare» è _____.
3. Il _____ «_____ _____» è acceso durante il decollo e durante l'_____.

il compartimento in alto

lo schienale del sedile

sotto il sedile

Fig. 2-3

Non si può mettere *il bagaglio a mano* nei corridoi.	carry-on luggage
Il bagaglio a mano deve *restare sotto il sedile*.	stay under the seat
Se non entra sotto il sedile, deve stare nei *compartimenti in alto*.	overhead compartments
Durante il decollo e l'atterraggio si deve tenere *lo schienale del sedile* in posizione verticale.	seat back

6. Complete.
      Molti passeggeri portano il bagaglio a mano a bordo dell'aereo. Però non possono mettere il bagaglio nei _____. Tutto il bagaglio a mano deve _____ o sotto il
                    1   2
_____ o nei _____ in alto. È una regola di sicurezza. Durante il _____
        3   4   5
e l'_____ lo _____ del sedile deve essere in _____ verticale.
         6   7   8

COMFORTS AND AMENITIES ON BOARD (Fig. 2-4)

Fig. 2-4

Durante il volo:	
Serviamo *bibite*.	drinks
Ci sono *giornali* e *riviste*.	newspapers; magazines
Serviamo un *pasto*.	meal
Prima di atterrare *serviremo la prima colazione*.	we will serve breakfast
Ci sono cinque *stazioni (canali)* di musica stereofonica.	stations, channels
Presentiamo *una pellicola (un film)*.	movie
L'uso della *cuffia stereofonica costa* $4.	headset; costs
Ci sono anche *coperte* e *guanciali*.	blankets; pillows
Nella *tasca del sedile* ci sono dei *sacchetti per il male d'aria*.	seat pocket; airsickness bags

7. Complete.

Durante il viaggio gli assistenti di volo ci servono un _____. Prima dell'atterraggio

ci servono anche una _____ _____. Durante il volo c'è la _____

stereofonica. Ci sono cinque _____. In ognuna c'è musica differente—classica,

moderna, ecc. In un canale danno anche lezioni d'italiano. Dopo il pasto presentano una

_____. Se desideriamo ascoltare la musica o vedere un film dobbiamo pagare $4
        5
per l'uso della _____ _____. Se vogliamo fare un sonnellino (pisolino), gli
                             6
assistenti di volo ci porteranno un _____ ed una _____.
                                              7   8

8. Complete.

Sono stanco(a). Non voglio mangiare, non desidero ascoltare la musica, non voglio vedere

il film. Desidero solo dormire. Ha un _____ ed una _____, per favore?
                                              1   2

Ogni giorno ci sono migliaia di aerei che viaggiano intorno al mondo. Quando i passeggeri vanno
a bordo dell'aereo, alcuni assistenti di volo ed altri membri dell'equipaggio si mettono vicino
all'entrata dell'aereo. Danno il benvenuto a bordo ai passeggeri e ritirano le loro carte d'imbarco.
A volte devono mostrare ad un passeggero dov'è il suo posto. Nella maggioranza degli aerei la
cabina posteriore o la cabina principale è per la classe turistica e la cabina anteriore è per uso
esclusivo dei passeggeri di prima classe.

Durante il volo ci sono vari annunzi. Gli assistenti di volo devono pensare alla comodità (all'agio)
ed anche alla sicurezza dei passeggeri. Spiegano loro l'uso della maschera d'ossigeno e del giubbotto
di salvataggio. Mostrano loro dove sono situate le uscite di emergenza ed anche i gabinetti. Ci sono
delle regole importanti che i passeggeri devono rispettare. Tutto il bagaglio a mano deve entrare
sotto il sedile o nei compartimenti in alto. È proibito fumare durante il decollo e l'atterraggio, nella
sezione non fumatore, nei gabinetti e, se uno sta in piedi nei corridoi. Non si può fumare anche
quando il pilota accende il segnale «vietato fumare». Durante il decollo e l'atterraggio i passeggeri
devono tenere lo schienale del proprio sedile in posizione verticale e devono agganciarsi la cintura
di sicurezza. L'equipaggio raccomanda sempre ai passeggeri di tenere agganciate le cinture quando
stanno seduti. Non si sa mai quando l'aereo incontrerà qualche turbolenza inaspettata e comincerà
a sobbalzare.

Durante il viaggio, gli assistenti di volo servono bibite ed un pasto. Danno coperte e guanciali
ai passeggeri che desiderano fare un pisolino. In molti voli di lunga durata la compagnia aerea offre
ai passeggeri l'opportunità di ascoltare varie stazioni di musica stereofonica e presentano loro un
film. Gli assistenti di volo distribuiscono le cuffie stereofoniche ai passeggeri che le desiderano.
Nella classe turistica si deve pagare un prezzo nominale per l'uso delle cuffie stereofoniche.

Durante tutto il volo è proibito entrare nella cabina di pilotaggio. In molti voli il capitano parlerà
ai passeggeri e li informerà del tempo approssimativo del volo, della rotta del volo, a che altitudine
voleranno e la velocità che raggiungeranno. Da parte di tutto l'equipaggio il capitano augura ai
passeggeri un buon viaggio.

9. Complete.
1. Nella maggioranza degli aerei ci sono due _____. La cabina _____ è
   per l'uso dei passeggeri di prima _____. La _____ posteriore è per
   la classe _____.
2. Gli assistenti di _____ ritirano le _____ d'_____ quando i
   passeggeri vanno a bordo dell'aereo.
3. Se c'è un cambio nella pressione dell'aria, i passeggeri devono usare la _____
   d'_____ per respirare.
4. Il _____ _____ _____ deve entrare sotto il sedile o nei
   _____ _____.
5. Non si può fumare durante il _____ o l'_____.
6. Non si può fumare quando il _____ «_____ _____» è
   acceso.
7. I passeggeri devono tenere lo _____ dei loro sedili in _____ verticale
   durante il decollo e l'atterraggio.

8. L'equipaggio sempre raccomanda ai passeggeri di tenere agganciate le _____ _____ _____ quando stanno seduti.

9. Durante un volo di lunga durata, gli assistenti di volo sempre servono _____ ed un _____.

10. Se un passeggero desidera ascoltare la musica o vedere un film deve usare la _____ _____. Per questo uso, il passeggero della classe turistica, deve pagare un _____ nominale.

10. Match.

1. tutto il personale a bordo di un aereo
2. ciò che cadrà automaticamente nel caso di un cambiamento nella pressione dell'aria
3. quello che devono avere i passeggeri per salire in un aereo
4. ciò che deve stare in posizione verticale durante il decollo e l'atterraggio
5. ciò che si agganciano i passeggeri durante il decollo e l'atterraggio
6. da dove escono i passeggeri se c'è un incidente
7. i passeggeri di classe turistica devono pagare un prezzo nominale per
8. quelli che pensano alla comodità ed alla sicurezza dei passeggeri a bordo di un aereo
9. dove si può mettere il bagaglio a mano
10. se i passeggeri vogliono fare un pisolino hanno bisogno di

(a) la cintura di sicurezza
(b) lo schienale del sedile
(c) dall'uscita d'emergenza
(d) la tasca del sedile
(e) l'equipaggio
(f) la carta d'imbarco
(g) il giubbotto di salvataggio
(h) nei compartimenti in alto
(i) la maschera d'ossigeno
(j) gli assistenti di volo
(k) un guanciale ed una coperta
(l) la cuffia stereofonica
(m) la turbolenza

11. Answer.

1. Cosa fanno gli assistenti di volo mentre i passeggeri salgono in un aereo?
2. Generalmente quante cabine ci sono negli aerei?
3. Cosa devono imparare ad usare i passeggeri?
4. Dove devono mettere il bagaglio a mano i passeggeri?
5. Dove non si può fumare nell'aeroplano?
6. Quali sono alcune cose che i passeggeri devono fare durante il decollo e l'atterraggio?
7. Perché è una buona norma tenere agganciate le cinture di sicurezza durante tutto il volo?
8. Cosa servono gli assistenti di volo durante il viaggio?
9. Che altro offrono per la comodità dei passeggeri?
10. Quali sono alcuni annunzi che fa il pilota?

Key Words

accęso   lit, illuminated
agganciąre   to fasten
l'ạla   wing
l'altitųdine   altitude
andạre in gịro   to go around
anteriọre   forward
approssimatịvo   approximate

ascoltạre   to listen to
l'assistęnte di volo   flight attendant
l'atterrạggio   landing
atterrạre   to land
il bagạglio a mano   hand luggage, carry-on luggage
la cabịna   cabin

la cabina anteriore   forward cabin
la cabina di pilotaggio   cockpit
la cabina posteriore   rear cabin
il canale   channel
il capitano   captain
in caso di   in case of
la cintura di salvataggio   life preserver
la cintura di sicurezza   safety (seat) belt
ciò   this, that
la classe economica   economy class
la classe turistica   tourist class
il compartimento   overhead compartment
   in alto
la coperta   blanket
il corridoio   aisle
costare   to cost
la cuffia stereofonica   headset
dare il benvenuto a bordo   to welcome
                     aboard

davanti   in front
decollare   to take off
il decollo   takeoff
didietro   in back
l'emergenza   emergency
entrare   to fit
l'equipaggio   crew
il film   movie, film
il gabinetto   toilet
il giubbotto di salvataggio   life vest
il guanciale   pillow
impiegare   to take (in the sense of time)
il male d'aria   airsickness
mantenere   to keep
la maschera d'ossigeno   oxygen mask
la musica stereofonica   stereophonic
                     music
la norma   rule, regulation

l'opportunità   opportunity
all'ora   an (per) hour
il pasto   meal
la pellicola   movie, film
il (la) pilota   pilot
il pisolino   nap
la pressione dell'aria   air pressure
la prima classe   first class
la prima colazione   breakfast
principale   main
restare   to remain, to stay
rimanere   to remain
ritirare   to take back; to claim (luggage)
la rotta di volo   flight plan, flight path
il sacchetto   bag
il sacchetto per il male d'aria   airsickness
                     bag

salire in (su)   to get on
lo schienale del sedile   seat back
seduto(a)   seated
il segnale «vietato   no-smoking sign
   fumare»   (light)
la sezione di (non) fumare   (no) smoking
                     section

la sicurezza   safety
sobbalzare   to bounce, to jolt
il sonnellino   nap
sotto   under
stare   to stay, to be located
la stazione   station
il tempo di volo   flight time
la turbolenza inaspettata   unexpected
                     turbulence
l'uscita d'emergenza   emergency exit
la velocità   speed
volare   to fly
il volo   flight

Chapter 3:   Passport control and customs

Capitolo 3:   Il controllo del passaporto e la dogana

PASSPORT CONTROL AND IMMIGRATION

Ecco il mio *passaporto*.	passport
il mio *visto*.	visa
la mia *carta di turista*.	tourist card
Quanto tempo si tratterrà qui?	How long will you be staying here?
Mi tratterrò *solo qualche giorno*.	only a few days
una settimana.	a week
un mese.	a month
Viaggia *per affari?*	on business
Fa un viaggio *di piacere?*	for pleasure
Sono qui *di passaggio*.	passing through
Dove *starà alloggiato (alloggerà)?*	will you be staying

1. Complete.

Al _____ del passaporto
$\quad$ 1

—Il suo _____ per piacere.
$\qquad$ 2

—Eccolo.

—Quanto tempo si _____ qui?
$\qquad\quad$ 3

—Mi tratterrò _____ _____ .
$\qquad\qquad$ 4

—Dove _____ ?
$\quad$ 5

—Starò all'albergo Flora.

—Viaggia per _____ o fa un viaggio di _____ ?
$\qquad\quad$ 6 $\qquad\qquad$ 7

—Di _____ . Sono in vacanza.
$\quad$ 8

AT CUSTOMS

Non ho *niente (nulla) da dichiarare*.	nothing to declare
Ho *qualcosa da dichiarare*.	something to declare
Se Lei non ha nulla da dichiarare, segua *la freccia verde*.	green arrow
Se Lei ha qualcosa da dichiarare, segua *la freccia rossa*.	red arrow
Il doganiere domanda:	customs agent
Porta con Lei *sigarette (tabacco)?*	cigarettes, tobacco
whisky?	whiskey, spirits
frutta o vegetali?	fruits or vegetables
Ho solamente *effetti personali*.	personal belongings
Posso vedere la sua *dichiarazione doganale?*	customs declaration
Desidero dichiarare una bottiglia di whisky.	
Faccia il favore di *aprire questa borsa*.	open this bag
valigia.	suitcase
Se Lei ha più di un litro di whisky, dovrá pagare *la dogana*.	duty

2. Complete.

1. In questo aeroporto non ispezionano tutto il bagaglio. I passeggeri che non hanno niente da _____ possono seguire la _____ verde. Quelli che hanno _____ da dichiarare devono seguire la _____ _____.
2. In questo paese permettono ai turisti di entrare con due bottiglie di whisky. Se uno ne porta tre, deve _____ la terza e pagarci la _____.
3. Il doganiere desidera vedere la mia _____ doganale.
4. Non ho niente da dichiarare perché porto solo _____ personali.

Key Words

per affari on business	*la frutta* fruit
alloggiato(a) lodged, staying	*di passaggio* passing through
aprire to open	*il passaporto* passport
la carta di turista tourist card	*quanto tempo?* how long? how much time?
il controllo del passaporto passport control	
	la sigaretta cigarette
dichiarare to declare	*il tabacco* tobacco
la dichiarazione customs declaration	*trattenersi* to remain, to stay
di dogana	*il vegetale* vegetable
la dogana customs, duty	*un viaggio di piacere* a pleasure trip
il doganiere customs agent	*il visto* visa
gli effetti personali personal effects	*il whisky* whiskey
la freccia arrow	

Chapter 4:   At the train station
Capitolo 4:   Alla stazione ferroviaria

GETTING A TICKET (Fig. 4-1)

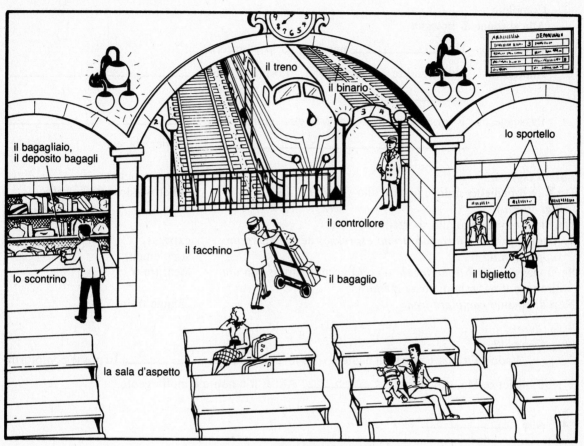

Fig. 4-1

Vado da Roma a Milano. Poi ritorno a Roma.
Ho bisogno di *un biglietto*.   ticket
Ho bisogno di un biglietto *di andata e ritorno*.   round trip
Vado da Roma a Genova. Non ritorno a Roma.
Non ho bisogno di un biglietto di andata e ritorno.
Ho bisogno solamente di un biglietto *di andata*.   one-way

1.   Complete.
     Alla Stazione Termini di Roma

     Passeggero: Un _____ per Milano, per favore.
                                  1
     Impiegato: Un biglietto di andata o _____ _____ _____
                                                                                              2
                   _____ _____ _____?

19

Passeggero: Non credo di tornare a Roma. Un _____ _____ _____,

  3
per favore.

2. Complete.
Alla stazione di Bologna

Passeggero: Un _____ per Padova, per piacere.

  1

Impiegato: Un biglietto di andata e ritorno o un _____ _____

  2
_____?

Passeggero: Ritornerò a Bologna fra due giorni. Un _____ _____

_____ _____ _____, per piacere.

  3

Fare il biglietto	to buy a ticket
Per fare il biglietto si deve andare allo *sportello (alla biglietteria)*.	ticket window (ticket office)
I biglietti si vendono allo sportello.	
Se uno viaggia con *il rapido (treno espresso)* deve pagare *un supplemento*.	express supplement
Se si viaggia con *il treno locale* o con l'accelerato, o con un diretto o direttissimo, costa meno.	local train
Non dobbiamo *cambiare treno*.	change trains

3. Complete.
Vado a Firenze e non ho il biglietto. Devo andare allo _____. Lì posso comprarmi

  1
il biglietto. Ma, dov'è lo _____? Ah! È lì e non c'è molta gente.

  2

4. **Allo** _____

  1
—Un _____ per Firenze, per favore.

  2
—Desidera un biglietto _____ _____ o di _____ _____

  3 4
_____?

—Non ritornerò qui. Un _____ _____ _____, per favore. Quanto

  5
costa?

—Vuole viaggiare con un treno normale o con il _____?

  6
—Non con il treno normale. Con il _____, per favore.

  7
—Un biglietto di _____ con il rapido per Firenze. Quattromila lire.

  8

WAITING FOR THE TRAIN

Orario   schedule

Destinazione	Partenza	Ritardo
Ancona	~~14:20~~	
	15:10	50 minuti

destination; departure; delay

Il treno per Ancona dovrebbe partire alle 14:20.	
Il treno non partirà *in orario*.	on time
Partirà alle 15:10.	
Parte *con ritardo*.	late
C'è un ritardo di 50 minuti.	
Il treno partirà con 50 minuti di ritardo.	
Devo aspettare.	
Aspetterò nella *sala d'aspetto*.	waiting room

5. Answer.
    1. A che ora dovrebbe partire il treno per Ancona?
    2. Partirà in orario?
    3. A che ora partirà?
    4. C'è un ritardo?
    5. Con quanti minuti di ritardo partirà il treno?
    6. Dove aspettano il treno i passeggeri?

6. Complete.

    Il treno non partirà in orario. C'è un _____ . Il treno partirà alle 15:10 e non alle
                                        1

    14:10. Partirà con _____ minuti di _____ . I passeggeri possono aspettare
                      2   3

    il treno nella _____ d'_____ .
                4   5

CHECKING YOUR LUGGAGE

Ho molto *bagaglio*.	luggage
Ho molte *valige*.	suitcases
Non posso *portare* tutte le valige.	carry
Il facchino le può portare.	porter
Vado a *depositare* le valige.	check
Vado a depositarle al *deposito bagagli*.	luggage room, checkroom
Il facchino le può portare al *bagagliaio*.	luggage checkroom
Al deposito bagagli, l'impiegato mi dà *uno scontrino*.	check stub
Per *ritirare* il bagaglio devo *consegnare* lo scontrino.	to take back, claim; hand over

7. Complete.
    1. Ho molte valige. Porto molto _____ .
    2. Non posso portare le valige. Il _____ me le può portare.
    3. Devo aspettare un'ora. Vado a _____ il bagaglio.
    4. Posso depositare il bagaglio al _____ _____ .
    5. Quando ho depositato il bagaglio, l'impiegato mi ha dato uno _____ .
    6. Devo _____ il bagaglio prima di salire in treno.
    7. È un treno diretto. Non dobbiamo _____ _____ .

8. Complete.

    Il signore arriva alla stazione ferroviaria. Ha molto _____ e non lo può portare.
                                                1

    Chiama un _____ . Il _____ glielo può portare. Il treno non parte fino alle
                2   3

    tre. Il signore deve aspettare un'ora. Decide di _____ il bagaglio. Il facchino lo porta
                                              4

al _____ _____. Il signore _____ il suo bagaglio al _____
5 6 7
_____. Lì gli danno uno _____. Il signore dovrà _____ lo
 8 9
scontrino per _____ il suo bagaglio.
 10

GETTING ON THE TRAIN

Il treno per Ancona parte fra 5 minuti.	
Parte dal *binario* numero otto.	platform, track
Nel treno ho *un posto prenotato*.	reserved seat
Il mio posto sta nel *vagone* (nella *vettura*) numero 114D.	car
Il mio posto è il numero 6 nel *compartimento* 3.	compartment

9. Complete.
1. Il treno per Ancona parte _____ _____ numero otto.
2. Devo guardare il mio biglietto. Ho un _____ prenotato, ma non so il numero.
3. Ho il posto numero 6 nel _____ 3 del _____ 114D.

10. Complete.
1. Il treno parte subito. Dobbiamo andare al _____.
2. Nei _____ dei vagoni di prima classe ci sono sei posti. Nei compartimenti di seconda classe ci sono otto _____.
3. Ci sono più o meno dieci compartimenti in ogni _____ del treno.

ON THE TRAIN

Ecco viene *il controllore*.	conductor
Vuole *controllare* i biglietti.	check
I passeggeri mangiano nel *vagone ristorante*.	dining car
I passeggeri dormono nel *vagone letto*.	sleeping car

11. Complete.
1. La persona che controlla i biglietti nel treno è il _____.
2. Dato che il viaggio è molto lungo, i passeggeri dormono nel _____ _____.
3. Se i passeggeri hanno fame durante il viaggio, possono mangiare qualcosa nel _____ _____.

La signora Calvi fa un viaggio in treno. Scende dal tassì davanti alla stazione ferroviaria. La signora ha quattro valige. Desidera un aiuto per il bagaglio e chiama un facchino. Alla stazione viene a sapere che il treno non è in orario. C'è un ritardo. Il treno partirà con un'ora e mezzo di ritardo. Per questo motivo la signora decide di depositare le sue valige al deposito bagagli. Dopo aver depositato il bagaglio, la signora va allo sportello a fare il biglietto. Compra un biglietto di andata e ritorno di prima classe sul rapido per Genova. Poi si siede nella sala d'aspetto. Dopo un'ora la signora Calvi va al deposito a ritirare il suo bagaglio. Chiama un'altra volta il facchino. Il facchino porta il bagaglio al binario numero 10. Il treno è già arrivato. La signora ed il facchino cercano il vagone numero 114D. Lo trovano, la signora paga il facchino e sale in treno. Nel vagone numero 114D, che è un vagone di prima classe, la signora cerca il posto numero 6 nel compartimento C. Il suo posto prenotato è il numero 6 nel compartimento C del vagone 114D.

Dato che il viaggio per Genova non è molto lungo, la signora non ha riservato una cuccetta nel vagone letto. Se ha sonno, può fare un pisolino seduta al suo posto. Quando il treno parte, viene il controllore. Lui controlla il biglietto della signora e le dice che tutto è in ordine. La signora gli chiede dov'è il vagone ristorante. Il controllore le spiega che il vagone ristorante è la seconda vettura avanti.

12. Based on the story, decide whether each statement is *true* or *false*.
   1. La signora fa un viaggio in treno.
   2. La signora va alla stazione ferroviaria in autobus.
   3. La signora non ha bisogno d'aiuto per il bagaglio perché porta solamente una valigia.
   4. Il treno parte in orario.
   5. La signora compra un biglietto di andata.
   6. La signora ha una cuccetta riservata nel vagone letto.
   7. La signora deposita il bagaglio al deposito bagagli.
   8. La signora dà lo scontrino all'impiegato.

13. Answer.
   1. Come va la signora alla stazione ferroviaria?
   2. Quante valige porta?
   3. Chi chiama la signora?
   4. Parte in orario il treno?
   5. Con quanto ritardo partirà il treno?
   6. Dove deposita il bagaglio la signora?
   7. Dove fa il biglietto la signora?
   8. Che biglietto compra?
   9. Con quale treno viaggerà la signora?
   10. Cosa dà la signora all'impiegato per ritirare il bagaglio?
   11. Dove porta il facchino il bagaglio?
   12. Che vagone cercano loro?
   13. Quale posto ha la signora?
   14. Perché non ha una cuccetta la signora?
   15. Che cosa chiede la signora al controllore?

14. Match.
   1. il bagaglio   (a) posto dove un passeggero può depositare il bagaglio
   2. il binario   (b) l'insieme di valige ed altre cose che porta un passeggero
   3. lo sportello   (c) non è in orario
   4. il facchino   (d) il posto da dove partono i treni nella stazione ferroviaria
   5. il deposito   (e) il posto dove vanno i viaggiatori a fare il biglietto
   6. in ritardo   (f) la persona che aiuta a portare il bagaglio

Key Words

di andata	one-way	*il binario*	platform, track
di andata e ritorno	round trip	*cambiare treno*	to change trains
il bagagliaio	luggage checkroom	*il compartimento*	compartment
il bagaglio	luggage	*consegnare*	to hand over
il biglietto	ticket	*controllare*	to check

il controllore   conductor
dato che   since
depositare   to check (luggage)
il deposito bagagli   luggage checkroom
la destinazione   destination
fare il biglietto   to buy a ticket
il facchino   porter
lì   there
l'orario   schedule, timetable
in orario   on time
la partenza   departure
partire   to leave
portare   to carry
il posto   seat
prenotato   reserved
il rapido   express train
riservato(a)   reserved

il ritardo   delay
in ritardo   late
ritirare   to take back
la sala d'aspetto   waiting room
salire   to get on, to board
seduto(a)   seated
lo sportello   ticket window
la stazione ferroviaria   train station
il treno   train
il treno locale   local train
il vagone   car of a train
il vagone letto   sleeping car
il vagone ristorante   dining car
la valigia   suitcase
la vettura   car of a train
il viaggiatore (la viaggiatrice)   traveler

Chapter 5: The automobile

Capitolo 5: L'automobile

RENTING A CAR

Vorrei *prendere in affitto una macchina (un'auto; un'automobile).*	rent a car
Vorrei affittare un'auto *di giorno in giorno.*	day by day
Quanto fate pagare (costa) al giorno?	
Quanto costa per settimana (alla settimana)?	how much does it cost by the week
È incluso *il chilometraggio?*	mileage (in kilometers)
Quanto è al chilometro?	
È inclusa *la benzina?*	gas (gasoline)
Ha una macchina con *la trasmissione automatica?*	automatic transmission
Devo *lasciare un deposito?*	leave a deposit
Desidero *contrarre un'assicurazione con copertura totale.*	to contract; full-coverage insurance
Ecco la mia *patente automobilistica.*	driver's license
Desidero pagare con *una carta di credito.*	credit card
Faccia il favore di *firmare il contratto* qui.	sign the contract

1. Complete.
    1. Non voglio fare il viaggio in treno. Preferisco _____ una macchina.
    2. Lei può affittare l'auto _____ _____ _____ _____ o _____ _____.
    3. _____ diecimila lire al _____ o sessantamila lire _____ _____.
    4. A volte il _____ non è incluso.
    5. Ora si deve pagare anche un tanto al _____.
    6. In alcuni paesi si deve avere la _____ _____ internazionale per affittare una macchina.
    7. Poiché è possibile avere un incidente automobilistico, è buona norma contrarre un'_____ _____ _____ _____ quando si prende in affitto una macchina.

2. Complete.
    —Vorrei _____ una macchina.
    $\qquad$ 1
    —Desidera una _____ grande o piccola?
    $\qquad$ 2
    —_____, per favore.
    $\qquad$ 3
    —Per quanto tempo la desidera?
    —Quanto fate pagare _____ e _____ _____?
    $\qquad$ 4 $\qquad$ 5
    —Al giorno, diecimila lire. Alla _____ sessantamila lire. Il _____ non è
    $\qquad$ 6 $\qquad$ 7
    incluso nel prezzo.
    —Quanto _____ _____ al chilometro?
    $\qquad$ 8

25

—Tremila lire e la benzina è _____ .
                                   9
—Benissimo. Desidero l'auto per una settimana.

—Io le consiglio di contrarre l'_____ nel caso che dovesse avere un incidente.
                                10
—Sì, naturalmente.

—Mi faccia vedere la sua _____ , per favore.
                                 11
—Eccola. Scusi, ma....devo lasciare un _____ ?
                                        12
—Se Lei paga con una carta di _____ , no; altrimenti deve lasciare un deposito.
                               13
—Bene, pagherò con una _____ _____ _____ .
                                        14
—Benissimo. Ecco la sua patente automobilistica.

    Faccia il favore di _____ il contratto qui.
                         15

CHECKING OUT THE CAR (Figs. 5-1 and 5-2)

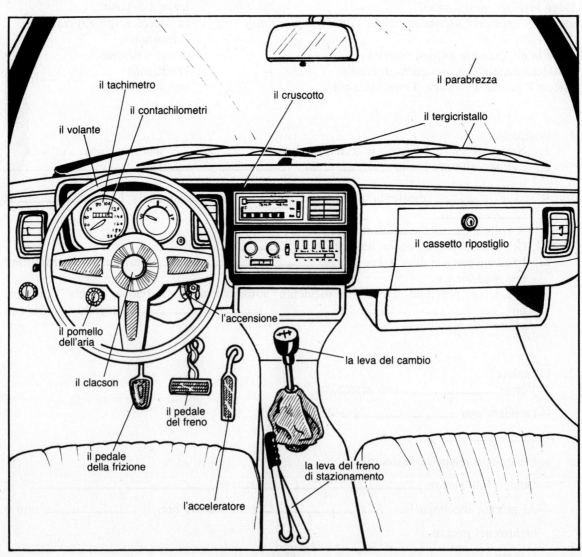

Fig. 5-1

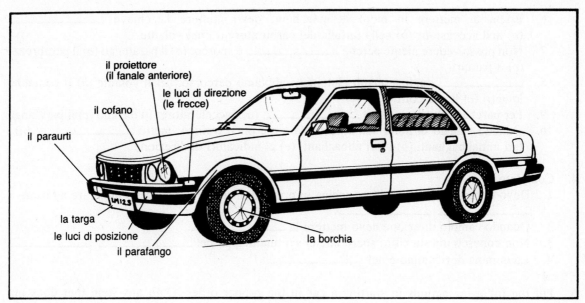

Fig. 5-2

Io so *frenare*.	to brake
usare il pedale della frizione.	to use (engage) the clutch
fermare l'auto.	to stop
mettere in moto l'auto.	to start the car
Come posso *fare funzionare gl'indicatori di direzione (le frecce)?*	make the directional signals work
Come posso fare funzionare *i fanali anteriori?*	headlights
i fari antiabbaglianti?	low beams
i fari abbaglianti?	high beams
i tergicristallo?	windshield wipers
Faccia il favore di mostrarmi come *si usa il cambio di velocità*.	to use the gearshift
Come posso metterlo *in prima?*	in first gear
in folle?	neutral
in retromarcia?	reverse
C'è una mappa nel *cassetto ripostiglio?*	glove compartment
C'è *un cricco?*	jack
È nel *bagagliaio?*	trunk
C'è anche *una gomma di ricambio?*	spare tire
Faccia il favore di notare che *manca una borchia*.	a hubcap is missing

3. Choose the appropriate word(s).
    1. Devo mettere il piede nel _____ prima di cambiare di velocità. (*a*) freno (*b*) pedale della frizione (*c*) accelleratore
    2. Per fermare l'automobile si deve _____. (*a*) frenare (*b*) accellerare (*c*) usare il pedale della frizione
    3. Prima di cambiare direzione devo mettere _____. (*a*) il cruscotto (*b*) la freccia (*c*) il clacson
    4. Di notte devo usare _____. (*a*) i fanali (*b*) le luci di direzione (*c*) i tergicristallo
    5. C'è traffico sull'autostrada. Devo suonare _____. (*a*) il cassetto ripostiglio (*b*) il tachimetro (*c*) il clacson

6. Prima di mettere in moto la macchina, devo mettere la chiave _____.
   (a) nell'accensione (b) nella farfalla del carburatore (c) nel volante
7. Non posso vedere niente perché _____ è sporco. (a) il parafango (b) il parabrezza
   (c) il paraurti
8. _____ indica quanti chilometri abbiamo percorso. (a) Il volante (b) Il contachilometri (c) Il cruscotto
9. Per parcheggiare devo usare _____. (a) l'acceleratore (b) il freno (c) il parafango
10. Quando viaggio di notte sull'autostrada e c'è poco traffico, metto _____. (a) i
    fari antiabbaglianti (b) i fari abbaglianti (c) gl'indicatori di direzione

4. Complete.
   1. Devo imparare a mettere la macchina in prima o in retromarcia. Devo imparare ad usare il
      _____ _____.
   2. Quando cambio direzione devo mettere la _____.
   3. Non conosco questa città; spero che ci sia una mappa nel _____ _____.
   4. La gomma di ricambio è nel _____.

5. Put the following actions in starting a car in the proper order. Omit any item that does not
   belong.
   1. frenare
   2. mettere in moto la macchina ponendo il piede sull'accelleratore
   3. usare il pedale della frizione
   4. suonare il clacson
   5. mettere la chiave nell'accensione
   6. mettere gl'indicatori di direzione (le frecce)
   7. mettere la macchina in prima

AT THE GAS STATION

L'automobile ha bisogno di *benzina*.	gas (gasoline)
Il serbatoio è quasi *vuoto*.	tank; empty
Dov'è *il distributore di benzina?*	gas station
Mi dia *diecimila lire* di benzina.	10,000 liras' worth
venti litri di benzina.	20 liters
Mi dia venti litri di benzina *senza piombo*.	unleaded
con piombo.	leaded
Riempa il serbatoio, per favore.	fill the tank
Faccia il pieno, per piacere.	fill it up
Faccia il favore di controllare *l'acqua nel radiatore*.	water in the radiator
l'acqua nella batteria.	water in the battery
l'olio dei freni.	brake fluid
l'olio.	oil
le candele.	spark plugs
Faccia il favore di guardare *i pneumatici (le gomme)*.	tires
Può *cambiare questa gomma*, per favore?	change this tire
Faccia il favore di *pulire il parabrezza*.	clean the windshield
Può darle *una lubrificazione?*	grease job
una messa a punto?	tune-up

6. Complete.
   1. La macchina ha bisogno di benzina. Il _____ è quasi vuoto. Devo andare dal
      _____ di _____.

2. Non faccio _____ il serbatoio. Desidero solamente venti _____ di benzina.
3. Faccia i favore di controllare l'acqua nel _____ e nella _____.
4. Deve anche controllare l'aria nei _____.
5. Deve pulire il _____. È molto sporco e non posso vedere niente.
6. Dopo un paio di centinaia di chilometri, è una buona idea controllare _____ ed anche l'olio dei _____.
7. Se Lei vuole mantenere la sua macchina in buone condizioni, deve ogni tanto _____ e _____ _____ _____.

SOME MINOR CAR PROBLEMS

Ho avuto *un guasto (una panne)*.	breakdown
L'auto *si arrestò*.	stalled
L'automobile *non si mette in moto*.	won't start
Il motore *si surriscalda*.	is overheating
Sta *battendo in testa*.	knocking
Sta *perdendo colpi*.	missing (a stroke)
Sta *vibrando*.	vibrating
Sta *perdendo (gocciolando)* olio.	leaking, dripping
Fa molto rumore quando *uso i freni*.	I use the brakes
Ho *una gomma a terra (gomma forata)*.	flat tire
Può mandare *un carro attrezzi*?	tow truck
Ho bisogno di un carro attrezzi per *rimorchiare* l'auto.	to tow
Può Lei *fare le riparazioni*?	make the repairs
Può *ripararla* subito?	repair it
Può Lei ottenere immediatamente *i pezzi di ricambio*?	spare parts

7. Say in another way.
   1. Ho avuto *un guasto*.
   2. L'auto *sta gocciolando* olio.
   3. Ho *una gomma forata*.
   4. Può Lei *riparare la macchina*?
   5. Può Lei riparare la macchina *immediatamente*?
   6. Il motore *diventa molto caldo*.

8. Complete.
   L'altro giorno eravamo sull'autostrada quando ci capitò un _____. L'auto si _____ e non la potei _____ _____ _____ di nuovo. Dovetti chiamare un _____ _____ per _____ l'auto fino all'officina di riparazione (l'autofficina).

9. Complete.
   1. Quando una macchina sta _____ _____ o _____ _____, fa rumore.
   2. Molta acqua sta _____ dal radiatore e credo che il _____ si stia surriscaldando.
   3. Poiché non posso mettere in moto la macchina dovrò chiamare un _____ _____.
   4. Se ho bisogno di alcuni _____ _____ _____, spero che li possiate trovare immediatamente all'officina riparazione.
   5. Il meccanico mi dice che può _____ subito la macchina.

Key Words

l'acceleratore accelerator, gas pedal	*la gomma* tire
l'accensione ignition, starter	*una gomma forata, una gomma* flat tire
affittare to rent	*a terra*
alcuni some, a few	*un guasto* breakdown
altrimenti otherwise	*immediatamente* immediately, at once
anteriore front	*imparare* to learn
arrestarsi to stall	*la lubrificazione* grease job, lube
l'assicurazione con full-coverage	*le luci di direzione* directional signals,
copertura totale insurance	indicator lights
l'auto car, auto	*le luci di posizione* parking lights
l'autofficina car-repair garage	*la macchina* car
l'automobile car, automobile	*una messa a punto* tune-up
l'autoriparazione car repairs	*mettere in moto* to start
il bagagliaio trunk (car)	*il motorino d'avviamento* starter
battendo in testa knocking	*naturalmente* naturally
la batteria battery	*la norma* rule, regulation
la benzina gas (gasoline)	*l'offcina di riparazione* repair shop
la borchia hubcap	*l'olio* oil
cambiare to change	*l'olio dei freni* brake fluid
il cambio di velocità gearshift	*paio* pair, couple, a few
le candele spark plugs	*una panne (panna)* breakdown
capitare to happen	*il parabrezza* windshield
il carro attrezzi tow truck	*il parafango* fender
la carta di credito credit card	*il paraurti* bumper
il cassetto ripostiglio glove compartment	*la patente automobilistica* driver's
la chiave dell'accensione ignition key	license
il chilometraggio mileage (in kilometers)	*con piombo* leaded (gasoline)
il clacson horn	*senza piombo* unleaded (gasoline)
il cofano hood (car)	*il pedale della frizione* clutch pedal
il contachilometri odometer (reading in	*perdendo* leaking
kilometers)	*perdendo colpi* missing a stroke
contrarre to contract	*per settimana* by the week
il contratto contract	*i pezzi di ricambio* spare parts
controllare to check	*il pneumatico* tire
costare to cost	*poiché* since, because
il cruscotto dashboard	*il pomello* choke
il distributore di benzina gas station	*posteriore* back, rear
il fanale headlight	*in prima* in first gear
fare pagare to charge	*quasi* almost
i fari abbaglianti high beams	*il radiatore* radiator
i fari antiabbaglianti low beams	*in retromarcia* in reverse
fermare to stop	*di ricambio* spare
firmare to sign	*riempire* to fill
in folle neutral	*rimorchiare* to tow
le frecce directional signals	*riparare* to repair
frenare to brake	*le riparazioni* repairs
il freno a mano hand brake	*la ruota* wheel
il freno a pedale foot brake	*scaldarsi* to heat
di giorno in giorno day by day	*mi scusi* excuse me
gocciolando dripping	*il serbatoio* gas tank

sonare il clacson   to sound, to blow the horn
subito   at once, immediately
surriscaldarsi   to overheat
il tachimetro   speedometer
la targa   license plate
il tergicristallo   windshield wiper
la trasmissione   automatic
   automatica   transmission

trovare   to find
un tanto   so much
usare   to use
la velocità   speed, gear
vibrando   vibrating
il volante   steering wheel
vuoto   empty

Chapter 6: Asking for directions
Capitolo 6: Chiedendo direzioni

ASKING FOR DIRECTIONS WHILE ON FOOT (Fig. 6-1)

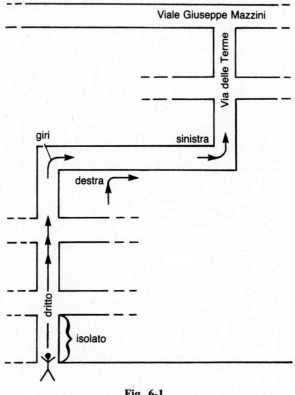

Fig. 6-1

Mi scusi, signora. Mi sono *perduto(a)*.	lost
Dov'è *Via* delle Terme?	street
Via delle Terme e che altra via?	
L'incrocio di Via della Terme con *il Viale* Giuseppe Mazzini.	intersection, crossing; avenue
È *lontano* o *vicino?*	far; near
Posso *andarci a piedi?*	walk
Lei deve *tornare indietro*.	turn around
Giri a destra.	turn; to the right
a sinistra.	to the left
Vada sempre *dritto*.	straight (straight ahead)
Si trova a tre *isolati* da qui.	blocks
Tre isolati *più avanti (più oltre)*.	farther on

1. Complete.
    —Mi scusi, signora. Non so dove sono. Mi sono _____.
    ₁
    —La posso aiutare. Che _____ sta cercando?
    ₂
    —Via delle Terme.

    —Ah! Via delle Terme è molto lunga. Attraversa quasi tutta la città. Che numero cerca?

—Non lo so. Desidero andare all'_____ di Via delle Terme con il Viale Giuseppe
                                    3
Mazzini.

—Ho capito. So dov'è.

—È molto _____?
              4
—No, non è molto _____. È abbastanza _____. Lei può _____
                          5   6
_____ _____. Però si trova nella direzione opposta. Deve _____
      7   8
_____. Poi vada sempre _____. A tre isolati da qui, _____ a
                                      9   10
destra. La prima via, dopo il primo _____ è Via delle Terme. Una volta qui, non
                                            11
giri a destra, ma a _____. Vada avanti due isolati e si troverà all'incrocio di Via
                            12
della Terme _____ il Viale Mazzini.
                    13
—Molte grazie, signora. Posso ripetere? Vado _____. A tre _____ da qui,
                                                      14   15
giro a _____. Dopo aver passato il primo _____ giro _____
              16   17   18
_____. Dopo due isolati troverò _____ di Via delle Terme
                                                        19
_____ il Viale Mazzini.
      20
—Esatto, signore.

—Dov'è Via Tagliamento?
—È molto lontano da qui. Lei deve prendere *l'autobus*. *La*   bus
fermata dell'autobus è al prossimo *angolo*. Lei deve pren-   bus stop; corner
dere il numero centocinque. *Scenda* alla sesta fermata e sarà   get off
in Via Tagliamento.

2. Complete.
    —Scusi, signore. Sa dov'è Via Tagliamento?

    —Ah, sì, signore! Però è abbastanza _____. Non può _____ _____
                                                  1   2
    _____. Dovrà prendere l'_____.
                                          3
    —Dove posso prendere l'autobus?

    —La _____ _____ _____ è al prossimo _____. Ci sono
                            4   5
    due autobus che partono dalla stessa _____. Lei deve _____ il numero
                                                  6   7
    centocinque. _____ alla sesta fermata e sarà in Via Tagliamento.
                        8
    —La ringrazio infinitamente.

    —Prego.

ASKING FOR DIRECTIONS WHILE IN A CAR (Fig. 6-2)

Come *si va* da qui al paese di Monsano?   does one go (get to)
Monsano non è molto lontano.
Deve prendere *l'autostrada per* Ancona.   highway to
          (*l'autostrada normale*).   highway free of charge
O può anche prendere *l'autostrada a pedaggio*.   turnpike

Come vado all'autostrada a pedaggio?
Vada al secondo *semaforo*.   traffic light
Al secondo semaforo, *giri* a sinistra e *vada dritto*.   turn; go straight
Non è *una strada a senso unico (direzione unica)*.   one-way street
Dopo aver pagato *il pedaggio stia* nella *corsia* destra.   toll; stay; lane
Lei uscirà dall'autostrada a pedaggio alla seconda *uscita*,   exit
   dopo aver pagato al *casello autostradale*.   tollbooth
C'è molto *traffico*.   traffic
È *l'ora di punta*.   rush hour

3.   Complete.
    1. Monsano non è molto _____.
    2. Per andare a Monsano, Lei può prendere _____ _____ _____.
    3. Ci sono moltissime automobili, autocarri ed autobus. C'è molto _____
       sull'autostrada.
    4. Tutti smettono di lavorare alla stessa ora. È l'_____ _____
       _____.

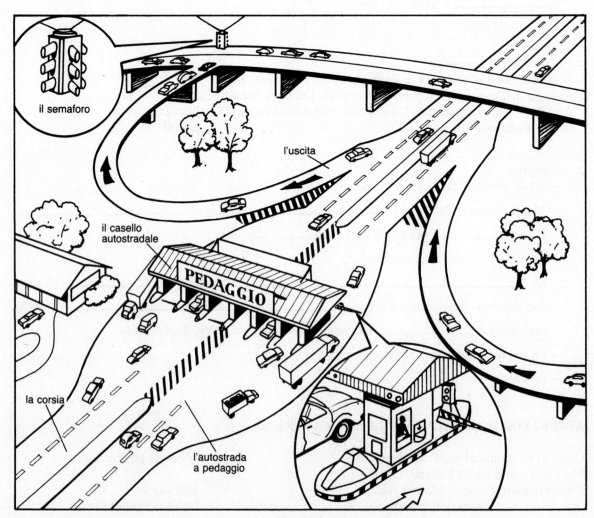

Fig. 6-2

5. Penso che sarà meglio prendere l'_____ _____ _____ invece dell'autostrada normale.
6. Se si usa l'autostrada a pedaggio si deve pagare il _____.
7. Si paga il _____ al _____.
8. Sull'autostrada ci sono tre _____ per ciascuna direzione.
9. Devo stare nella _____ _____ perché usciremo dall'autostrada alla prossima _____.
10. Non possiamo prendere questa strada. È una strada a _____ _____.
11. Non vedi il _____? Ha la luce rossa, ci dobbiamo fermare.

4. Identify each item in Fig. 6-3.

5. Give other words for:
  1. l'autostrada a pedaggio
  2. a pedaggio
  3. il traffico

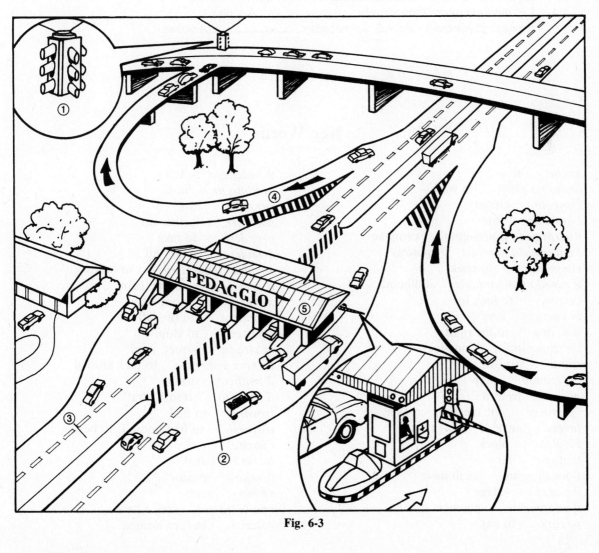

Fig. 6-3

4. senso unico
5. casello autostradale
6. andare a piedi
7. quando tutti smettono di lavorare alla stessa ora e vanno a casa

6. Match.

1. ciò che si deve pagare per l'uso dell'autostrada	(a) il semaforo
2. la luce che indica se le automobili devono fermarsi o proseguire	(b) il casello autostradale
3. una strada sulla quale le automobili non possono andare in tutte e due le direzioni	(c) il pedaggio
4. dove s'incontrano due strade	(d) l'ora di punta
5. dove si paga sull'autostrada	(e) senso unico
6. il periodo di tempo quando c'è molto traffico	(f) l'angolo
7. non giri né a destra né a sinistra	(g) vada dritto

7. Complete.
1. Desidero andare all'incrocio di Via Salaria _____ Via Tirso.
2. Via Poggio Moiano è _____ tre isolati da qui.
3. Il paese di Monsano è _____ tre chilometri da qui.
4. Lei deve prendere l'autostrada _____ Ancona.
5. Il paese di Monsano sta sull'autostrada _____ Ancona.

Key Words

anche	also	il pedaggio	toll
andare a piedi	to walk	perduto(a)	lost
l'angolo	corner	perso(a)	lost
l'autobus	bus	più oltre	farther on
l'autostrada a pedaggio	turnpike	prendere	to take
l'autostrada normale	freeway	scendere	to get off
camminare	to walk	seguire (segua[Lei])	to follow
il casello autostradale	tollbooth	il semaforo	traffic light
cercare	to look for	senso unico	one-way
la corsia	lane	a sinistra	to the left
a destra	to the right	smettere	to stop
direzione unica	one-way	la strada	street, road
dritto	straight	tornare indietro	to turn around
la fermata	stop	il traffico	traffic
girare	to turn	il transito	transit, traffic
l'incrocio	intersection, crossing	trovare	to find
invece	instead	trovarsi	to find oneself, to be
l'isolato	block	l'uscita	exit
lontano	far	la via	street
l'ora di punta	rush hour	il viale	avenue
il paese	village	vicino	near
il pagamento	payment	una volta qui	once here
pagare	to pay	voltarsi	to turn around

Chapter 7: Making a telephone call

Capitolo 7: Facendo una telefonata

MAKING A LOCAL CALL (Fig. 7-1)

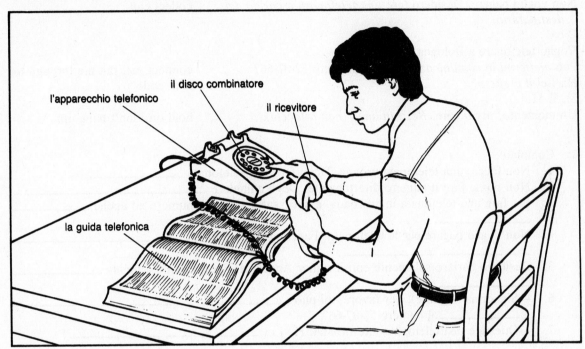

Fig. 7-1

Voglio fare *una telefonata*. telephone call
Non so *il numero* (del telefono). number
Devo consultare la (devo guardare sulla) *guida telefonica (la guida degli abbonati al telefono)*. telephone book, directory
Posso *fare il numero* direttamente? dial
Per *una telefonata urbana (locale)*, Lei può fare il numero direttamente. local call
Benissimo. *Stacco il ricevitore*. I pick up the receiver.
Poi aspetto *il segnale di linea libera*. dial tone
Infine *faccio il numero* con *il disco combinatore*. dial; disk (dial)
Sta *suonando (squillando)*. ringing

1. Complete.

Il signor Goretti vuole fare una _____. Vuole chiamare un suo amico, ma non sa

il _____ del telefono. Deve consultare la _____ _____. Ecco il
       2   3

numero. È 88-05-18. Poiché l'amico abita nella medesima città, il signor Goretti fa una telefonata

_____. Poiché è una _____, lui può _____
    4   5

_____ _____ direttamente. Il signor Goretti _____ il ricevitore.
    6   7

Aspetta _____ _____ poi
                      8

fa il numero con il _____. È fortunato. Sta suonando.
                      9

MAKING A LONG-DISTANCE CALL

Vorrei fare *una telefonata interurbana*.	long-distance call
Per fare una telefonata interurbana, devo chiamare *il (la) telefonista (centralinista)*.	operator
Vorrei fare *una telefonata con preavviso*.	person-to-person call
Non voglio pagare. Desidero fare *una telefonata a carico del destinatario*.	collect call
Dica!	
Voglio telefonare a Bologna.	
Può *mettermi in comunicazione con* il numero 52-07-66?	connect me, put me through to
Ha Lei *il prefisso*?	area code
Sì. È 51.	
Un momento, per favore. *Resti in linea (non attacchi)*.	hold on, don't hang up

2. Complete.

1. Non faccio una telefonata urbana. Devo fare una telefonata _____.
2. Non posso fare il numero direttamente. Devo chiamare _____ _____.
3. Per fare una telefonata interurbana, è necessario sapere il numero ed anche _____ _____.
4. Non voglio pagare per la telefonata. Faccio una telefonata _____ _____ _____ _____.
5. Desidero parlare solamente con il signor Angeletti. Faccio una telefonata _____ _____.
6. —Signorina (signore), per favore, mi può _____ _____ _____ il numero 52-07-66?
7. —Questa è una telefonata interurbana. Ha Lei _____ _____?

USING A PUBLIC TELEPHONE (Fig. 7-2)

Dov'è *una cabina telefonica*?	telephone booth
Lei deve avere *un gettone*.	token
Questo è quello che deve fare:	
1. *Stacchi il ricevitore.*	pick up the receiver
2. Metta (depositi) il gettone nella *fessura per gettoni*.	slot
3. Aspetti *il segnale di linea libera*.	dial tone
4. *Faccia il numero.*	dial the number
5. Aspetti *la risposta*.	answer
6. *Spinga il bottone.*	push the button
7. Incominci a parlare.	

3. Complete.

Allora amici: Sono qui in una cabina _____ . È la prima volta che faccio una

1

_____ da un _____ pubblico. Cosa devo fare? Ah, sì! Qui ho il

2   3

_____ . Però, dove lo metto? Ah, sì! lì c'è una _____ _____

4   5

_____ . Metto il _____ nella _____ . Però, prima

                          6   7

devo _____ il ricevitore. Molto bene. _____ il ricevitore, _____

       8   9   10

il gettone nella _____ _____ _____ _____ ed aspetto

                                11

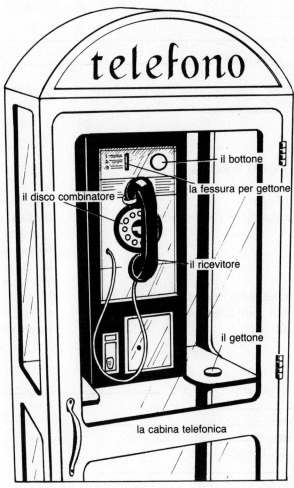

Fig. 7-2

_____ _____ _____ _____. Eccolo.
₁₂

Poi faccio il _____ con il _____ _____.
     13   14

Se qualcuno risponde, spingo il _____ ed incomincio a parlare.
                                      15

SPEAKING ON THE TELEPHONE

—Pronto!
—C'è il signor Schiavoni, per piacere?
—*Chi parla,* per favore?   who's calling?
—Qui parla la signora Filipponi.
—Un momento, per favore, *vado a vedere.*   I'll go see
  No, signora, il signor Schiavoni *non è in casa.* he is not at home
—Posso lasciargli *un messaggio?*   message
—Sì, signora, naturalmente.

4. Use the following as a guide to make up your own telephone conversation.
    —Pronto!

    —_____! _____ _____ _____ _____, per
         1   2
    piacere?

—_____ _____, per favore?
              3
—_____ _____ _____ _____ _____.
                                              4
—Un _____ per favore, _____ _____ _____ _____.
              5   6
—No, _____ _____ _____ _____.
                                              7
—Posso lasciargli un _____?
                              8

SOME THINGS THAT MAY GO WRONG

Non c'è il segnale di linea libera.	There's no dial tone.
Il telefono *non funziona (è guasto, è fuori servizio).*	broken, out of service (out of order)
Ho *un numero sbagliato.*	wrong number
La linea è occupata.	It's busy.
Si è interrotta la linea.	We were cut off.
Proverò a richiamare più tardi (chiamare di nuovo).	I'll try to call back later.
Scusi. Lei sta parlando con *il centralino.*	switchboard
Ha *il numero interno,* per favore?	extension

5. Complete.
1. Non posso fare il numero. Non c'è _____ _____ _____
   _____.
2. Penso che il telefono _____ _____.
3. La linea non è libera, è _____.
4. —No, il signor Galdi non abita qui.
   —Mi scusi. Ho il _____ _____.
5. Non risponde nessuno. _____ a richiamare _____ _____.
6. Stavamo parlando, poi all'improvviso _____ _____ _____
   _____.
7. —La signorina Luciani? Sì, lavora qui, Però Lei sta parlando con il _____. Ha il
   _____ _____?

La signora Agostinelli fa una telefonata interurbana. Non deve consultare la guida telefonica, poiché lei già sa il numero della sua amica. Ha anche il prefisso. Poiché non è una telefonata urbana, la signora Agostinelli deve chiamare la telefonista. La signora stacca il ricevitore, aspetta il segnale di linea libera e fa zero. La telefonista risponde:
—Dica!
—Signorina, mi può mettere in comunicazione con 34-88-57, per favore? Il prefisso è 42.
—Un momento signora. Non attacchi, per favore…. Mi dispiace signora, ma la linea è occupata.
—Sì, lo so. Sento il segnale che fa occupato. Grazie signorina. Proverò a richiamare più tardi.
   Cinque minuti più tardi la signora prova a chiamare di nuovo. Ancora una volta stacca il ricevitore, aspetta il segnale di linea libera, fa zero e dà al telefonista il prefisso ed il numero che desidera. Che fortuna! Sta squillando.
—Mi dispiace signora—dice il telefonista.—Non risponde nessuno.
—Ahimè! Cinque minuti fa la linea era occupata ed ora non c'è nessuno.
   Un'ora più tardi la signora prova di nuovo. Qualcuno risponde e la signora comincia a parlare. È incredibile! Il telefonista le ha dato un numero sbagliato. Di nuovo la signora fa zero e spiega il

suo problema alla telefonista, la quale la mette in comunicazione con il numero che desidera. Il telefono suona e qualcuno risponde. È la sua amica.

—Pronto!

—Pronto Adriana!

—Marisa, come stai?

E poi niente. Silenzio completo ed un'altra volta il segnale della linea libera. La loro breve conversazione è stata interrotta. Sembra che la signora Agostinelli non parlerà mai con la sua amica.

6. Write in Italian. Mrs. Agostinelli had four problems with the phone call. What were they?
1.
2.
3.
4.

7. Put the following in the proper order for making a phone call.
1. Staccare il ricevitore
2. Attaccare il ricevitore
3. Fare il numero con il disco combinatore
4. Cercare il numero desiderato sulla guida telefonica
5. Aspettare il segnale di linea libera
6. Aspettare una risposta
7. Fare una conversazione

8. Complete.
1. Non c'è la linea libera. Il telefono _____ _____.
2. Qualcuno sta parlando al telefono. La linea è _____.
3. Devo dare il numero interno. Sto parlando con il _____.
4. La persona con la quale desidero parlare non c'è. Posso lasciare un _____.
5. La persona con la quale desidero parlare non abita qui. Ho il _____ _____.

9. Answer on the basis of the story.
1. Che tipo di telefonata fa la signora?
2. Perché non deve guardare sulla guida telefonica?
3. Che altro sa la signora?
4. Perché non può fare il numero direttamente?
5. Cosa stacca la signora?
6. Cosa aspetta?
7. Che numero fa?
8. Chi risponde?
9. Con che numero desidera mettersi in comunicazione la signora Agostinelli?
10. Qual è il prefisso?
11. Perché la signora Agostinelli non può parlare con la sua amica?
12. Perché non può parlare la seconda volta che chiama?
13. La terza volta che telefona, risponde qualcuno?
14. È la sua amica?
15. Cosa le ha dato il telefonista?
16. La quarta volta, risponde la sua amica?
17. Parlano le due amiche?
18. Perché non possono terminare la conversazione?

Key Words

abitare   to live, to reside

ahimè!   alas!

attaccare   to hang up

il bottone   button

brevemente   briefly

la cabina telefonica   telephone booth

il (la) centralinista   telephone operator

il centralino   switchboard

che fortuna!   what luck!

chiamare al   to call on the phone, to
      telefono   telephone

la chiamata telefonica   telephone call

chi parla?   who's calling?

depositare   to deposit

di nuovo   again

direttamente   directly

il disco combinatore   the dial

è guasto   is broken

è incredibile   it's incredible

fare il numero   to dial

fare una chiamata   to make a call

fare una telefonata   to make a phone call

la fessura per gettone   slot

fuori servizio   out of order

il gettone   token

la guida telefonica   phone book, directory

all'improvviso   suddenly

interrompere la linea   to cut off
                              (telephone)

la linea   line

medesimo(a)   same

il messaggio   message

mettere in   to put through to, to connect
  comunicazione con

non funziona   doesn't work

il numero del telefono   telephone number

il numero interno   extension

il numero sbagliato   wrong number

nuovamente   again

occupato   busy

più tardi   later

il prefisso   area code

provare   to try

resti in linea   hold on, don't hang up

riattaccare   to hang up

non riattacchi   hold on, don't hang up

il ricevitore   receiver (of a telephone)

richiamare   to call again

la risposta   answer

il segnale di linea libera   dial tone

il segnale di linea occupata   busy signal

solamente   only

spingere   to push

squillare   to ring

staccare   to pick up (receiver)

suonare   to ring

telefonare   to telephone

la telefonata a carico del   collect call
  destinatario

la telefonata con preavviso   person-to-
                              person call

la telefonata interurbana   long-distance
                              call, toll call

la telefonata urbana (locale)   local call

il (la) telefonista   telephone operator

il telefono   telephone

Chapter 8:   At the hotel

Capitolo 8:   In albergo

CHECKING IN (Figs. 8-1 and 8-2)

Fig. 8-1

Il signore è al *banco registrazione (reception)*.　　　　registration counter
Parla *l'ospite:*　　　　guest
Vorrei una camera a un letto (camera singola).　　　　I would like a single room
　　　　una camera doppia.　　　　double room
Vorrei una stanza a due letti.　　　　room; twin beds
　　　　　　con letto matrimoniale.　　　　double bed
Preferisco una camera che dia sul mare.　　　　a room with a sea view
　　　　　　　　sull'*interno.*　　　　courtyard
　　　　　　　　sulla strada.　　　　faces the street
　　　　　　　　sulla *piscina.*　　　　swimming pool
Ha la stanza *l'aria condizionata?*　　　　air conditioning
　　　　il riscaldamento?　　　　heating
　　　　la radio?
　　　　il balcone?
　　　　il televisore?
　　　　un bagno privato?　　　　private bath
　　　　la doccia?　　　　shower

43

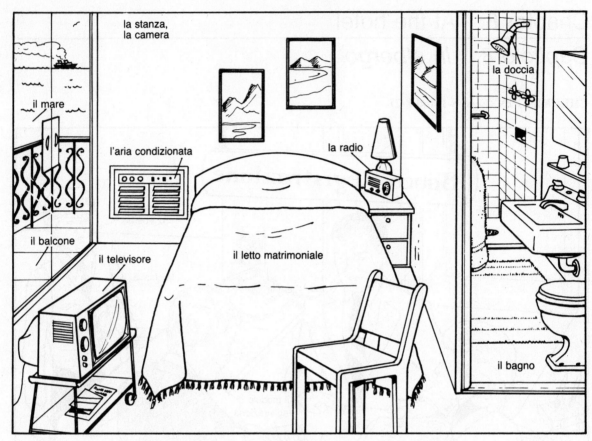

Fig. 8-2

Non voglio *vitto e alloggio*.	room and board
Quanto è per la stanza?	
È incluso *il servizio?*	service
È inclusa *la prima colazione?*	breakfast
Sono incluse *le tasse?*	taxes
Ci tratterremo fino al giorno....	we will stay
Abbiamo *una prenotazione*.	reservation
Ecco la nostra *conferma*.	confirmation
Parla *l'impiegato (il receptionist):*	desk clerk
L'albergo non è *al completo (pieno)*.	full
Abbiamo camere (stanze) *disponibili (libere)*.	available
Mi può far vedere il suo passaporto?	
Faccia il favore di *completare questo modulo di registrazione*.	complete this registration form
Pagherà con *una carta di credito?*	credit card
Il ragazzo d'albergo può portare le valige.	bellhop
Quando partiranno, facciano il favore di lasciare *le chiavi* in *portineria*.	keys; conciergerie

1. Complete.

  1. Una camera _____ _____ _____ è per una persona solamente.
  2. Una stanza per due persone è una _____ _____.
  3. Una stanza _____ può avere due _____ o un letto _____.

4. C'è più rumore in una stanza che dà sulla _____ che in una camera che dà sull'_____.

5. Poiché l'albergo è sul lido, desidero una stanza che dia sul _____.

6. Non voglio mangiare in albergo. Così non voglio il _____.

7. Il _____, la _____ _____ e le _____ sono incluse nel prezzo della stanza.

8. D'estate desidero sempre l'_____ _____ e d'inverno sempre desidero il _____.

9. So che costa di più, ma sempre chiedo una stanza con _____ _____ privato.

10. Feci una _____ per la camera ed ecco la _____.

11. L'_____ lavora al banco registrazione (reception).

12. Se l'albergo è al _____ non ci sono camere _____.

13. Al banco registrazione l'ospite deve completare un _____. Molte volte, se si trova in un paese straniero, deve mostrare all'impiegato il _____.

14. Il _____ _____ porta in camera le valige.

15. Molta gente preferisce pagare con una _____ _____ _____.

2. **Complete.**

Al banco registrazione (reception) dell'albergo

—Buon giorno, signore.

—Buon giorno. Ha una _____ doppia?
$$\text{1}$$

—Ha Lei una _____?
$$\text{2}$$

—No, non l'ho fatta.

—Vediamo allora. L'albergo è quasi _____ _____, pero abbiamo tre
$$\text{3}$$
camere doppie _____. Preferisce una stanze a _____ _____ o
$$\text{4}$$ $$\text{5}$$
una con letto _____?
$$\text{6}$$

—_____ _____ _____ per piacere. La stanza dà sulla strada o
$$\text{7}$$
nell'_____?
$$\text{8}$$

—Le uniche stanze doppie che mi rimangono _____ _____ strada.
$$\text{9}$$

—Va bene. Quanto è per la _____?
$$\text{10}$$

—Venticinquemila lire al giorno.

—È incluso il _____?
$$\text{11}$$

—Sì, il _____ e le _____ sono inclusi, ma la prima colazione, no.
$$\text{12}$$ $$\text{13}$$

—Va bene.

—Fino a quando si tratterranno?

—Ci tratterremo fino al _____. Mi scusi, ma poiché durante questi giorni sta facendo
$$\text{14}$$
molto caldo, vorrei sapere se nella stanza c'è _____ _____.
$$\text{15}$$

—Sì, signore. Ha anche un _____ privato.
$$\text{16}$$

—Molto bene.

—Allora, faccia il favore di _____ questo modulo e _____ qui. Mi può
$$\text{17}$$ $$\text{18}$$
mostrare il suo _____?
$$\text{19}$$

—Eccolo.

—Grazie. Il _____ _____ può portare le valige.
                      20

—Grazie.

—Prego.

SPEAKING WITH THE MAID (Fig. 8-3)

Fig. 8-3

La cameriera	maid
Avanti! (Entri!)	come in
Ha *servizio guardaroba?*	laundry service
Mi può *lavare* e *stirare....*	wash; iron
Desidero che mi *puliscano a secco....*	dry-clean
Per quando sarà *pronto (pronta)?*	by when; ready
Se Lei lo (la) desidera per oggi, deve pagare *un supplemento.*	additional charge
Può *pulire (rimettere in ordine)* la stanza (camera) adesso?	clean (to tidy up)
Ho bisogno di un altro *guanciale.*	I need; pillow
un'altra *coperta.*	blanket
un altro *asciugamano.*	towel

Ho bisogno di *un lenzuolo da bagno*.   bath towel
       un altro *sapone (una saponetta)*.   soap (a bar of soap)
       altre *stampelle (grucce)*.   hangers
       carta igienica.   toilet paper
Dov'è *la presa* per *il rasoio elettrico?*   outlet; electric razor
             l'asciugacapelli?   hair dryer
Qual è *il voltaggio* qui?   voltage

3. Complete.
    1. Desidero che ci puliscano la camera. Chiamerò la _____.
    2. Ho molti indumenti sporchi. Guardo se hanno servizio _____.
    3. Signora, mi possono _____ e _____ questa camicia?
    4. Mi possono _____ _____ _____ questa sottana?
    5. Non posso usare il rasoio elettrico perché non so dov'è la _____.
    6. La notte scorsa faceva freddo. Desidero un'altra _____ sul letto.
    7. Un asciugamano grande è un _____ _____ _____.
    8. Voglio fare una doccia, però non c'è _____.
    9. Io ho sempre molti vestiti. Negli alberghi non ci sono mai abbastanza _____ nell'armadio.
   10. Generalmente mettono un rotolo di _____ in più nella stanza da bagno.

4. Identify each item in Fig. 8-4.

Fig. 8-4

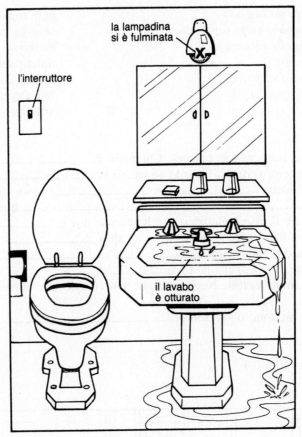

Fig. 8-5

SOME PROBLEMS YOU MAY HAVE (Fig. 8-5)

Il rubinetto non funziona.	faucet; doesn't work
La luce	light
Il water	toilet
L'interruttore	light switch
la lampadina si è *fulminata.*	bulb; burned out
Il lavabo è *otturato.*	basin; clogged
Non c'è *l'acqua calda.*	hot water

5. Complete.
1. Ho acceso la luce ma la lampada non si è accesa. Credo che la _____ si sia fulminata o forse non funziona l'_____.
2. Ho aperto il _____ ma l'acqua non viene.
3. Il lavabo non si è vuotato (*empty*). Sarà _____.
4. Non posso farmi la doccia se non c'è l'acqua _____.

6. Identify each item in Fig. 8-6.

CHECKING OUT

All'*ufficio cassa*	cashier's office
Parla l'ospite:	
A che ora dobbiamo *lasciar libera* la camera?	vacate

Fig. 8-6

Ha *il conto* per la stanza 215?	bill
Questa *spesa per il servizio in camera* non è mia.	room service charge
Accetta *le carte di credito?*	credit cards
Parla *il cassiere:*	cashier
Ha qualche *addebito* questa mattina?	charge
Ha fatto qualche *telefonata?*	phone call
Ecco il totale.	

7. Complete.

   All'ufficio cassa dell'albergo

   —Ha il _____ per la camera 215, per favore?
                 1

   —Qual è il nome, per piacere? _____
                                         2

   —Ha degli _____ questa mattina?
                  3

   —No, nessuno. Ho pagato la prima colazione.

   —Ha fatto nessuna _____ questa mattina?
                            4

   —No.

   —Benissimo. Ecco il _____ . Il _____ è di 60.300[1] lire.
                              5   6

_____

[1] Note that in English 60.300 lire is written as 60,300 lire. In Italian periods are used instead of commas and commas in place of a decimal point.

—Scusi, ma questa spesa per il _____ _____ _____ non può

7

essere mia. Io non ho ordinato niente in camera.

—Ah! Mi scusi! È una spesa del 315. Mi scusi tanto!

—Accetta _____ _____ _____?

8

—Sì, signore. Quale _____ ha Lei?

9

8. Complete.

1. Quando un cliente arriva in un albergo, per prima cosa va al _____
_____ dove parla con l'_____.

2. Generalmente c'è da _____ un modulo e mostrare il _____ all'impiegato
(al receptionist).

3. Una persona che va sola in un albergo, ha bisogno di _____ _____
_____ _____. Se due persone viaggiano insieme
hanno bisogno di _____ _____ _____

4. In molti alberghi, il _____ e le _____ sono inclusi nel prezzo della
stanza. A volte anche la _____ _____ è inclusa.

5. C'è più rumore in una camera che _____ _____ strada che in una
stanza _____.

6. Molte persone fanno una _____ quando pensano di andare in un albergo. Poi
quando arrivano mostrano la loro _____ all'impiegato.

7. Se l'albergo non ha camere _____ è _____ _____.

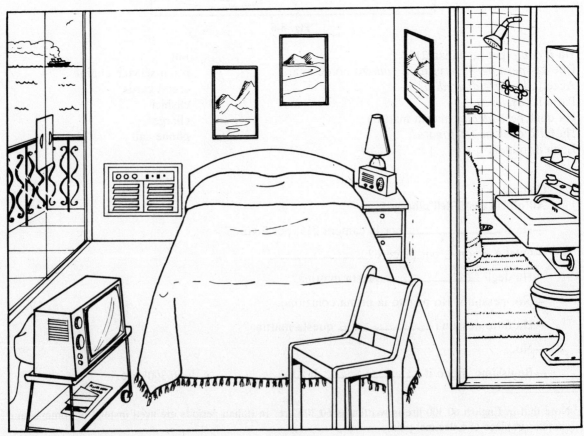

Fig. 8-7

8. Il _____ _____ aiuta gli ospiti a portare le loro valige in camera.

9. La _____ pulisce le camere nell'albergo.

10. Alcune cose necessarie nella stanza da bagno sono gli _____, il _____
    e la _____ _____.

11. D'inverno quasi tutti gli alberghi hanno _____ e d'estate molti hanno
    l'_____.

12. Se un ospite ha freddo quando dorme, vuole una _____ in più da mettere sul
    _____.

13. È necessario avere _____ nell'armadio per appendere i vestiti.

14. Molti alberghi offrono alla loro clientela un _____ _____ per lavare
    e stirare i loro indumenti.

15. Se gli ospiti vogliono prendere qualcosa in camera devono chiamare il _____
    _____ _____.

16. In molti alberghi, gli ospiti che sono in partenza, devono _____ _____
    la stanza a mezzogiorno.

17. Quando gli ospiti arrivano in albergo, vanno al _____ _____ e quando
    partono vanno all'_____ _____.

18. Oggigiorno molta gente preferisce pagare il conto d'albergo con una _____
    _____ _____.

9. Answer on the basis of Fig. 8-7.
1. Dà sulla strada la stanza?
2. Ha balcone?
3. Di che tipo è il letto nella stanza?
4. Di che tipo è la camera?

Fig. 8-8

    5. Ha un bagno privato?
    6. Cosa c'è nel bagno?
    7. Cosa ha la camera nei mesi caldi?
    8. E cosa ha durante i mesi invernali?

10. Look at Fig. 8-8 and correct each false statement.
    1. I signori sono all'ufficio cassa.
    2. Loro partono dall'albergo.
    3. Loro parlano con il ragazzo d'albergo.
    4. La signora sta completando un modulo.
    5. L'impiegato (il receptionist) ha la chiave della stanza.
    6. Il signore ha una carta di credito in mano.

11. Answer on the basis of Fig. 8-9.
    1. Che tipo di camera è?
    2. Cosa c'è sul letto?
    3. Chi sta lavorando nella camera?
    4. Cosa fa lei?
    5. Cosa c'è nell'armadio?
    6. Il lavabo è in camera o nel bagno?
    7. C'è una doccia nel bagno?
    8. Quanti asciugamani ci sono?
    9. Quanti rotoli di carta igienica ci sono?

Fig. 8-9

Key Words

l'acqua calda   hot water
l'addebito   charge
appendere   to hang
l'aria condizionata   air conditioning
l'asciugacapelli   hair dryer
l'asciugamano   towel
avanti!   come in!
il bagno   bathroom, bath
il bagno privato   private bath
il balcone   balcony
il banco registrazione   registration counter
aver bisogno   to be in need
la camera   room
la camera a un letto   single room
la camera a due letti   room with two beds
la camera doppia   double room
la camera singola   single room
la cameriera   maid
la carta di credito   credit card
la carta igienica   toilet paper
il cassiere   cashier
completare   to fill out, to complete
al completo   full
la conferma   confirmation of a reservation
il conto   bill
la coperta   blanket
disponibile   available
la doccia   shower
firmare   to sign
fulminato(a)   burned out
la gruccia   hanger
il guanciale   pillow
l'impiegato (receptionist)   desk clerk
gli indumenti   clothes
l'interno   inside, interior
l'interruttore   light switch
la lampadina   light bulb
lasciar libero(a)   to vacate
il lavabo   basin
lavare   to wash
il lenzuolo da bagno   bath towel
il letto   bed
il letto matrimoniale   double bed
libero(a)   available
il lido   shore, beach

la luce   light
il mare   sea
il modulo di registrazione   registration form
necessario   necessary
l'ospite   guest
otturato(a)   clogged
per quando?   by when?
pieno(a)   full
la piscina   swimming pool
la portineria   conciergerie
la prenotazione   reservation
la presa   outlet
la prima colazione   breakfast
pronto(a)   ready
pulire   to clean
pulire a secco   to dry-clean
il ragazzo d'albergo   bellhop
il rasoio elettrico   electric razor
il (la) receptionist   receptionist, clerk at the reception desk
rimettere in ordine   to tidy up
il riscaldamento   heating
il rubinetto   faucet
il sapone   soap
la saponetta   bar of soap
il servizio   service
il servizio di camera   room service
il servizio guardaroba   laundry service
la spesa   charge, expense
la stampella   hanger
la stanza   room
stirare   to iron
la strada   street
il supplemento   additional charge
le tasse   taxes
la telefonata   phone call
il televisore   television set
il totale   total
trattenersi   to remain, to stay
l'ufficio cassa   cashier's office
i vestiti   dresses, suits, clothes
il vitto e alloggio   room and board
il voltaggio   voltage
il water   toilet

Chapter 9: At the bank

Capitolo 9: Alla banca

EXCHANGING MONEY (Fig. 9-1)

la banca

Fig. 9-1

Dov'è *la banca?*	bank
Dov'è *un ufficio di cambio?*[1]	exchange bureau
Ho bisogno di *denaro* italiano.	money
Desidero *cambiare* cento dollari.	exchange
Desidero cambiare cento dollari in lire.	
Ha Lei *assegni turistici* o *denaro liquido (denaro in contanti)?*	traveler's checks
	cash
Qual è *il cambio* di oggi?	rate of exchange
È di *millequattrocentoventicinque lire al dollaro.*	1,425 liras to the dollar
Che *commissione fanno pagare?*	commission; charge
Lei può passare alla *cassa.*	cashier's window

---

[1] In many large cities in Italy, you may change your dollars or traveler's checks into liras at the bank or at the exchange bureau. Generally, the exchange bureaus are not available in the small towns.

1. Complete.

Il signor Marani è in Italia e non ha _____ italiano. Desidera cambiare cento
                                            1
dollari _____ lire. Non vuole cambiare il denaro in albergo perché negli alberghi
            2
fanno pagare una _____ più alta. Lui vuole cambiarlo all'ufficio di _____
                      3   4
perché sa che all'_____ di cambio fanno pagare meno.
                     5

2. Complete.

—Desidero _____ cento dollari, per favore.
              1

—Sì, signore.

—Qual è il cambio di oggi?

—Ha Lei _____ , _____ o denaro liquido?
                2

—Assegni turistici.

—Oggi è di millequattrocentoventicinque lire _____ dollaro.
                                                  3

—Benissimo.

—Ha lei il passaporto, per favore?

—Sì, signore, eccolo.

—Può passare alla _____ dove le daranno il denaro.
                    4

MAKING CHANGE

Ho pagato *il conto in contanti*.	bill; in cash
Non ho più *denaro liquido*.	cash
Devo *cambiare un assegno*.	to cash a check
Ho solamente *biglietti di grosso taglio*.	bills of high denomination (big bills)
Mi può *cambiare* questo biglietto da cinquemila lire?	change
Non ho *il cambio (gli spiccioli)*.	change, coins
Mi può cambiare questo biglietto da duemila lire?	
questa *moneta* da duecento lire?	coin

3. Complete.

La signora Calvi non pagò il conto con un assegno. Lo pagò _____ _____ .
                                                                        1
Adesso non ha abbastanza _____ _____ . La signora deve andare alla
                                    2
banca a _____ _____ _____ .
                  3

4. Complete.

Scusi, giovanotto. Non ho _____ . Mi può cambiare questo _____ da
                              1   2
duemila _____ ?
            3

5. Complete.

In banca

—Desidero cambiare un assegno turistico, per favore.

—Sì, signore. È in lire l'assegno?

—No, è in _____.
        1

—Ma, non le posso dare dollari.

—Lo so. Desidero cambiarlo in lire. Qual è il _____?
                                                      2

—Mille lire _____ dollaro.
              3

—Va bene.

—Allora può passare alla _____.
                             4

Alla _____.
          5

—Sono cinquantamila lire. Ecco cinque _____ da diecimila lire.
                                          6

—Scusi, mi può _____ un _____ da diecimila lire? Ho bisogno di alcuni
                    7   8

biglietti di piccolo taglio.

—Ecco venti _____ da cinquecento lire.
              9

—Mi scusi ancora. Non ho _____. Mi può cambiare due _____ da
                             10   11

cinquecento lire, per favore?

—Ecco tre _____ da duecento lire, tre da cento lire ciascuna e due da cinquanta
            12

lire.

—Grazie infinite. Lei è molto gentile.

Fig. 9-2

A SAVINGS ACCOUNT (Fig. 9-2)

Vorrei *aprire un libretto di risparmio*.	open a savings account
Vorrei *fare un deposito*.	make a deposit
Vorrei *depositare* cento dollari.	to deposit
Non voglio *ritirare* il denaro dal mio libretto di risparmio.	take out, withdraw
Lì vedo *l'iscrizione* «Risparmi».	sign, inscription
Vado allo *sportello*.	window
Do il mio *libretto* al *cassiere*.	bankbook (passbook); teller

6. Complete.

A me piace risparmiare denaro. Ho un _____ _____ _____

_____1_____

alla banca. Domani depositerò cento _____ sul mio conto. Cercherò di fare un

_____2_____

_____ al mese. In banca vado allo _____ con l'iscrizione «Risparmi». Do

___3___   ___4___

il _____ al cassiere. È evidente che mi piace _____, ma non mi piace

___5___   ___6___

_____ denaro dal mio libretto di risparmi.

___7___

A CHECKING ACCOUNT (Fig. 9-3)

Ho *un conto corrente* in banca.	checking account
Voglio *cambiare* un assegno.	cash

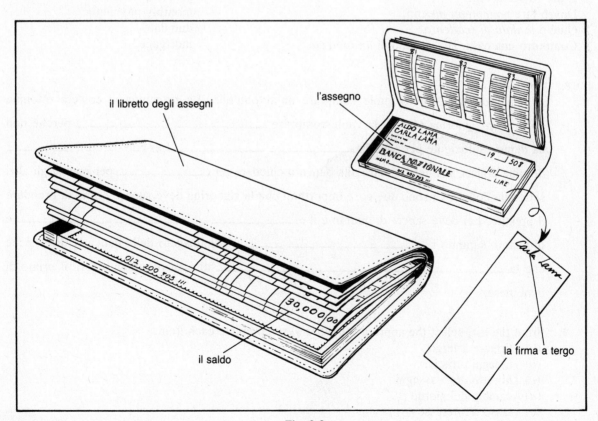

il libretto degli assegni

l'assegno

il saldo

la firma a tergo

Fig. 9-3

Devo *firmare a tergo* l'assegno prima di cambiarlo.   endorse
Non ho più assegni. Ho bisogno di un altro *libretto degli*   checkbook
  assegni.
Qual è *il saldo* del mio conto?   balance

7. Complete.
    1. Mi sono rimasti duecento dollari nel mio conto corrente. Ho un _____ di duecento
        dollari.
    2. Ahimè! Non ho più assegni. Ho bisogno di un altro _____ _____
        _____.
    3. Mi può _____ questo assegno? Sì, signore. Però solo se Lei ha un _____
        _____ in questa banca.
    4. Se voglio cambiare un assegno, lo devo prima _____ _____
        _____.
    5. Non voglio pagare con denaro liquido. Pago con un _____.

GETTING A LOAN

Non posso pagarlo *in contanti*.   in cash, all at once
Non lo voglio comprare *a rate*.   in installments
Prendere un prestito.   to get a loan
Do *un anticipo (una caparra)* di cinquecento dollari.   down payment
Di quanto è *il tasso d'interesse?*   interest rate
È del 18 *per cento*.   percent
Dovrò fare *pagamenti mensili*.   monthly payments
Qual è *la data di scadenza?*   due date
Comprerò una casa. Ho bisogno di *un'ipoteca*.   mortgage

8. Complete.
       La signorina Moretti vuole comprare un'automobile. La macchina le costerà ottomila

    dollari. La signorina Moretti la vuole comprare _____ _____ perché non
                                                              1

    ha denaro sufficiente per pagarla _____ _____. Lei può dare un _____
                                                    2   3

    di mille dollari, ma deve andare alla banca a chiedere un _____ per pagare gli altri
                                                                      4

    settemila dollari. Ci sono due cose importanti che la signorina deve sapere prima di prendere

    il prestito. Lei deve sapere di quanto è il _____ _____ _____ e
                                                                        5

    di quanto saranno i _____ _____. L'impiegato della banca le dice anche
                                      6

    che la _____ _____ _____ di ogni pagamento sarà il primo di
                            7

    ogni mese.

9. From the list, select the appropriate word(s) to complete each item.
    (*a*) firmare a tergo
    (*b*) assegni turistici
    (*c*) libretto degli assegni
    (*d*) cambio del giorno
    (*e*) tasso d'interesse
    (*f*) libretto di risparmi

(g) prestito
(h) pagamento mensile
 (i) data di scadenza
 (j) denaro liquido (in contanti)
(k) moneta spicciola
 (l) assegno
(m) per cento
(n) biglietto (banconota)
(o) libretto
(p) a rate
(q) saldo
 (r) in contanti
 (s) conto corrente

1. Lei va a fare un viaggio e non vuole portare con sé molto denaro liquido. Lei allora compra degli _____ _____.
2. Lei non vuole pagare in contanti. Preferisce pagare con un _____.
3. Per pagare con un assegno, è necessario avere un _____ _____ in banca.
4. Se Lei non ha _____, deve cambiare un biglietto (una banconota).
5. Prima di cambiare un assegno, Lei lo deve _____ _____ _____.
6. Prima di cambiare del denaro, Lei deve essere al corrente del _____ _____.
7. Se Lei non ha abbastanza denaro per comprare qualche cosa di cui ha bisogno, deve chiedere un _____ alla banca.
8. Si deve fare il pagamento il giorno della _____ _____ _____.
9. Non lo pagai in contanti, lo pagai _____ _____.
10. Non posso pagare con un assegno perché non ho il _____ _____ _____ con me.
11. Per ritirare o depositare del denaro in banca, si deve dare il _____ alla cassiera.
12. A me piace risparmiare denaro. Ho un _____ _____ _____ _____.
13. Non so quanto mi è rimasto nel mio conto. Non ne so il _____.

10. Complete each item with an appropriate verb.
   1. Ho bisogno di denaro italiano. Vado a _____ un assegno turistico.
   2. Ho del denaro di cui non ho bisogno. Lo vado a _____ nel mio libretto di risparmi.
   3. Voglio _____ un assegno.
   4. Prima di cambiarlo lo devo _____ a tergo.
   5. Desidero _____ questa banconota da cento dollari.
   6. Per comprarlo vado a _____ un prestito.
   7. So che loro mi faranno _____ una commissione.
   8. Lo vado a _____ a rate.
   9. Per primo devo _____ una caparra.
  10. Poi devo _____ pagamenti mensili.

11. Complete.
   1. Il cambio di oggi è _____ mille lire _____ _____ dollaro.
   2. Qual è il cambio? Mille lire _____ _____ dollaro.
   3. Il tasso d'interesse è _____ 18 _____ cento.
   4. Desidero cambiare dollari _____ lire.
   5. Lui pagò _____ contanti. Io invece pagai _____ rate.

Key Words

l'anticipo down payment	*far pagare* to charge
aprire to open	*fare un deposito* to make a deposit
gli assegni turistici traveler's checks	*fare un versamento* to make a deposit
la banca bank	*firmare a tergo* to endorse
la banconota bill, money	*l'interesse* interest
il biglietto bill, money, bank note	*l'ipoteca* mortgage
i biglietti di grosso taglio bills of high denominations (big bills)	*l'iscrizione* sign, inscription
	il libretto passbook, bankbook
	il libretto degli assegni checkbook
i biglietti di piccolo taglio bills of low denominations	*il libretto di risparmio* savings account
	meno less
cambiare to exchange, to cash	*la moneta* coin
cambiare un assegno to cash a check	*ottenere* to obtain
il cambio rate of exchange, change, coins	*i pagamenti mensili* monthly payments
la caparra down payment	*pagare* to pay
la cassa cashier's window, cashier's counter	*pagare a rate* to pay in installments
	pagare in contanti to pay cash, to pay in one lump sum
il (la) cassiere(a) cashier, teller	
la commissione commission, charge	*per cento* percent
in contanti in cash, all at once	*prendere* to get (e.g., a loan)
il conto bill, account	*il prestito* loan
il conto corrente checking account	*a rate* in installments
dare to give	*risparmiare* to save
la data di scadenza due date	*ritirare* to take out, to withdraw
il denaro money	*il saldo* balance
il denaro in contanti cash	*gli spiccioli* small change, coins
il denaro liquido cash	*lo sportello* teller's window
depositare to deposit (money or funds into an account)	*il tasso d'interesse* interest rate
	l'ufficio di cambio exchange bureau
il deposito deposit	*il versamento* deposit
essere al corrente to be well-informed	

Chapter 10:   At the post office

Capitolo 10:   All'ufficio postale

SENDING A LETTER (Fig. 10-1)

Fig. 10-1

61

Voglio *spedire una lettera.*	send; letter
una cartolina.[1]	postcard
Non la posso *imbucare* nella *cassetta postale.*	drop; mailbox
Non ho *francobolli.*	stamps
Devo andare all'*ufficio postale.*	post office
Vado allo *sportello.*	window
Quanto è *l'affrancatura?*	postage
Per via aerea, duecentocinquanta lire.	by airmail
Compro due francobolli da cento lire ed uno da cinquanta.	
La voglio spedire (mandare) *raccomandata (registrata).*	certified (registered) mail
Sulla busta devo mettere *l'indirizzo del destinatario.*	address of the receiver
Metto anche *l'indirizzo del mittente.*	address of the sender
il codice d'avviamento postale.	postal code

1. Complete.

Voglio spedire questa lettera. Però non la posso imbucare nella _____

_____. Dovrò andare all'_____ _____ per due motivi. Non so

quanto è l'_____ e non ho _____. Devo comprare i _____

all'_____ _____.

2. Complete.

All'_____ postale.

—Desidero mandare questa lettera in Sicilia. Quanto è l'_____, per favore?

—La vuole spedire per posta normale o per _____ _____?

—Per via aerea.

—_____ _____ _____ per la Sicilia, l'_____ è di due-

centocinquanta lire.

—Benissimo. Mi dia, per favore, due _____ da cento lire ed uno _____

cinquanta.

—Scusi, vuole mandare la lettera _____?

—No, non la voglio mandare raccomandata. Grazie.

3. Give another word for:
1. la cartolina già affrancata
2. mandare
3. registrata

4. Answer on the basis of Fig. 10-2.
1. Quanto costa l'affrancatura per spedire la lettera?
2. Come spediscono la lettera, per posta normale o per via aerea?
3. Qual è il nome del destinatario?

---

[1] Both the United States and Italy have two kinds of postcards: *la cartolina postale* (postcard) is sold already stamped; *la cartolina illustrata* (picture postcard) has a picture or a drawing on one side.

Fig. 10-2

4. Qual è il codice d'avviamento postale?
5. Qual è il nome della mittente?
6. Quanti francobolli ci sono sulla busta?

SENDING A PACKAGE

Desidero spedire questo *pacco*.	package, parcel
Quanto *pesa?*	weigh
Non so. Lo posso mettere sulla *pesa (bilancia)*.	scale
Lo vuole *assicurare?*	insure
È *fragile?*	fragile
Vuole Lei *completare* una *dichiarazione per la dogana?*	fill out; customs declaration
Quanto tempo *impiegherà* ad arrivare?	will take
In aereo impiegherà cinque giorni.	by plane
Via mare impiegherà tre mesi.	by boat

5. Complete.
   1. Voglio spedire questo _____ a Nuova York. Però non so quanto _____.
      Non lo posso pesare perché non ho la _____. Dovrò andare all'ufficio postale.
   2. Questo pacco non è di molto valore. Vale meno di dieci dollari. Non lo vado ad _____
      prima di spedirlo.
   3. Non devo _____ _____ _____ per la dogana perché il valore
      è meno di dieci dollari.
   4. Non vale molto però è molto _____ perché è di cristallo.
   5. Se io lo mando per _____ _____, impiegherà solamente cinque giorni
      ad arrivare. Se invece lo spedisco via _____, _____ tre mesi. L'affran-
      catura per via aerea costa molto di più dell'_____ normale (via mare).

OTHER WORDS YOU MAY NEED

C'è *posta* per me?	mail
Si distribuisce la corrispondenza (posta) tutti i giorni meno la domenica.	is delivered; mail
Il postino (portalettere) distribuisce la corrispondenza di mattina.	letter carrier

Ha Lei *una casella postale?*   post office box
Dove posso comprare *un vaglia postale?*   money order

6. Complete.
   Non devo andare all'_____ _____ per le mie lettere. Il _____
                          1   2
le porta a casa. Lui _____ la corrispondenza ogni mattina verso le dieci. Vediamo se
                          3
ho _____ oggi.
        4

Key Words

in aereo   by plane
l'affrancatura   postage
arrivare   to arrive
assicurare   to insure
la bilancia   scale
la cartolina illustrata   picture postcard
la cartolina postale   stamped postcard
la casella postale   post office box
la cassetta postale   mailbox
il codice d'avviamento postale   postal code
completare   to fill out
la corrispondenza   mail
il (la) destinatario(a)   receiver
la dichiarazione per   customs declaration
   la dogana
distribuire   to deliver (mail)
la distribuzione   delivery (of mail)
fragile   fragile
i francobolli   stamps
imbucare   to drop, to mail
impiegare   to take (in the sense of time)
l'indirizzo   address

inviare   to send
la lettera   letter
mandare   to send
di mattina   in the morning
il (la) mittente   sender
il pacco   package, parcel
la pesa   scale
pesare   to weigh
il portalettere   letter carrier
la posta   mail
la posta aerea   airmail
la posta normale   regular mail
il postino   letter carrier
la raccomandata   certified (registered)
                        mail
spedire   to send
lo sportello   window
l'ufficio postale   post office
il vaglia postale   money order
per via aerea   by airmail
via mare   by boat

Chapter 11:   At the hairdresser

Capitolo 11:   Dal barbiere,[1] Dal parrucchiere[2]

FOR MEN

Desidero *farmi tagliare i capelli.*	to have my hair cut
Il barbiere (il parrucchiere, la parrucchiera) taglia i capelli.	barber, hairdresser
Vuole un taglio con *il rasoio* o con *le forbici?*	razor; scissors
Ho bisogno solo di *una spuntata (spuntatina).*	trim
Non me li tagli troppo corti.	don't cut it too short
Per favore mi spunti *i baffi.*	mustache
la barba.	beard
le basette.	sideburns
Per favore mi *accorci* le basette.	shorten
Per favore mi *faccia la barba.*	shave
Per favore mi tagli un po di più *dietro.*	in the back
ai lati.	on the sides
sopra.	on the top
sul collo.	on the neck
Desidero anche *uno sciampo (una lavatura dei capelli).*	shampoo
Non voglio né *brillantina* né *spray (lacca).*	oil; spray

1. Complete.
1. Ho i capelli molto lunghi. Ho bisogno di un _____ dei capelli.
2. Non ho i capelli molto lunghi. Ho bisogno solamente di una _____.
3. Mi sono lavato i capelli. Non ho bisogno di un altro _____.
4. Voglio che il barbiere mi tagli i _____ e le _____.
5. Ho le basette troppo lunghe. Me le può _____, per favore?
6. Non mi piacciono i capelli molto corti. Non me li _____ troppo, per favore.
7. Il barbiere taglia i capelli con il _____ o con le _____.
8. Io mi _____ _____ _____ a casa. Non voglio che il barbiere mi faccia la barba.

2. Complete this exercise on the basis of Fig. 11-1.
Faccia il favore di tagliarmi di più....
1.
2.
3.
4.

---

[1] *Il barbiere* (barber) is the men's hairdresser.

[2] *Il parrucchiere* or *la parrucchiera* is the ladies' hairdresser. However, you may find at times *parrucchiere per signora* (ladies' hairdresser) and *parrucchiere da uomo* (men's hairdresser).

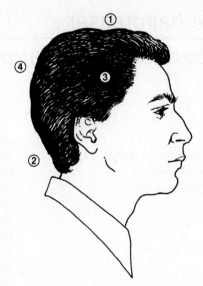

Fig. 11-1

3. Match.

1. Ho i capelli molto lunghi.
2. Voglio che mi lavino i capelli.
3. Non ho i capelli molto lunghi.
4. Ho le basette molto lunghe.
5. Ho bisogno di un taglio dei capelli.
6. Desidera un taglio con il rasoio?

(a) Ho bisogno solamente di una spuntatina.
(b) Faccia il favore di accorciarmele.
(c) Ho bisogno di tagliare i capelli.
(d) Devo andare dal barbiere.
(e) Ho bisogno di uno sciampo.
(f) No, con le forbici, per piacere.

FOR WOMEN

Desidero *un taglio dei capelli.*	haircut
uno sciampo ed una messa in piega.	wash and set
una permanente.	permanent (wave)
una pettinata.	comb out
una spuntata.	trim
una tintura.	tint
un taglio a rasoio.	razor cut
Non voglio *spray (lacca).*	hair spray
un manicure.	manicure
un pedicure.	pedicure
Non voglio *smalto* sulle *unghie.*	nail polish; nails

4. Complete.

—Buon giorno. Desidera una _____?
                                                    1

—No, grazie. Desidero solamente uno _____ ed _____ _____
                                                                  2   3

_____ _____.

—Mi sembra che abbia i capelli un po' lunghi. Non vuole un _____?
                                                                                                        4

—No, grazie. Mi piacciono i capelli così. Non voglio nemmeno una _____ perché mi
5

piace il colore che ho.

—Va bene. Vuole il manicure?

—Sì, per favore. Ma non metta lo _____ sulle unghie.
6

Key Words

accorciạre   to shorten
i bạffi   mustache
la bạrba   beard
il barbiẹre   barber
la barbierịa   barber shop
le basẹtte   sideburns
la brillantịna   hair oil
sul cọllo   on the neck
diẹtro   in the back
fạre la bạrba   to shave
le fọrbici   scissors
la lạcca   hair spray
ai lạti   on the sides
la lavatụra dei capẹlli   shampoo
il manicụre   manicure
la mẹssa in piẹga   set

il (la) parrucchiẹre(a)   men's (ladies') hairdresser
il pedicụre   pedicure
la permanẹnte   permanent (wave)
la pettinạta   comb out
il rasọio   razor
lo sciạmpo   shampoo
lo smạlto per le ụnghie   nail polish
sọpra   on top
lo spray   hair spray
la spuntạta   trim
la spuntatịna   trim
tagliạre   to cut
il tạglio dei capẹlli   haircut
la tintụra   tint
trọppo cọrti   too short
l'ụnghia   fingernail

Chapter 12:   At the clothing store

Capitolo 12:   In un negozio di abbigliamento

BUYING SHOES (Fig. 12-1)

Fig. 12-1

In che posso servirla?	What can I do for you?
Vorrei *un paio di scarpe.*	pair of shoes
stivaletti (stivali).	boots
sandali.	sandals
pantofole.	slippers
scarpe da tennis.	tennis shoes, sneakers
Che *numero* porta?	size
Porto il 39.	
Le voglio di *pelle* marrone (avana, bianca, nera).	leather
Il tacco è troppo alto.	heel
Non mi piacciono *i tacchi alti.*	high heels
Non voglio *le suole di gomma.*	rubber soles
Voglio *le suole di cuoio.*	leather soles
Queste non mi *entrano* bene.	fit
Sono troppo *strette.*	narrow
larghe.	wide

Mi *fanno male* sulle *dita*.   hurt; toes
Desidero anche un paio di *lacci* ed *il lucido per le scarpe*.   shoelaces; shoe polish

1. Answer on the basis of Fig. 12-2.
    1. Sono scarpe, sandali o stivali?
    2. Come sono le suole delle scarpe, di gomma o di cuoio?
    3. I tacchi sono alti o bassi?
    4. Hanno i lacci le scarpe?

Fig. 12-2

2. Complete.
    —In che posso servirla, signore?

    —Vorrei un paio di _____, per favore.
                              1
    —Benissimo. Che _____ porta?
                           2
    —Porto il _____ 40.
                    3
    —Preferisce il _____ basso o un po' alto?
                            4
    —Basso, per favore. Non mi piacciono i _____ alti.
                                                   5
    —Va bene. Che _____ desidera?
                         6
    —Marrone, per favore.

    —Le piacciono queste?

    —Mi piacciono, però non mi _____ bene. Mi fanno male sulle _____.
                                       7   8
    Sono troppo _____. Ha le stesse scarpe ma un po' più _____?
                        9   10

BUYING MEN'S CLOTHING

—*In che posso servirla?*   May I help you?
—Vorrei *un paio di blue jeans.*   pair of blue jeans
l'abito completo (da uomo o da donna)   *suit*
i calzini   *socks*
la camicia   *shirt*
il cappello   *hat*

il cappotto (soprabito)	overcoat, coat
la cinta (cintura)	belt
il costume da bagno	bathing suit
la cravatta	necktie
il fazzoletto	handkerchief
la giacca	jacket
i guanti	gloves
l'impermeabile	raincoat
la maglia	sweater
la maglietta	sweater, undershirt
il maglione	sweater
le mutandine	underpants
i pantaloni	pants, slacks
Vorrei una camicia di *cotone.*	cotton
flanella.	flannel
gabardine.	gabardine
seta.	silk
lana.	wool
nailon (nylon).	nylon
stoffa (tessuto) sintetica(o).	synthetic fabric
stoffa ingualcibile (resistente alle pieghe).	wrinkle-resistant fabric
La desidero con *le maniche lunghe* e *polsini.*	long sleeves; cuffs
Desidero una giacca di *velluto a coste.*	corduroy
cotone ritorto.	denim
cuoio (pelle).	leather
pelle scamosciata.	suede
lana.	wool
lana pettinata.	worsted wool
Mi piace questa camicia *rigata.*	striped
Non mi piace quella *a quadri.*	checked
Questa cravatta rigata non *va bene insieme con* questa camicia a quadri.	matches, goes well with
Che *taglia* porta?	size
Non so. Mi può *prendere le misure?*	take my measurements
Non mi va bene. È un po' *stretto.*	It doesn't fit; tight
Preferisce i pantaloni con bottoni nella *patta* o li preferisce con *una chiusura lampo?*	fly zipper

3. List the items in a complete outfit of clothing for a man.

4. Complete.
   —Sì, signore. In che _____ _____?
   　　　　　　　　　　　　　　　　　　1
   —Vorrei una camicia, per favore.

   —La desidera di cotone?

   —No, non di cotone. La preferisco di un tessuto _____.
   　　　　　　　　　　　　　　　　　　　　　　　　　2
   —Ma poiché siamo in estate, Lei non la vorrà né di _____ né di _____.
   　　　　　　　　　　　　　　　　　　　　　　　3　　　　　　　　　　　4
   　Io le consiglio una stoffa _____.
   　　　　　　　　　　　　　　5
   —Benissimo.

—Che _____ porta?
          6

—Porto la _____ quarantuno.
              7

—Desidera le _____ corte o lunghe?
                    8

—Le _____ lunghe, per favore.
        9

—La desidera _____ o a quadri?
                  10

—Non la voglio né _____ né _____ _____. Desidero una camicia
                        11   12

bianca o celeste perché la porterò con un _____ blu. Voglio comprare anche una
                                              13

_____ che vada _____ _____ con la camicia.
      14   15

5. Choose the word that does *not* belong.
   1. Vorrei una camicia di _____. (*a*) lana (*b*) cotone (*c*) pelle (*d*) stoffa sintetica
   2. Vorrei un paio di pantaloni di _____. (*a*) lana (*b*) velluto a coste (*c*) gabardine
      (*d*) seta
   3. Vorrei una giacca di _____. (*a*) lana (*b*) velluto a coste (*c*) flanella (*d*) cotone
      ritorto
   4. Vorrei un paio di guanti di _____. (*a*) pelle (*b*) pelle scamosciata (*c*) lana (*d*)
      velluto a coste

6. Complete.
   1. Questa camicia rigata non va molto bene insieme con la giacca _____
      _____.
   2. Mi si è rotta la _____ _____ nei pantaloni che ho comprato ieri.
   3. Non mi piace portare le scarpe senza i _____.
   4. Con questi pantaloni non devo portare la _____.
   5. Quando piove mi devo mettere l'_____.
   6. Ho bisogno di biancheria intima. Vado a comprarmi sei _____ e sei paia di
      _____.
   7. Non so che taglia porto. Il commesso dovrà prendermi le _____.
   8. Non mi piace il cotone. Preferisco stoffe _____ perché non si sgualciscono
      tanto.
   9. Questa giacca non mi _____ bene.
   10. Questa giacca è molto _____. Ho bisogno di una taglia più grande.

BUYING WOMEN'S CLOTHING

—*In che posso servirla?*	What can I do for you?
—Vorrei *una sciarpa.*	scarf
la borsa	pocketbook
un paio di blue jeans	a pair of blue jeans
il busto	girdle, corset, foundation garment
un paio di calze	stockings
un collant	panty hose
la camicetta	blouse
il cappello	hat
il cappotto (soprabito)	coat, overcoat
il completo pantalone	pantsuit

il costume da bagno	bathing suit
il fazzoletto	handkerchief
la gonna	skirt
un paio di *guanti*	gloves
l'impermeabile	raincoat
la maglia (il maglione)	sweater
un paio di *mutandine*	panties
il reggipetto (reggiseno)	brassiere
il sottabito (la sottoveste)	slip
la sottana	half-slip
la vestaglia	dressing gown
il vestito	dress, suit
Vorrei una camicetta di *cotone.*	cotton
seta.	silk
nailon (nylon).	nylon
stoffa (tessuto) sintetica(o).	synthetic fabric
stoffa ingualcibile.	wrinkle-resistant fabric
La desidera con *maniche* lunghe o corte?	sleeves
Desidero una camicetta *a righe.*	striped
a quadri.	checked
a pallini.	with polka dots
senza pizzo (merletto).	with no lace
Vorrei una gonna di *velluto a coste.*	corduroy
lana.	wool
pelle scamosciata.	suede
lana pettinata.	worsted wool
Preferisco una stoffa sintetica.	
Questa camicetta *va bene insieme con* la gonna.	matches, goes well with
Che *taglia* porta?	size
La mia taglia è quaranta.	
Non so. Mi può *prendere le misure?*	take my measurements

7.   List the items in a complete outfit of clothing for a woman.

8.   Choose the appropriate word.
   1.   Vorrei una borsa di _____. (*a*) pelle (*b*) di stoffa ingualcibile
   2.   No, non voglio una gonna. Preferisco _____. (*a*) un completo pantalone (*b*) una sciarpa
   3.   Ha _____ di nailon? (*a*) scarpe (*b*) calze
   4.   Ho comprato un fazzoletto di _____. (*a*) pelle (*b*) seta
   5.   Fa freddo. Desidero un _____. (*a*) maglione (*b*) costume da bagno

9.   Complete.
   1.   Mi occorre biancheria intima. Comprerò delle _____, un _____ ed un _____. Non ho bisogno di un _____.
   2.   Non voglio una camicetta di cotone perché si sgualcisce troppo. Preferisco una _____ sintetica.
   3.   Una camicetta a righe non _____ bene insieme con una gonna _____ _____.
   4.   Non so la mia taglia. Mi dovrà prendere le _____.

Fig. 12-3

10. Using Fig. 12-3, fill in the blanks.
  1. È una camicetta _____ _____.
  2. È una camicia _____ _____.
  3. È una sciarpa _____ _____.

Key Words

l'abito completo (da uomo o da donna)	suit
alto(a)	tall, high
andare bene insieme con	to match, to go well with
la biancheria intima	underwear
i blue jeans	blue jeans
la borsa	pocketbook
il bottone	button
il busto	girdle, corset, foundation garment
le calze	stockings
i calzini	socks
i calzoni	trousers, pants
la camicetta	blouse
la camicia	shirt
il cappello	hat
il cappotto	coat
celeste	sky blue, light blue
la chiusura lampo	zipper
la cinta	belt
la cintura	belt
un collant	panty hose
il (la) commesso(a)	salesperson (in a shop), sales clerk
il completo pantalone	pantsuit

corto(a) short
il costume da bagno bathing suit
il cotone cotton
il cotone ritorto denim
la cravatta necktie
il cuoio leather
il dito (pl. *le dita*) finger, toe
il dito del piede toe
entrare to fit, to enter
fare male to hurt
il fazzoletto handkerchief
la flanella flannel
il gabardine gabardine
i gemelli cuff links
la giacca jacket
la gomma rubber
la gonna skirt
i guanti gloves
l'impermeabile raincoat
ingualcibile wrinkle-resistant
i lacci shoelaces
la lana wool
la lana pettinata worsted wool
largo(a) wide
il lucido per le scarpe shoe polish
lungo(a) long
la maglia sweater
la maglietta undershirt
il maglione sweater
la manica sleeve
marrone brown
il merletto lace
misto(a) blend (of fibers)
le mutandine panties, underpants
il nailon nylon
nero(a) black
il nylon nylon
occorrere (impersonal) to need
mi occorre I need
un paio pair
a pallini with polka dots

i pantaloni pants, slacks, trousers
le pantofole slippers
la patta fly
la pelle leather
la pelle scamosciata suede
il pizzo lace
i polsini cuffs
prendere le misure to take measurements
a quadri checked (in design)
il reggipetto brassiere
il reggiseno brassiere
resistente alle grinze wrinkle-resistant
rigato(a) striped
a righe striped
il sandalo sandal
la scarpa shoe
le scarpe da tennis tennis shoes, sneakers
la sciarpa scarf
senza without
la seta silk
sgualcirsi to crumple, to crease, to wrinkle
sintetico(a) synthetic
il soprabito overcoat
il sottabito slip
la sottana half-slip
la sottoveste slip
gli stivaletti boots
gli stivali boots
la stoffa fabric
stretto(a) narrow, tight
la suola di cuoio leather sole
la suola di gomma rubber sole
il tacco heel
la taglia size
il tessuto fabric
il velluto a coste corduroy
la vestaglia dressing gown
il vestito dress, suit

Chapter 13. At the dry cleaner

Capitolo 13: Alla tintoria (lavanderia)

Ho molti *panni (indumenti) sporchi*.	clothes; dirty
Vado in *tintoria (lavanderia)*.	dry cleaner's, laundry
Mi può *lavare* e *stirare* questa camicia?	wash; iron
Non voglio *l'amido*.	starch
Mi può *lavare a secco* questo abito?	dry-clean
Quando sarà *pronto(a)?*	ready
Mi *occorre* per....	need
Si *restringerà* la maglia a lavarla?	will shrink
Qui c'è *un buco*.	hole
Lo può *rammendare?*	mend
Può *togliere* questa *macchia?*	remove; stain
Può *attaccare il bottone?*	sew on the button
Può *rammendare* questo?	darn
La *fodera* è *scucita*.	lining; unstitched
La può *ricucire?*	sew again
Il (la) sarto(a) non c'è oggi.	tailor

1. Complete.

1. Questo maglione di lana si _____ se lo lavo con l'acqua. Lo dovranno _____ _____ _____ in _____.
2. Questa camicia è _____. La devo lavare e poi la devo _____.
3. Quando lavano le mie camicie, preferisco che non mettano l'_____.
4. La _____ di questa giacca è _____. Me la possono _____?
5. C'è un buco in questa gonna. Me lo possono _____?
6. Mi può _____ questo bottone?
7. Ho rovesciato qualcosa sulla camicia. Può togliere la _____?
8. Mi può _____ questi calzini?

2. Complete.

Alla tintoria

—Buon giorno. Mi può _____ e _____ questa camicia?
                                      1   2

—Certamente. Desidera l'_____?
                             3

—Sì, un poco, per favore. Guardi che qui c'è una macchia. La potrà _____?
                                                                           4

—Sa di che cosa è?

—Sì, è di caffè.

—Bene, ci possiamo provare, ma non lo prometto. _____ una _____ di
                                                        5   6

caffè è molto difficile.

—Sì, lo so. Mi può lavare anche questo maglione?

—Lavarlo, no, perché è di lana. Se si lava, il maglione si può _____. Lo dovremo
                                                                     8

_____ _____ _____.
              8

—Benissimo. Sarà pronto per domani?

75

—La camicia sì, ma il maglione no. Per il lavaggio a secco sono necessari due giorni.

—Va bene.

Key Words

l'amido	starch	*occorrere*	to need
anche	also	*oggi*	today
attaccare il bottone	to sew on the button	*i panni*	clothes, clothing
il buco	hole	*promettere*	to promise
c'è	there is	*pronto(a)*	ready
certamente	certainly	*provare*	to try
cucire	to sew	*rammendare*	to mend, to darn
domani	tomorrow	*restringere*	to shrink
essere pronto(a)	to be ready	*ricucire*	to sew again
la fodera	lining	*rovesciare*	to spill
gli indumenti	clothes, clothing	*il (la) sarto(a)*	tailor
la lavanderia	dry cleaner's	*scucito(a)*	unstitched
lavare	to wash	*sporco(a)*	dirty
lavare a secco	to dry-clean	*stirare*	to iron
il lavaggio a secco	dry cleaning	*la tintoria*	dry cleaner's
la macchia	stain, spot	*togliere*	to remove, get out

Chapter 14:   At the restaurant[1]
Capitolo 14:   Al ristorante

GETTING SETTLED (Fig. 14-1)

Fig. 14-1

Questo è un ristorante *di lusso*.	luxurious
caro.	expensive
economico.	inexpensive
Sono il signor Marini. Ho *una prenotazione*.	reservation
Abbiamo prenotato un tavolo per tre persone.	we have reserved
Ci può dare un tavolo *d'angolo?*	in the corner
vicino alla finestra?	near the window
all'aperto (fuori)?	outside
dentro?	inside
Ecco viene *il cameriere*.	waiter
la cameriera.	waitress
I signori desiderano *un aperitivo?*	aperitif
Ci può portare *il menu (la lista delle vivande)?*	menu

---

[1] Refer to Appendix 6 for a list of foods you may wish to order.

77

1. Complete.
1. Non ho _____ un tavolo. Spero che abbiano un _____ disponibile.
2. Questo è un ristorante caro. È un ristorante _____ _____.
3. I prezzi nei ristoranti di _____ sono più alti che nei ristoranti _____.
4. Questa sera il tempo è proprio buono. Preferisco avere un tavolo _____.

2. Complete.

Al ristorante

—Buona sera, signori. Hanno una _____?
                                    1
—Sì. Abbiamo _____ un _____ per tre persone.
                    2   3
—Il nome, per favore?

—Il _____ è _____.
      4   5
—Preferiscono un tavolo _____ o preferiscono mangiare all'_____?
                              6   7
—Qui va bene.

—Desiderano un _____?
                    8
—Sì, prendiamo un cocktail.

3. Complete.

Il _____ lavora in un ristorante. Quando i clienti si siedono, lui chiede loro se
      1
desiderano un _____. Poi porta loro il _____. I clienti leggono la
                    2   3
_____ _____ _____ e poi ordinano cosa desiderano mangiare.
              4

LOOKING AT THE MENU

antipasti	appetizers
minestre, insalate	soups, salads
pesce, frutti di mare	fish, shellfish
carni, pollame	meats, fowl
verdure	vegetables
frutta e formaggi	fruits and cheeses
dolci	desserts
Non ho molta fame.	
Mangerò solamente una minestra ed *un secondo piatto.*	main course
Ho molta fame.	
Per primo piatto prenderò una minestra.	as a first course
Per secondo piatto prenderò del pesce.	as a second course
Non hanno *un menu del giorno*[2]?	specialty of the day, fixed menu
Qual è *la specialità della casa?*	house specialty
Parla il cameriere:	
Cosa desiderano come primo piatto?	

---

[2] Many restaurants offer a ''menu del giorno'' or a ''menu turistico'' at a fixed price. A few selections are given for each course. The fixed price menu will almost always be less expensive than ordering each course separately.

Fig. 14-2

Cosa ci consiglia?	What do you suggest?
Io potrei consigliare loro....	
Buon appetito!	
Parla il cliente:	
Ha *la lista dei vini?*	wine list

4. Answer on the basis of Fig. 14-2.
   1. È un ristorante di lusso o economico?
   2. Quante persone ci sono a tavola?
   3. A che cosa è vicino il tavolo?
   4. Chi serve loro?
   5. Cosa porta il cameriere sul vassoio?
   6. Cosa tiene in mano il cameriere?

5. Complete.
   1. In molti ristoranti c'è il _____ _____ _____ che offre un pasto completo ad un prezzo fisso.
   2. Quando non ho molta fame preferisco ordinare solamente un _____.
   3. In alcuni paesi si mangia l'insalata prima del _____ _____ ed in altri paesi si mangia dopo.
   4. Non so che vino ordinare. Devo vedere la _____ _____ _____.
   5. Non so cosa mangiare. Probabilmente il cameriere mi potrà _____ qualcosa.

ORDERING MEAT OR FOWL (Fig. 14-3)

il pollo arrostito

il pollo alla griglia

il petto

la coscia

Fig. 14-3

Come le piace la carne?	
Mi piace *al sangue (poco cotta)*.	rare
cotta moderatamente.	medium
ben cotta.	well-done
Desidero una *cotoletta d'agnello*.	lamb chop
cotoletta di vitello.	veal cutlet
Mangerò *una bistecca*.	steak
A me piace la carne *arrostita*.	roasted
al forno.	baked
alla griglia (alla graticola).	broiled, grilled
in umido.	stewed
tagliata a pezzetti.	diced
tritata.	minced
nel suo sugo.	in its juices
rosolata in padella.	sautéed

6. Place an order for meat prepared in the following manners.
1. Cooked on a grill
2. Cooked in its natural juices
3. Baked in the oven

    4. Cooked with liquid over a low heat on top of the stove
    5. Cooked in a roasting pan
    6. Diced into small pieces
    7. Cooked lightly in butter in a frying pan

7. Complete.

    La maggior parte della gente preferisce il maiale _____ _____. Credo

che la maggior parte della gente preferisca anche il pollo _____ _____.

Però a molti piace la bistecca o _____ _____ o _____ _____.

                         1   2   3   4

8. Identify each item in Fig. 14-4.

Fig. 14-4

ORDERING FISH OR SEAFOOD (SHELLFISH)

Mi piace molto il pesce *cotto con il vapore.*	steamed
lesso.	boiled
al forno.	baked
fritto (in olio).	deep-fried
rosolato in padella.	sautéed
alla griglia (alla graticola).	broiled, grilled
affumicato.	smoked
Alcuni pesci hanno molte *spine.*	bones

9. Place an order for fish prepared in the following manners.
1. Boiled
2. Cooked on a rack over boiling water
3. Sautéed in butter
4. Breaded and deep-fried in oil
5. Cooked on a flat iron grill

SOME PROBLEMS YOU MAY HAVE

Ci (mi) manca *un bicchiere.*	glass
una tazza.	cup
un piattino.	saucer
un coltello.	knife
una forchetta.	fork
un cucchiaio.	soup spoon
un cucchiaino.	teaspoon
una salvietta (un tovagliolo).	napkin
una saliera.	salt shaker
una pepiera.	pepper shaker
un coperto.	place setting
Il pepe, per favore.	pepper
Il sale, per favore.	salt
L'acqua, per favore.	water
Lo zucchero, per favore.	sugar
La tovaglia è *sporca.*	tablecloth; dirty
Questa carne è *troppo al sangue.*	too rare
troppo cotta.	too well done
troppo dura.	too tough
La vivanda è *fredda.*	cold
Questo è molto *salato.*	salty

10. Complete.
1. Sulla tavola il sale è in una _____ ed il pepe è in una _____. Lo _____ è in una zuccheriera.
2. Generalmente un coperto consiste di un _____, un _____, una _____, un _____, un _____ ed un _____.
3. C'è troppo sale nella salsa. È molto _____.
4. Non posso tagliare la carne con questo coltello. La carne è molto _____.

11. Identify each item in Fig. 14-5.

GETTING THE CHECK

Il conto, per piacere.	check
È incluso il servizio?	Is the service charge included?
Lascio una mancia.	I leave a tip.
Accetta le carte di credito?	credit cards
Mi può dare la ricevuta?	receipt

Fig. 14-5

12. Complete.

Dopo aver terminato il pasto al ristorante, ho chiesto il _____ al cameriere. Lui
me lo ha portato. Io gli ho chiesto se il servizio era _____. Mi ha risposto di sì, ma
io ho deciso di lasciargli una _____ in più perché il servizio era stato eccellente.
Disgraziatamente il ristorante non accettava _____ _____ _____.
Per questo motivo ho dovuto pagare con denaro liquido ed ho chiesto una _____ al
cameriere.

L'altra sera andai con alcuni amici a cena al ristorante. Quando arrivammo spiegai al
capocameriere che avevamo una prenotazione per quattro persone. Ci diede un buon tavolo d'angolo.
Decidemmo di non mangiare all'aperto perché faceva un po' fresco. Il cameriere ci chiese se
volevamo un aperitivo. Tutti decidemmo di sì. Mentre bevevamo l'apertitivo il cameriere ci portò
il menu. C'era anche un menu del giorno ma non ci sembrò particolarmente invitante. Ciascuno di
noi ordinò tre portate ed ognuno ordinò vivande differenti.

Quando il cameriere portò il primo piatto, gli facemmo notare che mancava un coperto. Il
cameriere ritornò immediatamente con un bicchiere, un cucchiaio, un cucchiaino, una forchetta, un
coltello ed un tovagliolo. Poi il cameriere ci chiese se volevamo del vino. A me piace il vino rosso,
ma ai miei amici piace di più il vino bianco. Così abbiamo ordinato una bottiglia di vino bianco.
Tutto era delizioso, sebbene ciascuno di noi avesse mangiato cibi differenti. È raro che nello stesso
ristorante si preparino ugualmente bene frutti di mare, pesce, carne e pollame.

Il cameriere ci chiese se volevamo del dolce, ma noi avevamo già mangiato fin troppo. Nessuno prese del dolce ma tutti ordinammo il caffè (espresso). Dopo aver bevuto il caffè, chiesi al cameriere il conto. Lui mi disse che il servizio era incluso, comunque io gli diedi la mancia per il suo servizio eccellente.

13. Complete.
1. Gli amici mangiarono in un _____.
2. Loro si sedettero ad un tavolo d'_____.
3. Avevano una _____ per quattro persone.
4. Non mangiarono all'_____ perché faceva un po' fresco.
5. Tutti decisero di prendere un _____.
6. Il _____ diede loro la lista delle vivande.
7. Il _____ _____ _____ non sembrò loro particolarmente invitante.
8. Ciascun amico ordinò tre _____ differenti.

14. Answer.
1. Che cosa mancava sulla tavola?
2. Che vino bevvero?
3. Come fu la cena?
4. Cosa si preparava bene in quel ristorante?
5. Presero del dolce?
6. Cosa volevano i quattro amici?
7. Era incluso il servizio nel conto?
8. Che cosa lasciarono per il cameriere? Perché?

Key Words

l'acqua	water	cosa ci consiglia?	What do you suggest?
affumicato(a)	smoked	il conto	bill, check
l'agnello	lamb	il coperto	place setting
d'angolo	in the corner	la coscia	leg, thigh (of a chicken)
l'antipasto	appetizer, hors d'oeuvres	la cotoletta	chop, cutlet
l'aperitivo	aperitif, cocktail	la cotoletta d'agnello	lamb chop
all'aperto	outdoors	la cotoletta di vitello	veal cutlet
arrostito(a)	roasted	cotto(a) moderatamente	medium
bianco(a)	white	ben cotto(a)	well-done
il bicchiere	glass	cotto(a) con il vapore	steamed
la bistecca	steak	il cucchiaino	teaspoon
il (la) cameriere(a)	waiter, waitress	il cucchiaio	soup spoon
il capocameriere	headwaiter, maître d'	dentro	inside
la carne	meat	il dolce	dessert
la carne di maiale	pork	economico(a)	inexpensive
caro(a)	expensive	la finestra	window
la carta di credito	credit card	la forchetta	fork
la cena	supper	il formaggio	cheese
il coltello	knife	al forno	baked
consigliare	to suggest	freddo(a)	cold

fritto(a) in olio   deep-fried
la frutta   fruits
i frutti di mare   shellfish
fuori   outside
alla graticola   broiled, grilled
alla griglia   broiled, grilled
incluso(a)   included
l'insalata   salad
lesso(a)   boiled
la lista dei vini   wine list
la lista delle vivande   menu
di lusso   luxurious
il maiale   pig
la mancia   tip
il menù   menu
il menù del giorno   specialty of the day,
                              fixed menu
la minestra   soup
ordinare   to order
la padella   pan, frying pan, skillet
particolarmente invitante   appetizing
il pepe   pepper
la pepiera   pepper shaker
il pesce   fish
il petto   breast (of fowl)
il piattino   saucer
il piatto   plate, dish, course
il pollame   fowl
il pollo   fowl, chicken
la portata   course
la prenotazione   reservation
il primo piatto   first course
la ricevuta   receipt

rispondere   to answer
il ristorante   restaurant
rosolato(a) in padella   sautéed
rosso(a)   red
salato(a)   salty
il sale   salt
la saliera   salt shaker
la salvietta   napkin
il sangue   blood
al sangue   rare
il secondo piatto   main dish
il servizio   service, service charge
la specialità della casa   house specialty
le spine   bones (of fish only)
sporco(a)   dirty
nel suo sugo   in its juices
tagliato(a) a pezzetti   diced
il tavolo   table
la tazza   cup
la tovaglia   tablecloth
il tovagliolo   napkin
tritato(a)   minced
troppo al sangue   too rare
troppo cotto(a)   too well-done
troppo duro(a)   too tough
in umido   stewed
il vassoio   tray
le verdure   vegetables
vicino a   near
il vino   wine
la vivanda   food, dish
la zuccheriera   sugar bowl
lo zucchero   sugar

Chapter 15:   Shopping for food[1]

Capitolo 15:   Fare la spesa per i generi alimentari

TYPES OF STORES

Devo andare alla *panetteria.*	bakery
pasticceria.	pastry shop
latteria.	dairy store
norcineria.[2]	pork butcher shop
macelleria.	butcher shop
polleria.[2]	poultry store
pescheria.	fish store (fish market)
al *negozio di frutta e verdure.*	fruit and vegetable store
Devo comprare *generi alimentari.*	food (groceries)
Vado al *negozio di alimentari* (alla *drogheria*).	grocery store
supermercato.	supermarket
Spingo il carrello.	I push the cart.
Spingo il carrello per *le corsie.*	aisles

1. Complete.
1. Si vendono paste, torte e biscotti in una _____.
2. Si vendono le carni di manzo e di vitello nella _____.
3. Si vendono frutta e legumi nel negozio di _____ _____ _____.
4. Si vendono latticini nella _____.
5. Si vende il pesce in una _____.
6. Si vende il pane in una _____.
7. Si vendono prodotti suini (di maiale) in una _____.
8. Si vendono polli in una _____.

2. Identify the stores where you would find the following.
1. i fagiolini
2. i panini
3. la carne di manzo
4. le sogliole
5. l'aragosta
6. le mele
7. il latte
8. il pollame
9. il formaggio
10. le cotolette di maiale
11. i piselli
12. le salsicce
13. i biscotti

---

[1] Refer to Appendix 6 for food mentioned in this chapter.

[2] Pork products and poultry can be bought also at a regular butcher shop.

SPEAKING WITH THE VENDORS

Cosa costa il vitello?	how much
Ottocento lire al chilo.	
Ha un bel colore.	It looks good.
Quanto costano i pomodori oggi?	how much; tomatoes
Costano duecentocinquanta lire al chilo.	
Sono *freschissimi.*	very fresh
Me ne dia mezzo chilo, per favore.	give me
Mi dia sei *fette di pancetta.*	slices of bacon
un pezzo di quel formaggio.	piece
un mazzo di carote.	bunch
un cespo di lattuga.	head
mezzo chilo di cotolette di maiale.	
tre *grappoli d'uva.*	bunches of grapes
una dozzina di *uova.*	dozen; eggs
una scatoletta di tonno.	can of tuna
Desidero *un sacchetto di patatine fritte.*	bag of potato chips
Mi dia *un barattolo (una lattina)* di *salsa di pomodoro.*	can; tomato sauce
Desidero *una scatola di sapone in polvere* per *la lavatrice.*	box of soap powder; washing machine
Desidero *un pacchetto di spinaci surgelati.*	package of frozen spinach
Può mettere tutto questo in *un sacchetto?*	bag (sack)
Lo può *incartare?*	wrap
Lo posso portare nella *sporta.*	shopping basket

3. Complete.
   1. **Al negozio di frutta e verdure**

      —Buona sera, signore.

      —_____ _____ la lattuga oggi?
                 1

      —Trecento lire al cespo.

   2. **Al negozio di frutta e verdure**

      —I pomodori sono nostrani?

      —Sì, e sono _____.
               1

      —È vero, hanno un bel _____. _____ _____ oggi?
                     2   3

      —Costano duecentocinquanta lire al chilo.

      —_____ _____ _____ mezzo chilo, per piacere.
                      4

      —Eccoli. Mezzo chilo di pomodori. _____ lire.
                                       5

      —Grazie. Me li può mettere in un _____ o me li può incartare?
                                         6

4. Choose the appropriate word.
   1. Mi dia _____ _____ di uova, per favore. (*a*) una dozzina (*b*) una scatoletta (*c*) un cespo
   2. Mi dia due _____ di lattuga. (*a*) mazzi (*b*) cotolette (*c*) cespi
   3. Mi dia _____ _____ di carote. (*a*) un pezzo (*b*) una scatoletta (*c*) un mazzo

4. Mi dia _____ _____ d'acqua minerale. (*a*) un cespo (*b*) una bottiglia (*c*) un pacchetto
5. Mi dia quattro _____ di maiale. (*a*) cotolette (*b*) sacchetti (*c*) grammi
6. Mi dia sei _____ di quel prosciutto. (*a*) scatola (*b*) fette (*c*) bottiglia
7. Mi dia _____ _____ di farina. (*a*) un sacchetto (*b*) una bottiglia (*c*) una fetta
8. Mi dia _____ _____ di salsa di pomodoro. (*a*) una fetta (*b*) una lattina (*c*) un sacchetto

5. Complete.
    1. No, il pesce non è fresco. È _____.
    2. Mi dispiace. Non ho sacchetti, ma glielo posso _____.
    3. Devo comprare una scatola di _____ _____ _____ per la lavatrice.
    4. Non incarto la lattuga, la metto in un _____.

6. Complete.
    1. un _____ di lattuga
    2. una _____ di uova
    3. un _____ di carote surgelate
    4. un _____ di salsa di pomodoro
    5. un _____ di formaggio
    6. un _____ d'uva
    7. mezzo _____ di ciliegie
    8. quattro _____ di maiale
    9. sei _____ di prosciutto
    10. seicento _____ di vitello
    11. una _____ di tonno
    12. due _____ d'acqua minerale
    13. un _____ di zucchero

Key Words

l'aragosta	lobster	*cosa costa?*	how much?
il barattolo	can	*la cotoletta di maiale*	pork chop
il biscotto	cookie	*la dozzina*	dozen
la bottiglia	bottle	*la drogheria*	grocery store
la carne	meat	*i fagiolini*	string beans
la carne di maiale	pork	*una fetta*	slice
la carne di manzo	beef	*il formaggio*	cheese
la carne suina	pork	*freschissimo(a)*	very fresh
la carota	carrot	*i generi alimentari*	food, groceries
il carrello	cart	*il grammo*	gram
un cespo	head (of lettuce)	*il grappolo*	bunch (of grapes)
il chilogrammo	kilogram	*incartare*	to wrap
la ciliegia (pl. le ciliegie)	cherry	*il latte*	milk
il colore	color	*la latteria*	dairy store
la corsia	aisle	*i latticini*	dairy products

la lattina   can
la lattuga   lettuce
la lavatrice   washing machine
i legumi   vegetables
la macelleria   butcher shop
il maiale   pig
un mazzo   bunch
la mela   apple
mi dia   give me
il negozio di alimentari   grocery store
il negozio di frutta   fruit and vegetable
    e verdure
la norcineria   pork butcher shop
nostrano(a)   homegrown, regional
un pacchetto   package
la pancetta   bacon
la panetteria   bakery
il panino   roll
la pasta   pastry
la pasticceria   pastry shop
le patatine fritte   potato chips
la pescheria   fish store (fish market)
un pezzo   piece
i piselli   peas
il pollame   fowl
la polleria   poultry store

il pollo   fowl, chicken
il pomodoro   tomato
il prodotto   product
provenire   to derive
quanto costa?   how much is it?
quanto costano?   how much are they?
il sacchetto   bag, sack
la salciccia   sausage
la salsa di pomodoro   tomato sauce
il sapone in polvere   soap powder
la scatola   box
la scatoletta   can
la sogliola   sole
gli spinaci   spinach
spingere   to push
la sporta   shopping bag, shopping basket
il suino   pig
il supermercato   supermarket
surgelato(a)   frozen
il tonno   tuna
la torta   cake, pie
l'uovo (pl. *le uova*)   egg
l'uva   grapes
le verdure   vegetables
il vitello   calf, veal

Chapter 16: At home

Capitolo 16: In casa

THE KITCHEN (Fig. 16-1)

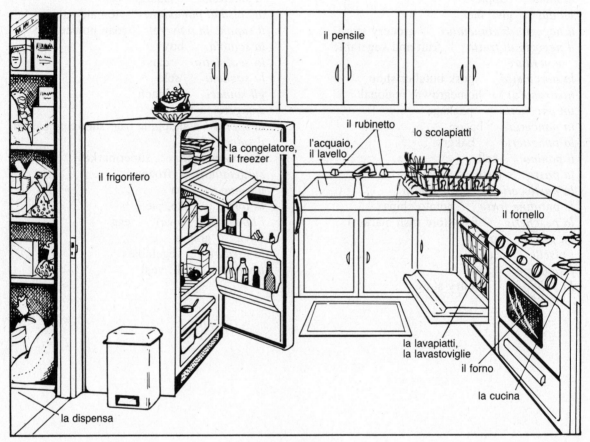

Fig. 16-1

WASHING THE DISHES

Lavo i piatti (le stoviglie) nel *lavello (nell'acquaio).*	I wash the dishes; sink
Apro il rubinetto e riempo il lavello d'acqua.	I turn on the faucet
Prima però *chiudo lo scarico* con *un tappo.*	plug; drain; plug
Metto un po' di *sapone liquido.*	liquid soap
Lavo i piatti con *una spugnetta.*	small sponge
Poi li metto nello *scolapiatti.*	dish drainer
Li asciugo con *un panno.*	dish towel

1. Complete.

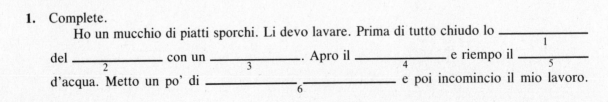

Ho un mucchio di piatti sporchi. Li devo lavare. Prima di tutto chiudo lo _____
1

del _____ con un _____. Apro il _____ e riempo il _____
2   3   4   5

d'acqua. Metto un po' di _____ e poi incomincio il mio lavoro.
6

90

Lavo i piatti con una ——————— e poi li metto nello ——————— . Dopo averli lavati,
                          7   8
li devo ——————— con un ——————— . Non sarebbe più facile avere una ———?
         9   10   11

COOKING (Fig. 16-2)

In *cucina*[1] preparo *il pranzo*.	kitchen; dinner
Cucino su una *cucina*[1] *a gas*.	I cook; gas stove
La cucina *può essere* anche *elettrica*.	can be; electric
Vado a *cucinare*.	to cook
Vado a cucinare le uova in *un tegame*.	pan
Vado a bollire l'acqua in *un bollitore*.	kettle
Vado a *friggere* le patate in *una padella*.	to fry; frying pan, pan, skillet
Vado ad *arrostire* la carne nel forno.	to roast
Vado a *liquefare* il burro.	to melt
Lo vado a cuocere *a fuoco lento*.	on a low (slow) flame
Lo vado a *portare a ebollizione*.	to bring to a boil
Devo *tritare* le cipolle con un coltello.	to chop
Devo *pelare (sbucciare)* la frutta.	to pare, peel
Devo *trinciare* la carne con *un trinciante*.	to carve; carving knife
Devo *scolare* il riso con *un colino*.	drain; strainer

---

[1] *La cucina* can mean either "kitchen" or "stove."

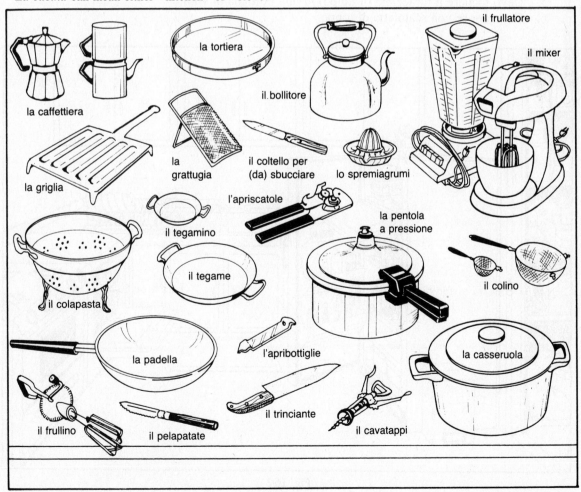

Fig. 16-2

2. Complete.
1. Devo _____ le cipolle e poi le devo _____ con olio in una padella.
2. Devo preparare delle uova alla coque. Le vado a _____ ora.
3. Devo _____ l'agnello al forno.
4. Prima di _____ il riso, devo _____ l'acqua ad ebollizione.

3. Give the Italian verb for:
1. to bake something in the oven
2. to fry something in a frying pan
3. to sautée something in butter
4. to boil something such as potatoes
5. to roast pork in the oven
6. to melt butter

4. Tell which pot you need.
1. Bollo l'acqua.
2. Cucino le uova.
3. Faccio una torta.
4. Friggo le patate.

5. Tell which utensil you need.
1. Devo trinciare la carne.
2. Devo pelare le patate.
3. Devo frullare le uova.
4. Devo scolare il riso.
5. Devo togliere il turacciolo (il tappo) in una bottiglia di vino.
6. Devo aprire una scatoletta di tonno.

Fig. 16-3

6. Answer on the basis of Fig. 16-3.
   1. C'è una lavastoviglie in cucina?
   2. Quanti rubinetti ha il lavello?
   3. Ci sono dei piatti nello scolapiatti?
   4. Ha una dispensa la cucina?
   5. Quanti pensili ci sono in cucina?
   6. Nella cucina c'è una cucina a gas o una cucina elettrica?
   7. Quanti fornelli ha la cucina?
   8. Ci sono cubetti di ghiaccio nel frigorifero?
   9. In che parte del frigorifero si trovano i cubetti di ghiaccio?

THE BATHROOM (Fig. 16-4)

Alla mattina *faccio il bagno* o *faccio la doccia.*   I bathe; I shower
       mi lavo i capelli.   I wash my hair
       mi asciugo con un asciugamano.   I dry myself
       mi pulisco i denti con *lo spazzolino* e   I brush my teeth; toothbrush;
         dentifricio.   toothpaste
       mi rado con *il sapone da barba* ed *un rasoio.*   I shave; shaving soap; razor
       mi metto il maquillage (trucco).   I put on makeup
       mi pettino.   I comb my hair

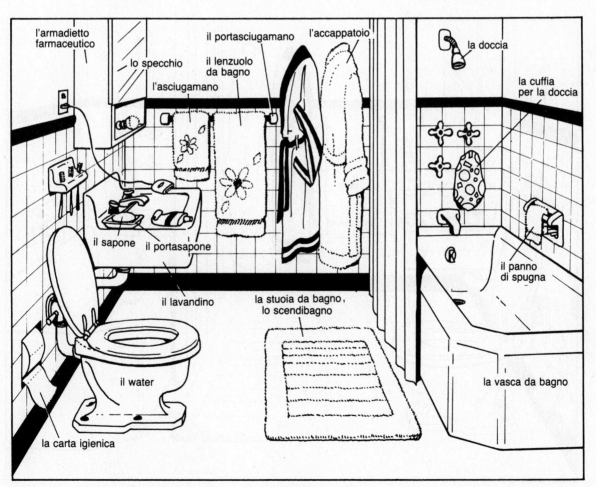

Fig. 16-4

7. Complete.

1. Mi lavo le mani nel _____. Quando mi lavo le mani uso il (la) _____ ed un _____ _____ _____.

2. Dopo aver usato il sapone, lo metto nel _____.

3. A volte faccio il _____ ed a volte faccio la _____ la mattina.

4. Dopo aver fatto la doccia o il bagno, mi asciugo con un _____ _____ _____.

5. Gli asciugamani sono appesi al _____.

6. Mi guardo nello _____ mentre mi pettino.

7. Mi pulisco i denti con lo _____ e _____. Poi metto il _____ nell'_____ _____.

8. Se non voglio bagnarmi i capelli, mi metto una _____ _____ _____ _____ prima di fare la doccia.

9. Il _____ è al lato del lavabo.

10. Dopo aver fatto il bagno, mi metto l'_____.

11. Non voglio bagnare le mattonelle. Metto i piedi su una _____ _____ _____.

8. Identify each item in Fig. 16-5.

Fig. 16-5

THE DINING ROOM (Figs. 16-6 and 16-7)

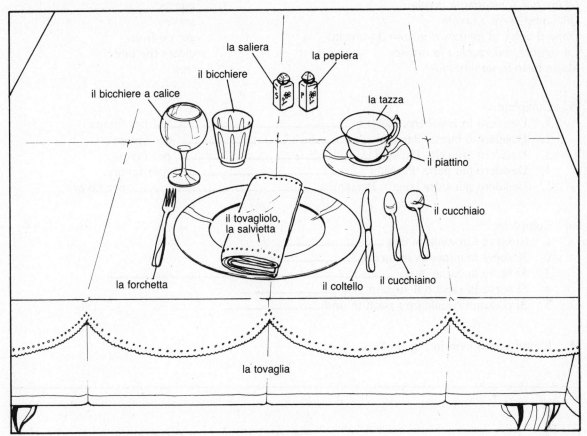

Fig. 16-6

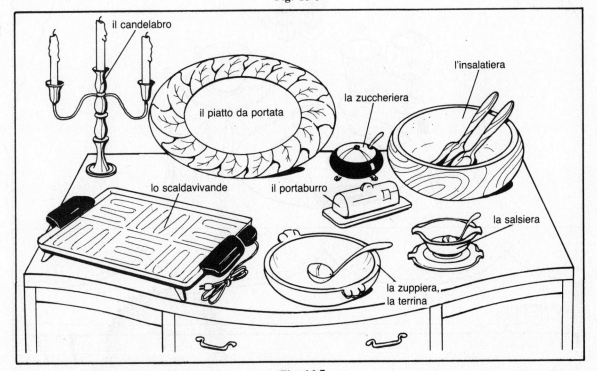

Fig. 16-7

La signora *apparecchia la tavola*.	sets the table
Gl'invitati si siedono a tavola.	guests
Qualcuno *serve* a tavola.	serves
Dopo il dolce gl'invitati *si alzano da* tavola.	get up from
La signora *sparrecchia la tavola*.	clears the table
Mette tutto in *un vassoio*.	tray

9. Complete.
   1. Desidero lo zucchero. Passami _____ _____, per favore.
   2. Desidero il burro. Passami _____ _____, per favore.
   3. Desidero più sale. Passami _____ _____, per favore.
   4. Desidero più pepe. Passami _____ _____, per favore.
   5. Desidero più salsa (sugo). Passami _____ _____, per favore.

10. Complete.
   1. Si serve l'insalata in una _____.
   2. Si serve la minestra in una _____.
   3. Si serve la carne in un _____ _____ _____.
   4. Si serve la salsa o il sugo in una _____.
   5. Si possono riscaldare i piatti in uno _____.

11. Identify each item in Fig. 16-8.

Fig. 16-8

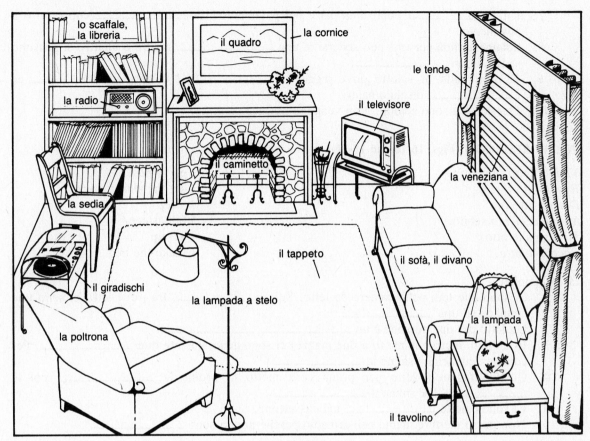

lo scaffale, la libreria
il quadro
la cornice
le tende
la radio
il televisore
il caminetto
la veneziana
la sedia
il tappeto
il sofà, il divano
il giradischi
la lampada a stelo
la lampada
la poltrona
il tavolino

Fig. 16-9

THE LIVING ROOM (Fig. 16-9)

La famiglia si siede in *salotto*.	living room
Parlano (conversano).	They speak (chat).
Guardano la televisione.	watch
Ascoltano un programma alla radio.	listen to
Ascoltano *dischi (nastri)*.	records, tapes
Leggono il *giornale (la rivista)*.	newspaper, magazine
Ricevono i loro *ospiti (invitati)*.	guests
Nel salotto non c'è *una moquette* ma un bel *tappeto persiano*.[2]	wall-to-wall carpeting Persian rug

12. Complete
1. Ci sono _____ _____ e _____ _____ sulla finestra.
2. La signora ha molti libri nello _____.
3. Quando fa freddo metto _____ _____ vicino al _____ e mi siedo lì.
4. La lampada è sopra un _____ al lato del _____.
5. Il quadro ha _____ _____ di legno.
6. Di sera guardo la _____ ed _____ la radio.

---

[2] *Il tappeto* is the word used for an area rug, even a large one. *La moquette* is wall-to-wall carpeting.

7. Un _____ copre una parte del pavimento. La _____ copre tutto il
    pavimento.
8. Solamente una persona può sedersi in una _____, ma tre o quattro si possono
    sedere in un _____.
9. Di sera vado in salotto dove leggo un _____ o una _____ ed
    _____ dischi o nastri.
10. Questa sera sono solo(a). Non vengono _____.

IN THE BEDROOM (Figs. 16-10 and 16-11)

Vado a letto (mi corico).	I go to bed.
Regolo la sveglia.	I set the alarm clock.
Dormo otto ore.	I sleep
Mi addormento subito.	I fall asleep
Mi alzo alle otto.	I get up
Faccio il letto.	I make the bed.

13. Complete.
1. Ci sono due letti nella camera da letto. Sul _____, fra i due letti, ci sono una
    lampada ed una _____.
2. Un letto per due persone è un _____ _____.
3. In un letto matrimoniale (o a due piazze) ci sono generalmente due _____. Per
    coprire i guanciali usiamo le _____.
4. Quando faccio il letto per prima cosa metto in ordine le _____, poi le
    _____ ed infine il _____.
5. Ci sono cinque _____ nel cassettone.
6. Non posso mettere niente nell'armadio perché non ci sono _____.

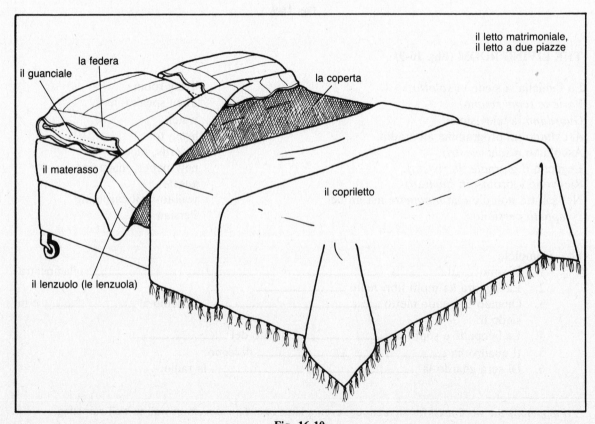

il letto matrimoniale,
il letto a due piazze

la federa

il guanciale

la coperta

il materasso

il copriletto

il lenzuolo (le lenzuola)

Fig. 16-10

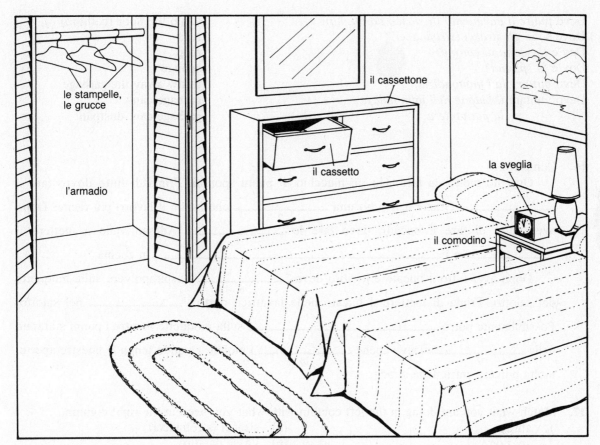

Fig. 16-11

14. Name six things that go on a bed.

15. Answer.
1. A che ora vai a letto? (A che ora ti corichi?)
2. Regoli la sveglia prima di coricarti?
3. Quante ore dormi alla notte?
4. Ti addormenti subito o ti giri molto sul letto prima di prendere sonno?
5. A che ora ti alzi?
6. Fai subito il letto?

HOUSEWORK

Devo lavare *i panni sporchi*.	dirty clothes
Devo *fare il bucato*.	do the laundry
Lo metto nella *lavatrice*.	washing machine
Devo fare *lo stiro*.	ironing
Dov'è *il ferro (da stiro)* e *l'asse da stiro*?	iron; ironing board
Devo *spolverare i mobili*.	dust the furniture
Dov'è *lo straccio per la polvere*?	dustcloth
il piumino?	feather duster
Devo *usare l'aspirapolvere* sulla moquette.	vacuum-clean
Dov'è *l'aspirapolvere*?	vacuum cleaner
Devo *lucidare* i mobili.	shine
Devo *spazzare il pavimento*.	sweep the floor
Dov'è *la scopa*?	broom

Devo *pulire il pavimento (la vasca da bagno)*.	scrub the floor (bathtub)
Dove sono *gli stracci (strofinacci)?*	rags
Dov'è *la scopa di cotone?*	mop
Dov'è *la spugna?*	sponge
Devo *buttar via l'immondizia*.	throw away the garbage
Devo vuotare *il bidone dell'immondizia*.	garbage can
la pattumiera.	garbage can, dustpan

16. Complete.

Oggi ho molto da fare. Ho un mucchio di panni sporchi. Prima di tutto dovrò fare il

_____. Grazie a Dio ho una _____ che rende il lavoro più facile. Dopo
      1   2

aver finito di fare il bucato, devo fare lo _____. Adesso vado a mettere il
                                        3

_____ e l'_____ _____ _____ in cucina.
   4   5

Dopo aver fatto il bucato e lo stiro devo _____ l'aspirapolvere sulla moquette
                                             6

del salotto. Prima di mettere il bucato nella lavatrice porto l'_____ nel salotto.
                                                    7

Possibilmente potrò _____ _____ sulla moquette mentre i panni staranno
                                  8

nella _____. Devo anche _____ i mobili. Quando tengo le finestre aperte,
     9   10

molta polvere entra dalla strada.

17. Match what you are doing in the left column with what you need in the right column.
1. stirare
2. spazzare
3. pulire la vasca da bagno
4. spolverare
5. usare l'aspirapolvere sulla moquette

(*a*) stracci (strofinacci)
(*b*) l'asse da stiro
(*c*) uno straccio pulito
(*d*) la scopa
(*e*) i mobili
(*f*) l'aspirapolvere

18. Complete.

Dopo aver preparato un gran pranzo c'è sempre molta _____, che la butto tutta
                                                  1

nella _____.
     2

SOME MINOR PROBLEMS AROUND THE HOME

Accendo la luce.	I turn on the light.
Non si accende.	It won't go on.
Si è *fulminata la lampadina?*	light bulb has burned out
Ah, no. Devo *attaccare* la lampada.	plug in
Qui è *la presa*.	plug
Le luci *si sono spente*.	gone out
Io non *le ho spente*.	turn them off
È saltata una valvola.	A fuse has blown.
Devo esaminare (controllare) *la scatola delle valvole*.	fuse box
Dov'è *l'interruttore?*	light switch
Dovrò chiamare *l'elettricista*.	electrician
Non posso *vuotare il lavandino*.	empty the sink
Ho tolto il tappo.	I removed the plug (stopper).

E *otturato*.　　　　　　　　　　　　　　　　　　　clogged up
Sta gocciando acqua dalla doccia.　　　　　　　dripping, leaking
Dovrò chiamare *l'idraulico*.　　　　　　　　　　plumber
La tubatura è molto vecchia.　　　　　　　　　pipes (plumbing)

19. Complete.

Non posso accendere la luce. Non so che cosa è successo. Sarà _____ la

_____ della lampada? Ah, no. Guarda! La lampada non è attaccata. La devo

_____. Ma dov'è la _____?

20. Complete.

Non ho luci. Cosa è successo? Non le ho _____. Forse _____

_____ una valvola. Dovrò esaminare la _____ _____

_____. Se non è saltata una _____, che io posso facilmente cambiare,

dovrò chiamare l'_____.

21. Complete.

—Il lavandino è pieno d'acqua e non lo posso _____.

—Bene, hai tolto il _____?

—Naturalmente che l'ho tolto.

—Allora sarà _____. Dovremo chiamare l'_____. Presto dovremo cambiare

tutta la _____ in questa casa.

Key Words

The kitchen

l'acquaio　sink (kitchen)
l'apribottiglia　bottle opener
l'apriscatola　can opener
arrostire　to roast
il bidone dell'immondizia　garbage can
bollire　to boil
il bollitore　kettle
buttar via　to throw away
la caffettiera　coffepot
la casseruola　casserole, (type of) pot
il cavatappi　corkscrew
il colapasta　colander
colare　to strain
il colino　strainer
il coltello per (da) sbucciare　paring knife
il congelatore　freezer
la credenza　kitchen closet, cupboard, cabinet

la cucina　kitchen, stove, range, cuisine
la cucina elettrica　electric range
la cucina a gas　gas range
cucinare　to cook
cuocere　to cook
la dispensa　pantry
il fornello　burner on a stove
il forno　oven
il freezer　freezer
friggere　to fry
il frigorifero　refrigerator
il frullatore　blender
il frullino　eggbeater
a fuoco lento　on a low flame
la grattugia　grater
la griglia　grill
l'immondizia　garbage
lavare　to wash
la lavapiatti　dishwasher

la lavastoviglie   dishwasher
la lavatrice   washing machine
il lavello   sink (kitchen)
liquefare   to melt
il manico   handle
il mixer   mixer
la padella   pan, frying pan, skillet
il panno   dish towel, cloth
il passino   strainer
la pattumiera   garbage can, dustpan
il pelapatate   potato peeler
pelare   to pare, to peel
il pensile   kitchen closet, cupboard, cabinet
la pentola a pressione   pressure cooker
portare a ebollizione   bring to a boil
rosolare   to sautée
il rubinetto   faucet
la salsa   sauce
sbucciare   to pare, to peel
lo scolapiatti   dish drainer
scolare   to drain
lo spremiagrumi   citrus fruit squeezer
la spugnetta   small sponge
le stoviglie   dishes, cutlery
il sugo   gravy (of meat)
tagliare a cubetti   to dice
il tappo   plug
il tegame   pan
la tortiera   baking pan
il trinciante   carving knife
trinciare   to carve
tritare   to chop

The bathroom

l'accappatoio   bathrobe
l'armadietto farmaceutico   medicine cabinet
asciugarsi   to dry oneself
l'asciugamano   towel
il bagno   bathroom
la carta igienica   toilet paper
il catino   basin (portable)
la cuffia per la doccia   shower cap
il dentifricio   toothpaste
la doccia   shower
fare il bagno   to bathe, to take a bath
fare la doccia   to take a shower
gocciare   to drip, to leak
il lavandino   sink (bathroom)
lavarsi   to wash oneself
lavarsi i capelli   to wash one's hair

il lenzuolo da bagno   bath towel
il maquillage   makeup
le mattonelle   tiles
mettersi   to put on
il mosaico   small tile
otturare   to plug, to clog
il panno di spugna   face cloth
il pavimento   floor
pettinarsi   to comb one's hair
il portasapone   soap dish
il portasciugamano   towel rack
radersi   to shave oneself
il rasoio   razor
il sapone da barba   shaving soap
il sapone   soap
la saponetta   bar of soap
lo scendibagno   bath mat
lo spazzolino   toothbrush
lo specchio   mirror
la spugna   sponge
la stuoia da bagno   bath mat
il trucco   makeup
la vasca da bagno   bathtub
il water   toilet

The dining room

alzarsi da tavola   to get up from the table
apparecchiare la tavola   to set the table
il bicchiere   glass
il bicchiere a calice   stem glass
il buffet   buffet, sideboard
il burro   butter
il candelabro   candelabra
il coltello   knife
la credenza   buffet, sideboard
il cucchiaino   teaspoon
il cucchiaio   soup spoon, tablespoon
il dolce   dessert
la forchetta   fork
l'insalatiera   salad bowl
gl'invitati   guests
mettere   to put, to place
la minestra   soup
il pepe   pepper
la pepiera   pepper shaker
il piattino   saucer
il piatto   plate, dish
il piatto da portata   serving platter
il portaburro   butter dish

la sala da pranzo   dining room
il sale   salt
la saliera   salt shaker
la salsiera   gravy boat
la salvietta   napkin
lo scaldavivande   plate warmer
servire   to serve
sparecchiare la tavola   to clear the table
la tazza   cup
la tovaglia   tablecloth
il tovagliolo   napkin
il vassoio   tray
la zuccheriera   sugar bowl
lo zucchero   sugar
la zuppiera   soup tureen

The living room

ascoltare   to listen to
il caminetto   fireplace
conversare   to chat
la cornice   frame
il disco   record
il divano   sofa, couch
il giornale   newspaper
il giradischi   record player
guardare   to watch
la lampada   lamp
la lampada a stelo   floor lamp
la lampadina   light bulb
la libreria   bookcase
la moquette   wall-to-wall carpeting
il nastro (magnetico)   tape
l'ospite   guest
parlare   to speak, to chat
la poltrona   armchair
il quadro   picture, painting
la radio   radio
la rivista   magazine
il salotto   living room
lo scaffale   bookcase
la sedia   chair
il sofà   sofa, couch
il tappeto   rug, carpet
il tavolino   table
la televisione   television
il televisore   television set
la tenda   drape
le veneziane   venetian blinds

The bedroom

addormentarsi   to fall asleep
alzarsi   to get up
andare a letto   to go to bed
l'armadio   closet
la camera da letto   bedroom
il cassetto   drawer
il cassettone   bureau, chest of drawers
il comodino   night table
la coperta   blanket
il copriletto   bedspread
coricarsi   to go to bed
dormire   to sleep
fare il letto   to make the bed
la federa   pillowcase
il guanciale   pillow
il lenzuolo (pl. le lenzuola)   sheet
il letto   bed
il materasso   mattress
prendere sonno   to go to sleep
regolare la sveglia   to set the alarm clock
la stampella   hanger
la stanza da letto   bedroom
la sveglia   alarm clock

Housework

l'aspirapolvere   vacuum cleaner
l'asse da stiro   ironing board
il bidone dell'immondizia   garbage can
il bucato   laundry
le faccende domestiche   housework
fare il bucato   to do the laundry
il ferro (da stiro)   iron
l'immondizia   garbage
lavare   to wash
la lavatrice   washing machine
i lavori domestici   housework
lucidare   to shine, to polish
i panni   clothes
i panni sporchi   dirty clothes
il panno   cloth
la pattumiera   garbage can, dustpan
il pavimento   floor
il piumino   feather duster
prima di tutto   first of all
pulire   to clean, to scrub
la scopa   broom
la scopa di cotone   mop
scopare   to sweep (with a broom)
spazzare (il pavimento)   to sweep (the floor)
spolverare   to dust

sporco   dirty
la spugna   sponge
stirare   to iron
lo stiro   ironing
lo straccio   rag
lo straccio per la polvere   dustcloth
lo strofinaccio   dustcloth
strofinare il pavimento   to scrub the floor
usare l'aspirapolvere   to vacuum-clean
vuotare   to empty

Some minor problems around the home

accendere la luce   to turn on the light
attaccare   to plug in
l'elettricista   electrician

fulminato(a)   burned out
gocciare   to drip, to leak
l'idraulico   plumber
l'interruttore   light switch
la lampadina   light bulb
la luce   light
otturato   clogged
la presa   electric outlet, electric socket
lo scarico   drain
la scatola delle valvole   fuse box
spegnere la luce   to turn out (off) the light
la spina   electric plug
il tappo   plug (of sink), stopper (of bottle)
la tubatura   pipes, plumbing
la valvola   fuse

Chapter 17:   At the doctor's office

Capitolo 17:   Dal dottore

I HAVE A COLD

Parla il (la) paziente:

Non mi sento bene. Sono *malato(a)*.	sick
Ho *un raffreddore*.	cold
Sono raffreddato(a).	
Non so se ho *l'influenza*.	flu, influenza
Mi fa male la gola.	My throat hurts.
Ho *mal d'orecchi*.	earache
la febbre.	fever
i brividi.	chills
le ghiandole ingrossate.	swollen glands
mal di testa.	headache
tosse.	cough
molto catarro.	a lot of congestion

Parla il dottore (la dottoressa):[1]

Che *sintomi* ha?	symptoms
Ha *le vertigini?*	dizziness
Ha *la nausea?*	nausea
Apra la bocca.	Open your mouth.
Le voglio *esaminare* la gola.	examine
Respiri profondamente.	Take a deep breath.
Le fa male *il petto?*	chest
Le misuro la temperatura.	
È allergico(a) alla penicillina?	
Le faccio *un'iniezione*.	injection
Si rimbocchi la manica.	Roll up your sleeve.
Si spogli fino alla cintola.	Strip to the waist.
Le *ordino (prescrivo)* degli antibiotici.	prescribe
Lei deve prendere tre *pillole* al giorno.	pills

1. Complete.

      Il povero signor Calcatelli non si sente bene. È _____. Ha la _____
                                1   2

molto infiammata e gli fa molto male. A volte ha molto freddo ed a volte ha molto caldo. Ha

la _____. Ha le ghiandole _____, la _____ e molto _____.
       3   4   5   6

Non sa se ha solamente un _____ o se ha l'_____. Deve andare dal dottore.
                                    7   8

2. Complete.

Dal _____
     1

—Buon giorno, dottore.

—Buon giorno. Che cos'ha?

---

[1] The words *dottore, dottoressa* or *medico* are used interchangeably when speaking of a medical doctor. When addressing the doctor directly, however, *dottore* or *dottoressa* is used.

—Non so se ho solamente un _____ o l'_____.
　　　　　　　　　　　　　　　　　　2　　　　　　　3

—Che _____ ha?
　　　　　　4

—Mi fa male la _____ ed ho molto _____.
　　　　　　　　　　　　5　　　　　　　　　　　　6

—Va bene. Apra la _____, per favore. Le voglio esaminare la _____. È
　　　　　　　　　　　　　7　　　　　　　　　　　　　　　　　　　　　　　　　8

vero, è molto infiammata. Lei ha pure le _____ un po' ingrossate. _____
　　　　　　　　　　　　　　　　　　　　　　9　　　　　　　　　　　　　　　10

profondamente, per piacere. Le fa male il _____ quando respira?
　　　　　　　　　　　　　　　　　　　　　　11

—Un poco, non molto.

—Ha la _____?
　　　　　12

—Sì, ho un po' di tosse.

—Apra di nuovo la bocca. Le voglio misurare la _____. Lei ha la _____
　　　　　　　　　　　　　　　　　　　　　　　　　13　　　　　　　　　　　　　14

un po' alta, ha 38. Sa se è _____ a qualche medicina?
　　　　　　　　　　　　　　　　15

—Credo di no.

—Bene, si rimbocchi la _____, per favore. Le faccio un'_____ di penicillina
　　　　　　　　　　　　　　16　　　　　　　　　　　　　　　　　　17

e le _____ un antibiotico. Lei dovrà prendere tre _____ al giorno. In un
　　　　　18　　　　　　　　　　　　　　　　　　　　　　　　　　19

paio di giorni si sentirà molto meglio.

3. Complete.
1. Quando uno ha il _____, generalmente non ha febbre. Ma con l'_____ normalmente la _____ viene.
2. A volte, quando una persona ha la febbre, può avere freddo e caldo alternativamente. Quando ha freddo può avere anche i _____.
3. Il paziente deve aprire la _____ quando il medico gli _____ la gola.
4. Quando il dottore gli fa un' _____ nel braccio, il paziente si deve rimboccare la _____.

A PHYSICAL EXAMINATION

Anamnesi	medical history

Ha Lei o qualche membro della sua famiglia mai sofferto di
　allergie?
　artrite?
　asma?
　cancro?
　diabete?

malattia di cuore?	heart disease
malattia mentale?	mental illness
malattia venerea?	venereal diseases
epilessia?	epilepsy

　tubercolosi?
Da bambino(a), ha avuto la poliomelite?

il morbillo?	measles
la rosolia?	German measles
la varicella?	chicken pox
gli orecchioni (la parotite)?[2]	mumps

---

[2] Some other diseases you may have to know for travel purposes are: *il vaiolo* (smallpox), *la malaria* (malaria), *la febbre gialla* (yellow fever), *il tifo* (typhoid fever), *il tetano* (tetanus).

THE VITAL ORGANS (Figs. 17-1 and 17-2)

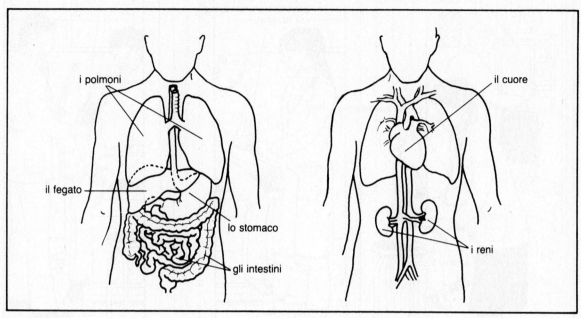

Fig. 17-1

Che *tipo di sangue* ha?	blood type
Ha nessun problema con le mestruazioni?	
Ha avuto nessuna operazione?	
Sì, mi hanno tolto *le tonsille*.	tonsils
l'appendice.	appendix
Parla il medico:	
Si rimbocchi la manica, per favore.	
Le voglio misurare *la pressione del sangue*.	blood pressure
Le voglio prendere *un campione di sangue*.	blood sample
Voglio fare *l'analisi del sangue*.	blood analysis
Le sento il polso.	I feel your pulse
Le faccio *una radiografia (lastra) ai polmoni*.	x-rays of the lungs
L'ascolto con lo stetoscopio.	examine with a stethoscope
Le faccio un elettrocardiogramma.	
Ho bisogno di un campione di *urina*.	urine
feci.	feces

4. Complete.
   1. Una persona che ha una _____ _____ _____ può avere un attacco cardiaco (al cuore).
   2. Il malato non può tollerare la penicillina. Ha una _____.
   3. Nel passato molti bambini avevano la _____, il _____, la _____ o gli _____. Queste sono tutte malattie contagiose. Oggigiorno ci sono iniezioni di immunizzazione contro queste _____.
   4. Una persona che ha l'_____ ha difficoltà nel respirare.
   5. Il cuore, il fegato ed i reni sono _____ _____.
   6. Quando una persona ha un incidente, è importante sapere il suo _____ _____ _____.

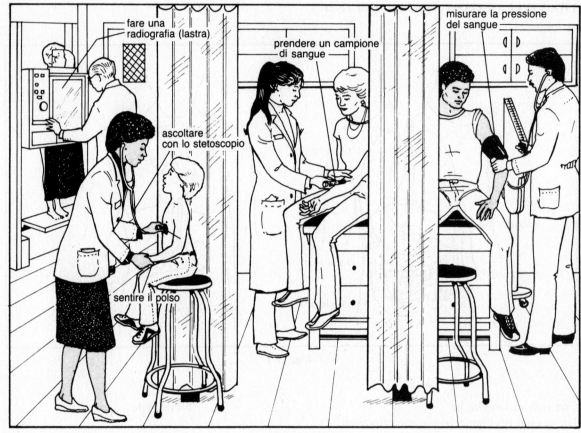

Fig. 17-2

7. Gli psichiatri curano le _____ _____.
8. _____, _____, _____ e _____ sono organi vitali.
9. Io non ho mai _____ d'epilessia.
10. L'asma è una malattia dei _____.
11. Ogni volta che vado dal medico, lui mi misura la _____ _____ _____.
12. L'infermiera mi prende un campione di sangue perché vuole farne l'_____.
13. Se c'è anche la minima possibilità di una malattia al cuore, il dottore le farà un _____.
14. A volte quando una persona ha il mal di _____, vomita o ha diarrea.

5. Select the normal procedures for a medical or physical examination.
   1. Il medico le misura la temperatura.
   2. La dottoressa le misura la pressione del sangue.
   3. Il chirurgo le fa un'operazione.
   4. Il radiologo le fa una radiografia ai polmoni.
   5. Il medico le prende un campione di sangue per analizzarlo.
   6. Il dottore le sente il polso.
   7. Il medico le fa un'iniezione di penicillina.
   8. La dottoressa le fa un elettrocardiogramma.
   9. Il dottore le ordina degli antibiotici.
   10. Il medico lo (la) esamina con lo stetoscopio.
   11. La dottoressa le chiede un campione di urina.
   12. Il medico esamina alcuni organi vitali.

I HAD AN ACCIDENT (Fig. 17-3)

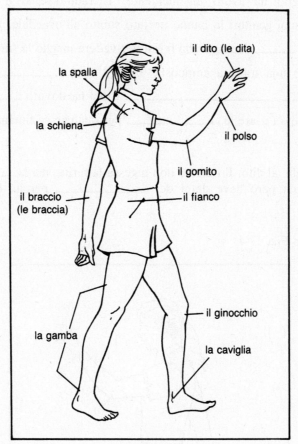

Fig. 17-3

Mi sono rotto(a) *un dito*.	finger
un braccio.	arm
un polso.	wrist
un fianco.	hip
un ginocchio.	knee
un gomito.	elbow
una gamba.	leg
una caviglia.	ankle
una spalla.	shoulder
Mi sono slogato(a) una caviglia.	I sprained my ankle.
Mi fa male qui.	It hurts me here.
Il dottore vuole fare *una radiografia*.	x-ray
Ha *una frattura composta*.	compound fracture
Il dottore (chirurgo ortopedico) deve *ridurre la frattura*.	set the bone
Poi la deve *ingessare*.	put it in a cast
Il paziente dovrà usare *le stampelle*.	crutches
Mi sono fatto(a) *un taglio* ad un dito.	cut
un piede.	foot
una guancia.	cheek
Il dottore gli (le) da dei *punti*.	stitches
Poi gli (le) *fascia (benda)* bene la ferita.	bandages
Il dottore *toglierà i punti* fra cinque giorni.	will take out the stitches

6. Complete

Il povero Carletto ha avuto un incidente. È caduto e si è rotto _____ _____. I suoi genitori lo hanno portato subito all'ospedale. Il dottore ha detto loro [1]

che voleva fare una _____ alla ferita per vedere meglio la frattura. Disgraziatamente [2]

la radiografia indicò una frattura composta. Così il _____ ortopedico ha dovuto [3]

_____ _____ _____ e poi ha dovuto _____ la gamba. [4] [5]

Il povero Carletto dovrà usare le _____ per qualche settimana. [6]

7. Complete.
1. Si è fatto un taglio al dito. Il dottore non ingessa la ferita, ma la _____.
2. Prima di fasciarla però deve darci dei _____ perché è un taglio abbastanza profondo.

8. Identify each item in Fig. 17-4.

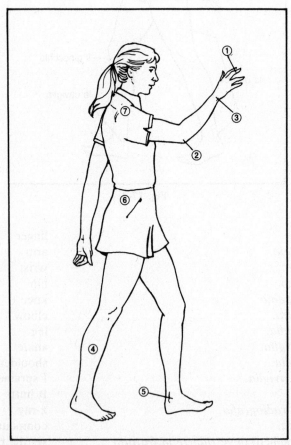

Fig. 17-4

Key Words

l'allergia	allergy	*alternativamente*	alternatively
allergico(a)	allergic	*l'analisi*	analysis

l'anamnesi medical history
l'anca hip
andare dal dottore to go to the doctor's office
l'antibiotico antibiotic
l'appendicite appendix
aprire la bocca to open the mouth
l'artrite arthritis
ascoltare to listen to
l'asma asthma
l'attacco di cuore heart attack
la benda bandage
bendare to bandage, to dress
la bocca mouth
il braccio (pl. le braccia) arm
il brivido chill
il campione sample
il cancro cancer
il catarro phlegm, congestion
la caviglia ankle
il chirurgo surgeon
il chirurgo ortopedico orthopedic surgeon
costipato(a) constipated
il cuore heart
dare i punti to stitch, to suture
il diabete diabetes
la diarrea diarrhea
il dito (pl. le dita) finger
il dolore pain, ache
il dorso back
il dottore (la dottoressa) doctor
l'elettrocardiogramma electrocardiogram
l'epilessia epilepsy
esaminare to examine
essere raffreddato(a) to have a cold
fare male to hurt
la fascia bandage
fasciare to bandage
fasciare una ferita to dress a wound
la febbre fever
la febbre gialla yellow fever
le feci (pl. only) feces
il fegato liver
la ferita wound
il fianco hip
la frattura composta compound fracture
la gamba leg
la ghiandola gland
il ginocchio (pl. le ginocchia) knee
al giorno each day
la gola throat
il gomito elbow
la gota cheek
il gruppo sanguigno blood type

la guancia cheek
l'infermiere(a) nurse
infiammato(a) inflamed
l'influenza influenza, flu
l'ingessatura cast
ingrossato(a) swollen
l'iniezione injection
gli intestini intestines, bowels
la lastra x-ray
malato(a) sick
la malattia illness, disease
la malattia di cuore heart disease
la malattia mentale mental illness
la malattia venerea venereal disease
mal di gola sore throat
mal di testa headache
la manica sleeve
il medico doctor
meglio better
la mestruazione menstruation
mettere to put, to place
misurare to measure
il morbillo measels
la nausea nausea
oggigiorno nowadays
l'operazione operation
ordinare to order, to prescribe
l'orecchio ear
gli orecchioni mumps
l'orina urine
l'osso (pl. le ossa) bone
la parotite mumps
il (la) paziente patient
la penicillina penicillin
il petto chest
il piede foot
la pillola pill
la poliomelite polio
il polmone lung
il polso pulse, wrist
prendere to take
prescrivere to prescribe
la pressione del sangue blood pressure
il problema problem
profondamente deeply
il punto stitch
pure also, too
la radiografia x-ray
il (la) radiologo(a) radiologist
il raffreddore cold
il rene kidney
respirare to breath
ridurre la frattura to set the bone
rimboccare to roll up

rompere   to break
la rosolia   German measles
il sangue   blood
la schiena   back
sentire il polso   to feel the pulse
il sintomo   symptom
slogarsi   to sprain
slogarsi una caviglia   to sprain one's
                                                ankle
sofferto   suffered
la spalla   shoulder
spogliarsi   to undress oneself
spogliarsi fino alla cintola   to strip to the
                                                            waist
la stampella   crutch
lo stetoscopio   stethoscope
stitico(a)   constipated
lo stomaco   stomach

tagliare   to cut
la temperatura   temperature
la testa   head
il tetano   tetanus
il tifo   typhoid fever
il tipo   type
il tipo di sangue   blood type
togliere   to take out, to remove
tollerare   to tolerate, to bear
le tonsille   tonsils
la tosse   cough
tossire   to cough
la tubercolosi   tuberculosis
l'urina   urine
la varicella   chicken pox
le vertigini   dizziness
vomitare   to vomit
il vomito   vomit

Chapter 18:   At the hospital
Capitolo 18:   All'ospedale

ADMITTANCE

Faccia il favore di completare questo *modulo*.	form
Scriva il nome della sua società d'*assicurazioni*.	insurance
Scriva anche il numero della sua *polizza*.	policy

IN THE EMERGENCY ROOM (Fig. 18-1)

— il pronto soccorso—

Fig. 18-1

Arriva un'ambulanza.	
Il (la) paziente è in *una barella (lettiga)*.	stretcher
Non è in *una carrozzella (sedia a rotelle)*.	wheelchair
Lo (la) portano al *pronto soccorso*.	emergency room
Subito un (un') *infermiere(a)* gli (le) sente il polso.	nurse
Gli (le) misura *la pressione del sangue*.	blood pressure
Il dottore (la dottoressa) l'esamina.	doctor
Un dottore interno l'esamina *appena* arriva al pronto soccorso.	intern; as soon as

Il (la) paziente ha dei *dolori* all'*addome*.	pains; abdomen
Il dottore vuole *una radiografia*.	x-ray
Portano il (la) paziente *in radiologia*.	radiology

1. Answer.
　　1.　Come arriva il (la) paziente all'ospedale?
　　2.　Può camminare il (la) paziente?
　　3.　Come entra in ospedale?
　　4.　Cosa gli (le) fa subito un'infermiera?
　　5.　Chi esamina il (la) paziente?
　　6.　Quando e dove lo (la) esamina?
　　7.　Che cos'ha il (la) paziente?
　　8.　Cosa vuole il dottore?
　　9.　Dove portano il (la) paziente a fare la radiografia?

2. Complete.
　　　　Generalmente quando un paziente arriva all'ospedale, lui o un membro della sua famiglia

deve completare un ＿＿＿＿＿＿＿. Nel ＿＿＿＿＿＿＿ deve scrivere il nome della sua
　　　　　　　　　　　　　　1　　　　　　　　　　　2

＿＿＿＿＿＿＿ ed il numero della sua ＿＿＿＿＿＿＿.
　　　3　　　　　　　　　　　　　　　4

3. Complete.
　　1.　Molti pazienti arrivano all'ospedale con l'＿＿＿＿＿＿＿.
　　2.　Se il paziente non può camminare lo transportano con una ＿＿＿＿＿＿＿ o con una
　　　　＿＿＿＿＿＿＿.
　　3.　Quando un paziente arriva all'ospedale con l'ambulanza, generalmente lo portano subito al
　　　　＿＿＿＿＿＿＿.
　　4.　Quasi sempre un'infermiera gli sente il ＿＿＿＿＿＿＿ e gli misura la ＿＿＿＿＿＿＿
　　　　＿＿＿＿＿＿＿ ＿＿＿＿＿＿＿.
　　5.　Se il dottore non può diagnosticare quello che ha il paziente, generalmente ordinerà di fare
　　　　una ＿＿＿＿＿＿＿.

SURGERY (Fig. 18-2)

Operano il (la) paziente.	operate
Gli (le) *fanno un intervento chirurgico*.	operate
Fanno al (alla) paziente un'iniezione *sedativa (calmante)*.	sedative, tranquilizing
Lo (la) preparano per l'operazione.	
Lo (la) trasportano in *sala operatoria* con la lettiga.	operating room
Lo (la) mettono sul *tavolo operatorio*.	operating table
L'anestesista gli (le) fa l'anestesia.	
Gli (le) dà *il pentotal di sodio*.	sodium pentothal
Il chirurgo lo (la) opera.	surgeon
Lo (la) opera di *appendicite*.	appendicitis
Gli (le) *toglie l'appendice*.	takes out, removes; appendix
Il (la) paziente ha avuto un attacco d'appendicite.	

4. Complete.
　　　　Il dottore decide che la paziente ha bisogno di un'＿＿＿＿＿＿＿. Le farà un ＿＿＿＿＿＿＿
　　　　　　　　　　　　　　　　　　　　　　　　　　1　　　　　　　　　　　　　　2
＿＿＿＿＿＿＿. Prima di trasportarla in ＿＿＿＿＿＿＿, le fanno un'iniezione
　　　　　　　　　　　　　　　　　　　　　　3

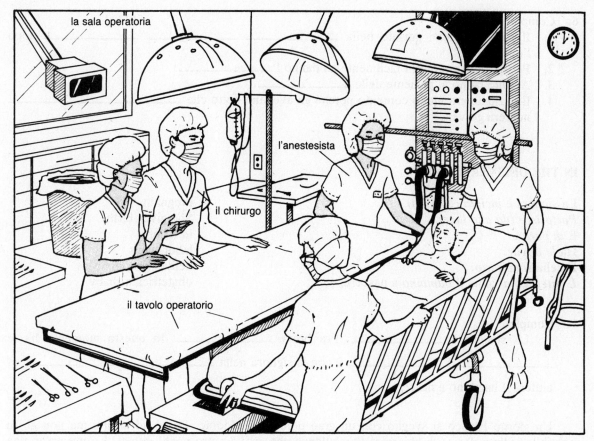

la sala operatoria

l'anestesista

il chirurgo

il tavolo operatorio

Fig. 18-2

_____ per farla rilassare. Poi la trasportano in sala operatoria con una _____
4   5

perché la paziente non può camminare. Quando arrivano alla sala operatoria mettono la paziente

sul _____ _____ . L'_____ le fa l'_____ e subito dopo
6   7   8

il _____ incomincia l'operazione. La operano _____ appendicite.
9   10

5. Give other words for:
1. fare un intervento chirurgico
2. un'operazione
3. un calmante
4. estrarre

IN THE RECOVERY ROOM

Dopo un'operazione, portano il paziente nella *sala di risveglio*.	recovery room
Nella sala di risveglio gli danno l'ossigeno.	
Lo mettono in *una tenda a ossigeno*.[1]	oxygen tent
Al paziente viene messa *una fleboclisi*.[1]	phleboclysis
L'infermiera gli spiega che *la prognosi* non è seria.	prognosis

---

[1] *La fleboclisi* is the administration via intravenous infusion (drop by drop) of medicative solution.

6. Complete.
1. Il paziente viene portato nella _____ _____ _____ dopo l'operazione.
2. Per farlo respirare più facilmente gli danno l'_____.
3. A volte fanno al paziente delle _____.
4. Il paziente era molto contento perché gli avevano detto che _____ _____ non era grave.

IN THE DELIVERY ROOM

La signora è *incinta (gravida)*.	pregnant
Partorisce (dà alla luce).	She gives birth.
È *di parto*.	in labor
Ha *le doglie*.	labor pains
È nella *sala parto*.	delivery room
L'ostetrico(a) aiuta il *bambino* a nascere.	obstetrician; baby

7. Complete

La signora è _____. Fra breve _____. In questo momento ha le
                              1   2
_____. L'_____ è con la signora nella _____ _____ ed
        3   4   5
aiuterà il bambino a nascere.

Un giorno Franco si svegliò con un gran dolore all'addome. Provò ad alzarsi ma non gli fu possibile. Allora decise di chiamare l'ambulanza che arrivò entro pochi minuti. Lo misero in una barella e lo portarono all'ospedale. Appena arrivato lo trasportarono al pronto soccorso. Un infermiere gli sentì subito il polso ed un altro gli misurò la pressione del sangue. Poi entrò il dottore il quale gli chiese quali erano i suoi sintomi. Franco descrisse il dolore che aveva. Il medico gli chiese se aveva vomitato o se aveva la diarrea. Franco rispose di no, che aveva solamente il dolore all'addome. Il dottore l'esaminò e disse che voleva una radiografia. Un'infermiera aiutò Franco a sedersi in una carrozzella, poi lo accompagnò in radiologia, dove gli fecero subito delle lastre. Entro un'ora il dottore spiegò a Franco che lui stava soffrendo un attacco d'appendicite e che era necessario un intervento chirurgico. Gli fecero un'iniezione sedativa e quasi subito il paziente si trovò sdraiato sul tavolo operatorio in sala operatoria. L'anestesista gli fece un'iniezione sul braccio destro e gli disse di contare da uno a dieci. Il chirurgo l'operò di appendicite, poi gli diede dei punti. Quando Franco si svegliò era nella sala di risveglio con dei tubi d'ossigeno nel naso. Gli avevano messo anche una fleboclisi. Il povero Franco non sapeva proprio dove fosse. Un'infermiera gli si avvicinò e gli disse che era stato operato e che tutto era andato bene. Poi venne il chirurgo che gli disse che l'operazione era andata bene e che la prognosi era molto buona. Fra due giorni Franco potrà lasciare sano e salvo l'ospedale, non in una carrozzella a rotelle ma a piedi.

8. Complete.
1. Franco aveva un gran _____ all'addome.
2. Andò all'ospedale con un'_____.
3. Lui non si sedette nell'ambulanza. Lo misero in una _____.
4. Una volta all'ospedale, lo portarono al _____ _____.
5. Lì gli sentirono il _____ e gli misurarono la _____ _____ _____.
6. Franco descrisse i suoi _____ al dottore.
7. Portarono il paziente in _____ dove gli fecero delle _____.

8. Il dottore decise di _____.
9. Prima di portarlo in sala operatoria gli fecero un' _____ _____.
10. In sala operatoria lo misero sul _____ _____.
11. L' _____ gli fece l'anastesia.
12. Il _____ l'operò d' _____.
13. Dopo l'operazione il chirurgo gli _____ dei _____.
14. Quando Franco si svegliò era nella _____ _____ _____.
15. Per respirare bene, aveva un _____ _____ nel naso.
16. Gli avevano messo anche una _____.
17. Franco non era preoccupato perché il chirurgo gli diede una _____ molto buona.

Key Words

accompagnare	to accompany	l'iniezione	injection
l'addome	abdomen	l'intestino	intestine, bowel
l'ambulanza	ambulance	l'isterectomia	hysterectomy
l'anestesia	anesthesia	la lettiga	stretcher
l'anestesista	anesthetist	il medico	doctor
appena	as soon as	il modulo	form
l'appendice	appendix	operare	to operate
l'appendicite	appendicitis	l'operazione	operation
l'assicurazione	insurance	l'ospedale	hospital
l'attacco	attack	l'ossigeno	oxygen
il (la) bambino(a)	baby	l'ostetrico(a)	obstetrician
la barella	stretcher	l'ovaia	ovary
il calmante	tranquilizer	partorire	to give birth
la carrozzella	wheelchair	il (la) paziente	patient
le cateratte	cataracts	il pentotal di sodio	sodium pentothal
il chirurgo	surgeon	il petto	breast
la cisti	cyst	il polipo	polyp
il colon	colon	la polizza	policy
dare alla luce	to give birth	il polso	pulse
diagnosticare	to diagnose	preoccupato(a)	worried
le doglie	labor pains	la pressione del sangue	blood pressure
il dolore	pain, ache	la prognosi	prognosis
il dottore (la dottoressa)	doctor	il pronto soccorso	emergency room
il dottore interno	intern	la radiografia	x-ray
le emorroidi	hemorrhoids	la radiologia	radiology
endovenoso(a)	intravenous	rilassare	to relax
esaminare	to examine	la sala di parto	delivery room
essere di parto	to be in labor	la sala di risveglio	recovery room
fare un intervento chirurgico	to operate, to perform surgery	la sala operatoria	operating room
		sdraiarsi	to lay oneself down
la fleboclisi	phleboclysis	sedativo(a)	sedative
gravida	pregnant	la sedia a rotelle	wheelchair
incinta	pregnant	il seno	breast
l'infermiere(a)	nurse	il siero	serum
l'intervento chirurgico	surgery	la società di assicurazioni	insurance company

il tavolo operatorio	operating table	*l'ulcera*	ulcer
la tenda a ossigeno	oxygen tent	*la vescica*	bladder
togliere	to remove	*la vescichetta biliare*	gallbladder
le tonsille	tonsils		

Chapter 19:   At the theater and the movies

Capitolo 19:   A teatro ed al cinema

SEEING A SHOW

Desidero andare a *teatro*.	theater
Che genere di *lavoro* vuoi vedere?	work, production
Un dramma?	drama
Una tragedia?	tragedy
Una commedia?	comedy
Mi piacerebbe vedere un lavoro *musicale*.	I would like to see; musical
una rivista musicale.	musical revue
un varietà.	vaudeville
un'operetta.	operetta
Chi è *l'attore (l'attrice)?*	actor (actress)
Chi *fa la parte* di Roberto?	plays the part
Chi è *il (la) protagonista?*	lead actor
Il dramma è in tre *atti*.	acts
Ogni atto ha due *scene*.	scenes
C'è *un intervallo* dopo il secondo atto.	intermission
L'attore (l'attrice) *entra in scena*.	enters, comes on stage
Gli *spettatori* applaudono.	spectators
A loro piace *lo spettacolo*.	show
Gli spettatori *battono i piedi sul pavimento* se a loro non piace lo spettacolo.	stamp their feet
Si alza il sipario.	The curtain goes up.
Si cala il sipario.	The curtain goes down.

1. Complete.
    1. Perché non andiamo a _____?
    2. Non voglio vedere una tragedia. Preferisco vedere una _____.
    3. L'_____ Alberto Sordi fa la parte del re e l'_____ Eleonora Giorgi fa la _____ della regina.
    4. La Giorgi ha la parte più importante. È la _____.
    5. Lo spettacolo è abbastanza lungo. È in cinque _____ ed ognuno ha due _____.
    6. Scende il _____ dopo ogni atto.
    7. Fra il terzo e quarto atto c'è un _____ di quindici minuti.
    8. Tutti gli spettatori applaudono quando la protagonista _____ _____ _____ per la prima volta.
    9. Gli spettatori applaudono perché a loro piace lo _____.
    10. Se agli spettatori non piace lo spettacolo, loro _____ _____ _____ sul pavimento.

2. Give the opposite.
    1. una commedia
    2. un attore
    3. applaudire
    4. si cala il sipario

AT THE TICKET WINDOW (Fig. 19-1)

Fig. 19-1

Al *botteghino*	ticket window, box office
Hanno dei *posti* per *lo spettacolo di questa sera?*	seats; tonight's performance
Mi dispiace. È *tutto esaurito.*	sold out
Ci sono dei posti in *platea* per lo spettacolo di domani?	orchestra
Ci sono dei posti in *galleria?*	mezzanine
Vorrei dei posti nella *seconda galleria.*	balcony
nel *loggione.*	top balcony
Vorrei due *poltrone in platea.*	orchestra seats
Vorrei *un palco di prim'ordine.*	a first-tier box
second'ordine.	a second-tier box
terz'ordine.	a third-tier box
un palco di proscenio.	stage box
Vorrei due *posti in prima fila.*	front-row seats
Quanto costano i biglietti?	how much are
Ecco i suoi biglietti.	
Lei ha i posti numero 15 e 16 in *fila* D.	row
A che ora *incomincia* lo spettacolo?	starts
Possiamo lasciare il soprabito in *guardaroba?*	cloakroom
La mascherina (maschera) ci darà il programma.	usher
Dobbiamo dare *una mancia* alla mascherina.	tip

3. Complete.

Al _____ del teatro
1

—Hanno dei _____ per lo _____ di questa sera?
2 3

—No, signore. È tutto _____. Però ci sono dei _____ per lo spettacolo di
4 5

domani.

—Per domani va bene.

—Desidera sedersi in _____, in _____ o nella _____
6 7 8

_____?

—Vorrei due _____ _____ _____, per favore.
9

—Ah! Mi dispiace, ma per lo spettacolo di domani la platea è tutta esaurita. Comunque ho dei

_____ in prima fila.
10

—Va bene. Quanto _____ i biglietti?
11

—Cinquemila lire ciascuno.

—Va bene.

—Ecco i suoi _____. Sono nella _____ A.
12 13

—Grazie. Scusi, a che ora _____ lo spettacolo?
14

—Si _____ il sipario alle otto in punto.
15

4. Read the conversation and answer the questions that follow.

Clara: Sei andata oggi al botteghino del teatro?
Adriana: Sì, ci sono andata.
Clara: Allora, andiamo a teatro questa sera?
Adriana: Questa sera no. Non c'erano posti. Era tutto esaurito. Ho però due biglietti per lo
           spettacolo di domani.
Clara: Va bene. Sono in platea?
Adriana: No, non avevano poltrone libere in platea, ma avevano alcuni posti nelle prime file
           della prima galleria. Ho preso due posti in prima fila nella prima galleria.
Clara: Va bene. Da lì si vede molto bene. A me non piacciono nè i posti nella seconda
           galleria, nè nel loggione. Da là non si sente bene. A me piace sedermi o in platea o
           nella prima galleria.

1. Dov'è andata Adriana?
2. Vanno a teatro questa sera Clara e Adriana?
3. C'erano posti liberi per lo spettacolo di questa sera?
4. Era tutto esaurito anche per lo spettacolo di domani?
5. Quanti posti ha preso Adriana per lo spettacolo di domani?
6. Sono in platea?
7. Perché no?
8. Dove si sederanno Clara ed Adriana?
9. Perché a Clara non piacciono nè i posti nella seconda galleria nè nel loggione?
10. Dove le piace sedersi?

5. Correct each statement.
1. Si possono comprare i biglietti per il teatro in guardaroba.
2. L'impiegato del botteghino accompagna gli spettatori al loro posto.

3. Quando si va a teatro, una persona può lasciare il suo soprabito al botteghino.
4. Si cala il sipario quando incomincia lo spettacolo.
5. A teatro si sente meglio dal loggione.

AT THE MOVIES

Al *cinema*	movies
Che *film danno* questa sera?	movie, film; are they showing, are they playing
Chi sono gli attori?	Who are the actors?
Ci sono dei posti per questa sera?	
Non voglio sedermi molto vicino allo *schermo*.	screen
È un film italiano, ma è stato *doppiato* in inglese.	dubbed
Dov'è stato *girato* il film?	shot

6. Complete.
   1. Questa sera _____ un nuovo _____ diretto da Federico Fellini al _____ Orfeo.
   2. È un film italiano _____ nell'Italia del nord.
   3. Non comprendo molto bene l'italiano. Sa se il film è stato _____ in inglese?
   4. Perché non andiamo a vedere il film questa sera, se ci sono ancora dei _____.
   5. Al cinema non mi piace sedermi troppo vicino allo _____.

Key Words

accompagnare	to accompany	*il lavoro*	work, production
alzare	to go up	*libero(a)*	available, free
applaudire	to applaud	*il loggione*	top balcony
l'atto	act	*la mancia*	tip
l'attore (l'attrice)	actor (actress)	*la maschera* (f. *la mascherina*)	usher
battere i piedi sul pavimento	to stamp one's feet (on the floor)	*musicale*	musical
		l'operetta	operetta
il biglietto	ticket	*il palco*	box seat
il botteghino	ticket window, box office	*il palco di prim'ordine*	first-tier box
calare	to go down	*il palco di proscenio*	stage box
il cinema	movies	*il palco di second'ordine*	second-tier box
la commedia	comedy	*il palco di terz'ordine*	third-tier box
doppiato(a)	dubbed	*il palcoscenico*	stage
il dramma	drama	*la platea*	orchestra section
entrare in scena	to enter (come) on stage	*la poltrona in platea*	orchestra seat
fare la parte	to play the part	*il posto*	seat
la fila	row	*il programma*	program
il film	movie, film	*il (la) protagonista*	lead actor (actress)
la galleria	mezzanine	*quanto costano?*	how much are?
girare	to shoot (a film)	*questa sera*	tonight
il guardaroba	cloakroom	*la rivista musicale*	musical revue
incominciare	to start, to begin	*la scena*	scene
l'intervallo	intermission	*lo schermo*	screen

la seconda galleria	balcony	*la tragedia*	tragedy
il sipario	curtain (of a stage)	*troppo*	too
lo spettacolo	show	*tutto esaurito*	sold out
lo spettatore (la spettatrice)	spectator	*il varietà*	vaudeville
il teatro	theater	*vicino(a)*	near

Chapter 20:   Sports

Capitolo 20:   Gli sport

SOCCER

È *una squadra* di *calcio.*	team; soccer
Ci sono undici *giocatori* in ogni squadra.	players
Sono allo *stadio (al campo di calcio).*	soccer field, stadium (sports field)
I giocatori *calciano il pallone.*	kick the ball
Il portiere difende *la porta.*	goalie; goal
Il portiere *para* il pallone.	stops, blocks
L'ala sinistra passa il pallone ad un altro giocatore.	left end
Il giocatore *segna un gol (una rete).*	makes (scores) a goal
Fa un punto.	He scores a point.
Un giocatore *dà un calcio* ad un altro.	kicks
L'arbitro fischia.	The referee whistles.
Fischia *un fallo* con il *fischietto.*	foul; whistle
È la fine del primo *tempo.*	period
La partita è *pari.*	tied
Il punteggio è di zero a zero.	It is a no-score game.
Nessuna delle due squadre *ha vinto.*	won
Si vedono *i punti* sul *tabellone.*	points; scoreboard

1. Answer.
    1. Quanti giocatori ci sono in una squadra di calcio?
    2. Quante squadre giocano in una partita di calcio?
    3. Dove giocano al calcio i giocatori?
    4. Chi difende la porta?
    5. Con che giocano a pallone i giocatori?
    6. Cosa vuol fare con il pallone il portiere?
    7. Se un giocatore segna una rete, fa o non fa un punto?
    8. Chi fischia un fallo?
    9. Con che cosa fischia l'arbitro?
    10. È pari la partita alla fine del primo tempo?

2. Complete.
    La partita incomincia. Le due _____ sono nel _____ di calcio. In tutto
    $\overline{\qquad 1 \qquad}$ $\overline{\qquad 2 \qquad}$
    ci sono 22 _____. Un giocatore dà un _____ al pallone. Un giocatore
    $\overline{\qquad 3 \qquad}$ $\overline{\qquad 4 \qquad}$
    dell'altra squadra lo intercetta e lo _____ ad un suo compagno. Lui lo manda vicino
    $\overline{\qquad 5 \qquad}$
    alla _____, ma il pallone non entra dentro. Il portiere salta e _____ il
    $\overline{\qquad 6 \qquad}$ $\overline{\qquad 7 \qquad}$
    pallone. È quasi la fine del primo _____ e la _____ è _____ a
    $\overline{\qquad 8 \qquad}$ $\overline{\qquad 9 \qquad}$ $\overline{\qquad 10 \qquad}$
    zero. Nessuna delle due squadre sta vincendo.

3. Identify each item in Fig. 20-1.

124

Fig. 20-1

TENNIS

C'è *un torneo* di tennis.	tournament
Le due giocatrici sono nel *campo da tennis*.	tennis court
Ciascuna ha la sua *racchetta*.	racket
Stanno giocando *un incontro singolo*.	singles
Non stanno giocando *un incontro doppio*.	doubles
Una tennista *serve la palla*.	serves the ball
L'altra *la rimanda*.	returns it
Lancia la palla *sopra la rete*.	over the net
La palla è *fuori campo*.	out of bounds
Il punteggio è di quindici a *zero*.	love
Ha *colpito la rete*.	net ball
La tennista ha vinto due *partite* su tre.	sets

4. Complete.

    1. Ci sono due _____ in un incontro singolo e quattro in un incontro _____.

    2. Per giocare a tennis si devono avere una _____ ed alcune _____.

    3. Si gioca a tennis in un _____ da tennis.

    4. Quando si gioca a tennis, la _____ deve essere lanciata sopra la _____.

    5. Una giocatrice _____ la palla e l'altra la _____.

    6. Quando un giocatore ha fatto un punto e l'altro non ha fatto niente, il punteggio è di quindici a _____.

BASKETBALL

È una squadra di *pallacanestro*.	basketball
I giocatori sono in *palestra*.	gymnasium
Un giocatore *tira* la palla.	shoots
Fa cesto (canestro).	makes a basket
Deve fare cesto nella *zona* della squadra avversaria.	zone, area
Se tira la palla e non fa cesto, *fallisce il tiro*.	misses the shot
Se il giocatore fa canestro, *fa due punti*.	scores two points

5. Answer on the basis of Fig. 20-2.
    1. Dov'è la giocatrice?
    2. A che gioca?
    3. Cosa ha tirato?
    4. Ha fatto canestro?
    5. Ha fallito il tiro?
    6. Ha fatto punti?

Fig. 20-2

GOLF (Fig. 20-3)

il campo di golf

la mazza,
il bastone

la buca

la palla

Fig. 20-3

6. Complete.

Il golf si gioca in un _____ di golf. Il giocatore o la giocatrice deve dare un colpo
                   1

alla _____ con _____ _____ per farla andare in una
        2   3

_____ .
    4

Key Words

l'ala sinistra left end	*colpire* to hit, to strike
l'arbitro referee	*dare un calcio* to kick
avversario(a) opposing	*difendere* to defend
il bastone stick	*un (incontro) doppio* doubles (tennis)
la buca hole (golf)	*fallire il tiro* to miss the shot
calciare to kick	*il fallo* foul
il calcio soccer	*fare canestro (cesto)* to make a basket
il campo court, field	(basketball)
il campo di calcio soccer field	*fare un gol* to make a goal
il campo da tennis tennis court	*fare un punto* to score a point

fischiare	to whistle	*il punto*	point
il fischietto	whistle	*la racchetta*	racket
il fischio	whistle	*la rete*	net
fuori campo	out of bounds	*rimandare la palla*	to return the ball
giocare	to play	*segnare un goal*	to make (score) a goal
il giocatore (la giocatrice)	player	*(una rete)*	
mandare	to send	*servire la palla*	to serve the ball
la mazza	club (golf)	*un (incontro) singolo*	singles (tennis)
mettere	to put	*sopra la rete*	over the net
la palla	ball	*lo sport*	sport
la pallacanestro	basketball	*la squadra*	team
il pallone	ball, soccer ball	*lo stadio*	stadium, soccer field
parare	to stop, to block	*il tabellone*	scoreboard
pari	tied	*il tempo*	period
la partita	match, set (tennis)	*il tennis*	tennis
passare	to pass	*tirare*	to shoot, to throw
la porta	goal	*il torneo*	tournament
portare	to bring	*vincere*	to win
il portiere	goalie	*lo zero*	zero, love (tennis)
il primo tempo	first period	*la zona*	zone, area
il punteggio	score		

Chapter 21: The beach

Capitolo 21: La spiaggia

TALKING ABOUT THE SEA

Oggi il mare è *calmo (tranquillo)*.	calm
Il mare è calmo come l'olio.	The sea is like a sheet of glass.
Ieri era molto *mosso (agitato, grosso)*.	rough
Le *onde* sono molto alte e coperte di *schiuma*.	waves; foam
Le onde *sbattono* contro *le rocce (gli scogli)*.	beat, slam; rocks
Quando è *l'alta marea?*	high tide
Quando è *la bassa marea?*	low tide
C'è *una corrente forte*.	strong current
C'è *una controcorrente pericolosa*.	dangerous undertow

1. Complete.
   1. Oggi non ci sono onde nel mare. Il mare è _____.
   2. Ieri invece le onde erano molto alte. Il mare era molto _____.
   3. Questa mattina c'è l'alta marea e questa sera ci sarà la _____ _____.
   4. A volte le onde _____ contro le rocce con molta violenza.
   5. È pericoloso andare in mare quando c'è una _____.

2. Match to complete each statement.
   1. C'è più spiaggia durante....
   2. Le onde sono molto alte.....
   3. Quando il mare è agitato.....
   4. C'è meno spiaggia durante.....
   5. È meglio andare in mare....

   (*a*) l'alta marea.
   (*b*) le onde sono coperte di schiuma.
   (*c*) quando c'è una controcorrente.
   (*d*) quando il mare è tranquillo.
   (*e*) quando il mare è molto mosso.
   (*f*) la bassa marea.

ACTIVITIES ON THE BEACH (Fig. 21-1)

Vado a *trascorrere l'estate* al mare.	spend the summer
È *un luogo marino di villeggiatura* molto conosciuto.	seaside resort
Si può affittare *un capanno (una cabina)*.	bathing hut, cabin
Si può affittare *un villino (una villetta)*.	bungalow
Mi piace *nuotare*.	to swim
fare il morto (stare a galla, galleggiare).	to float
fare il surfing.	to surf, ride the waves
fare lo sci acquatico (fare dell'idroscì).	to waterski
camminare lungo la spiaggia.	to walk along the seashore
fare i bagni di mare.	to bathe in the sea
prendere il sole.	to sunbathe
Stai prendendo troppo sole.	You are getting too much sun.
Il tuo viso è bruciato dal sole.	Your face is burned by the sun.
Sei molto *abbronzato(a)*.	tanned
Hai una bella *abbronzatura (tintarella)*.	suntan
Che *lozione abbronzante* hai?	suntan lotion

Fig. 21-1

Mi piace il tuo *costume da bagno*.	bathing suit
capello da spiaggia.	beach hat
Mi piacciono i tuoi *occhiali da sole*.	sunglasses
sandali da spiaggia.	beach sandals

3. Complete.
1. Mi sembra che stai prendendo troppo sole. Ti devi sedere sotto l'_____ ed usa la _____ _____.
2. Mi piace molto _____ in mare e poi _____ il sole.
3. Non mi piace sedermi sulla _____. Preferisco sedermi su una _____ _____ _____.
4. Perchè non camminiamo un poco lungo la _____?
5. La signorina porta un costume da bagno a due _____.
6. Mi piace galleggiare su questo _____ _____.

4. Write in a different way.
1. Mi piace stare a galla.
2. Hai una bella tintarella.
3. Oggi il mare è tranquillo.
4. Ieri il mare era molto agitato.
5. Le onde sbattono contro gli scogli.

5. Complete.
  1. Prima di togliermi il vestito e di mettermi il costume da bagno, affitto _____ _____.
  2. Non mi voglio sedere al sole. Prendo in affitto un _____.
  3. Voglio sciare sull'acqua. Prenderò in affitto gl'_____ _____.
  4. Non mi piace sedermi sulla sabbia. Prenderò in affitto una _____ _____ _____.
  5. Mi piace stare a galla. Prenderò in affitto un _____ _____.
  6. Mi piace fare il surfing. Prenderò in affitto una _____ _____ _____.
  7. Desidero fare una gita in barca. Prenderò in affitto una _____ _____ _____.

6. Write *sì* or *no*.
  Possiamo nuotare quando.....
  1. c'è il bagnino per i salvataggi.
  2. la spiaggia non è sorvegliata.
  3. c'è una controcorrente.
  4. il mare è calmo.
  5. le onde sono molto alte.
  6. ci sono molti motoscafi in mare.

Key Words

abbronzato(a) tanned	*fare dell'idroscì* to waterski
l'abbronzatura suntan	*fare i bagni di mare* to bathe in the sea
affittare to rent	*fare il morto* to float with arms stretched out
agitato(a) rough, choppy	
l'alta marea high tide	*fare lo sci acquatico* to waterski
alto(a) tall	*fare il surfing* to surf, to ride the waves
i bagni di mare sea bathing	
il bagnino (la bagnina) lifeguard	*il faro* lighthouse
per i salvataggi	*forte* strong
la barca a vela sailboat	*grosso(a)* rough (sea)
la bassa marea low tide	*gl'idroscì* water skis (equipment)
bruciato(a) burned	*ieri* yesterday
la cabina cabin	*la lozione abbronzante* suntan lotion
calmo(a) calm	*il luogo* place
camminare lungo to walk along	*il mare* sea
la spiaggia the seashore	*il materassino gonfiabile* air mattress
il capanno bathing hut, cabin	*mosso(a)* rough
il cappello da spiaggia beach hat	*il motoscafo* motorboat, launch
conosciuto(a) known, well-known	*nuotare* to swim
contro against	*gli occhiali da sole* sunglasses
la controcorrente undertow	*l'olio* oil
coperto(a) covered	*l'ombrellone* beach umbrella
il costume da bagno bathing suit	*l'onda* wave
la corrente current	*pericoloso(a)* dangerous
fare to make, to do	*il pezzo* piece

prendere   to take, to catch
prendere il sole   to sunbathe
la rena   sand
la roccia   rock
la sabbia   sand
il sandalo   sandal
sbattere   to beat, to slam
la schiuma   foam
lo sci acquatico   waterskiing
gli sci d'acqua   water skis (equipment)
sciare   to ski (snow)
lo scoglio   rock, reef
la sedia a sdraio   canvas beach chair
la sedia pieghevole   folding chair

il sole   sun
sorvegliare   to guard, to watch
la spiaggia   beach
stare a galla   to float
la tavola da surfing   surfboard
la tintarella   suntan
tranquillo(a)   calm
trascorrere l'estate   to spend the summer
troppo   too much
la villeggiatura   vacation, summer
                    vacation
la villetta   bungalow
il villino   bungalow
il viso   face

Chapter 22: Camping

Capitolo 22: Il campeggio

Ci si può *accampare (fare il campeggio)* qui?	to camp
È questo *un campeggio* pubblico?	campground
Dove possiamo *parcheggiare (posteggiare) la roulotte (il camper)?*	to park; trailer (camper)
Che *servizi* hanno?	facilities
Dove sono *i bagni?*	baths
le docce?	showers
i gabinetti?	toilets
Dov'è *l'acqua potabile?*	drinking water
Vado a mettere l'acqua nel *termos.*	thermos

1. Complete.

Colle Ameno è un _____ pubblico. Durante l'estate, molta gente viene qui a

                                        1

_____ _____ _____. C'è un posteggio molto grande dove gli ospiti

                              2

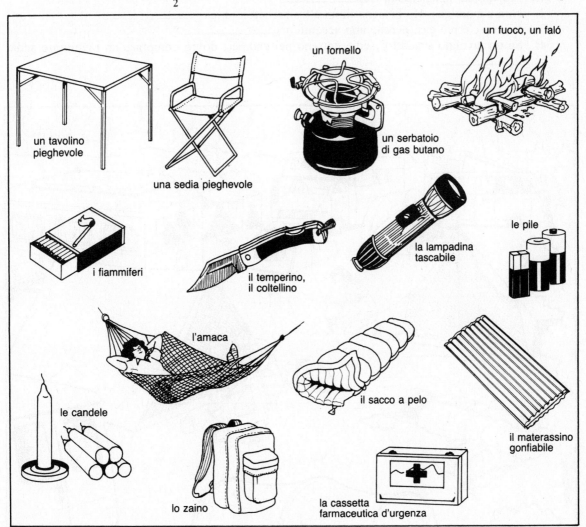

Fig. 22-1

possono parcheggiare la loro _____. Il campeggio offre molti _____. Ci

                              3   4

sono _____, _____ e _____.

               5   6   7

Pianterò la tenda qui.	I will pitch the tent
Dov'è *il martello?*	hammer
Voglio *piantare questi chiodi* per terra.	hammer these spikes
Lego le funi (le corde) della tenda ai chiodi.	I tie the cords (ropes)
Dove sono *i paletti?*	poles

2. Answer.
    1. Cosa pianta la ragazza?
    2. Che deve piantare per terra?
    3. Che cosa deve usare per piantarli per terra?
    4. A che cosa lega le corde della tenda?

3. Complete.
    1. Preparo da mangiare sul _____.
    2. Non c'è più gas. Ho bisogno di un altro serbatoio di gas _____.
    3. Se non c'è più gas, perché non accendi un _____?
    4. Se un tavolino e quattro sedie entrano nel camper, dovrò comprare un tavolino e sedie _____.

Fig. 22-2

5. Per accendere un falò ho bisogno di _____.
6. Quando vado al campeggio, non porto con me una valigia. Metto i miei indumenti in uno _____.
7. Qui non c'è la luce elettrica. Dovremo mettere delle _____ sul tavolino.
8. Hai un _____? Ho qualcosa da tagliare.
9. Non posso accendere la lampadina tascabile perché non ha _____.
10. Ho aspirine, fascie (bende) e tintura di iodio nella _____ _____ _____.
11. Quando andiamo al campeggio possiamo dormire in un'_____, in un _____ _____ o dentro un _____ _____ _____.

4. Complete.
1. Poiché non c'è la luce elettrica, per vedere, dovremo usare _____ o una _____ _____.
2. Possiamo preparare da mangiare su un _____ o possiamo accendere un _____.

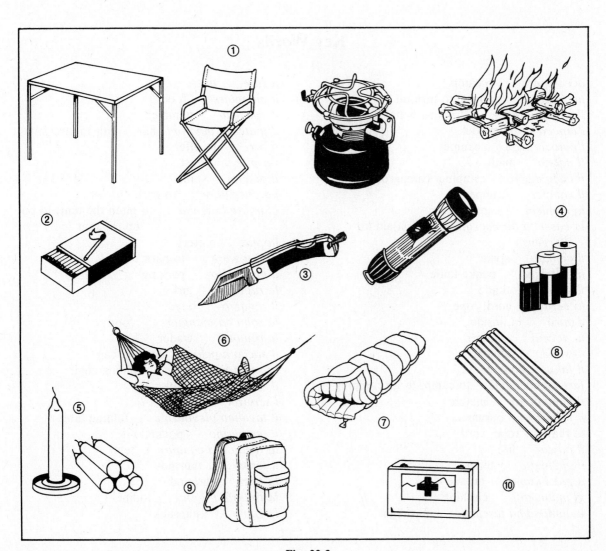

Fig. 22-3

3. Metterò i miei indumenti in uno _____ e non mi devo dimenticare di prendere un _____ con acqua potabile.

5. Answer on the basis of Fig. 22-2.
    1. È questo un campeggio pubblico?
    2. Sono parcheggiati i campers vicino alle tende?
    3. Cosa sta piantando la ragazza?
    4. Cosa sta piantando per terra?
    5. Con che cosa li sta piantando?
    6. Cosa sta preparando il giovanotto?
    7. Su che cosa sta cucinando?
    8. Dove sta dormendo la ragazza?
    9. Cos'ha vicino al sacco a pelo?

6. Identify each numbered item in Fig. 22-3.

Key Words

accampare   to camp
accendere   to light, to turn on
l'acqua potabile   drinking water
l'amaca   hammock
l'autocaravan   camper
il bagno   bath
il campeggio   camping, campground
il camper   camper
la candela   candle
la cassetta farmaceutica d'urgenza   first-aid kit
il chiodo   spike
il coltellino   pocketknife
il coltello   knife
la corda   cord, rope
dentro   in, inside
la doccia   shower
l'estate   summer
il falò   bonfire
fare campeggio   to camp, to go camping
il fiammifero   match
il fornello   burner
la fune   rope, cord
il fuoco   fire
il gabinetto   toilet
il gas butano   butane
gl'indumenti   clothing
la lampadina tascabile   flashlight

legare   to tie
il mangiare   food
il martello   hammer
il materassino gonfiabile   air mattress
offrire   to offer
l'ospite   guest
il paletto   pole
parcheggiare   to park
piantare la tenda   to pitch the tent, to put up the tent
la pila   battery
posteggiare   to park
il posteggio   parking
la ragazza   girl
il ragazzo   boy
la roba da mangiare   food
la roulotte   trailer
il sacco a pelo   sleeping bag
la sedia pieghevole   folding chair
il serbatoio   tank
i servizi   facilities
il tavolino pieghevole   folding table
il temperino   pocketknife
la tenda (da campo)   tent
il termos   thermos
la terra   ground
la tintura di iodio   iodine
lo zaino   knapsack

Chapter 23: The weather

Capitolo 23: Il tempo

Fa tempo buono (fa bel tempo).	it's nice weather
tempo cattivo (tempo brutto).	nasty weather
caldo.	hot
freddo.	cold
fresco.	cool
Tira vento.	it's windy
C'è sole.	it's sunny
Ci sono le nuvole (nubi).	it's cloudy (there are clouds)
È nuvoloso.	it's cloudy
la pioggia	rain
la neve	snow
la grandine	hail
la nebbia	fog
il lampo	lightning
il tuono	thunder
Piove (sta piovendo).	it's raining
Nevica (sta nevicando).	it's snowing
Pioviggina (sta piovigginando).	it's drizzling
Grandina (sta grandinando).	it's hailing
Tuona (sta tuonando).	it's thundering
Lampeggia (sta lampeggiando).	it's lightning
Oggi è una bella giornata.	beautiful day
una giornata calda.	warm day
serena (chiara, limpida).	clear
umida.	humid
piovosa.	rainy
incerta (instabile).	unstable
tempestosa.	stormy
Abbiamo avuto *un temporale.*	storm
un temporale con lampi e tuoni.	thunderstorm
una nevicata.	snowfall
una tempesta di neve (una tormenta).	snowstorm
un'improvvisa tempesta di vento.	sudden windstorm
un acquazzone.	shower
Abbiamo avuto una giornata *calda.*	warm
fresca.	cool
fredda.	cold
umida.	humid
nuvolosa.	cloudy
di sole.	sunny
afosa (soffocante).	sultry

1. Complete.
   1. D'estate fa _____ _____ e c'è molto _____.
   2. D'inverno fa _____ ed a volte _____.
   3. C'è sole. Il cielo è _____. È una giornata _____ _____.
   4. Ci sono _____. Il cielo è annuvolato.
   5. Non fa né caldo né freddo. Fa _____.

6. Non si vede quasi niente. C'è molta _____.
7. A volte durante un temporale ci sono _____ e _____.
8. D'inverno _____. D'estate a volte _____.
9. Non sta piovendo molto. Sta solo _____.

2. Complete.
   1. Durante un _____, piove.
   2. Durante una _____, nevica.
   3. Ci sono _____ durante un _____.
   4. Durante un _____, lampeggia e tira vento.

3. Tell more about the weather.
   1. Il tempo è incostante. Com'è?
   2. Il tempo è sereno. Com'è?
   3. Il tempo è tempestoso. Com'è?
   4. Il tempo è mite. Com'è?

4. Give a word related to each of the following.
   1. soleggiato
   2. nevicata
   3. temporale
   4. umidità
   5. nuvola
   6. calore
   7. pioggia

5. Complete
   1. Sta piovendo abbastanza. È un _____.
   2. Ieri ha fatto molto caldo. È stata una giornata _____.
   3. Un momento fa bel tempo, un momento tira vento e grandina. Il tempo è molto _____.
   4. Ieri c'era tanto sole. Abbiamo goduto una giornata _____.

6. Write *true* or *false*.
   1. Quando il cielo è sereno ci sono molte nuvole.
   2. Quando il cielo è sereno non ci sono nuvole.
   3. Quando fa molto freddo e il cielo è nuvoloso, può nevicare o grandinare.
   4. Durante un acquazzone, nevica.
   5. Durante una nevicata generalmente tuona e lampeggia.

7. Read the following weather reports and then answer the questions.
   (1) Previsioni del tempo (Bollettino meteorologico)
       Nuvolosità (nebulosità) variabile con acquazzoni sparsi e possibilità di piogge con temporali nella parte interiore. Venti provenienti dall'est a 20 chilometri all'ora con raffiche di venti locali che diminueranno durante la notte. Probabilità di pioggia (precipitazione) 95 per cento. Temperatura massima di 28 gradi centigradi. Temperatura minima di 22 gradi. La pressione atmosferica (barometrica) è di 735 millimetri e sta scendendo (cadendo).

   1. Sta facendo tempo buono?
   2. È completamente nuvolo?

3. È sereno a volte il cielo?
4. Piove in tutta la regione?
5. Dove ci saranno piogge con temporali?
6. Da dove provengono i venti?
7. A quanti chilometri all'ora tirano i venti?
8. Qual è la probabilità di precipitazione?
9. Quale sarà la temperatura massima?
10. Quale sarà la temperatura minima?
11. Qual è la pressione atmosferica?

(2) Previsioni del tempo (Bollettino meteorologico)
   Parzialmente nuvoloso di sera con nuvolosità variabile durante la notte e possibile nevicata. Temperatura massima di 2 gradi centigradi. Temperatura minima di 3 gradi sotto 0. Domani sereno con temperatura più alta arrivando ai 10 gradi centigradi.

1. Sarà completamente nuvolo?
2. Durante la notte, come sarà il tempo?
3. Nevicherà?
4. Fa caldo o freddo?
5. Quale sarà la temperatura massima?
6. E la minima?
7. Quando sarà sereno?
8. Quale sarà la temperatura?

8. Give other terms for:
1. piogge in alcune parti della regione, ma non in tutte
2. nuvole che vanno e vengono
3. possibilità di pioggia
4. la pressione atmosferica
5. giornata serena

Key Words

l'acquazzone (rain) shower	*freddo(a)* cold
afoso(a) sultry	*fresco(a)* cool
annuvolato(a) cloudy	*la giornata* day
arrivare to reach	*godere* to enjoy
il bollettino meteorologico weather forecast	*grandinare* to hail
	la grandine hail
brillare to shine	*improvviso(a)* sudden
cadere to fall, to drop	*incerto(a)* unstable
il caldo heat	*instabile* unstable
caldo(a) warm, hot	*lampeggiare* to lightning
il calore heat	*il lampo* lightning
cattivo(a) bad	*limpido(a)* clear
centigrado centigrade	*mite* mild
chiaro(a) clear	*la nebbia* fog

la neve   snow
nevicare   to snow
la nevicata   snowfall
la nube   cloud
la nuvola   cloud
nuvolo(a)   cloudy
la nuvolosità   cloudiness
nuvoloso(a)   cloudy
la pioggia   rain, shower
piovere   to rain
piovigginare   to drizzle
piovoso(a)   rainy
la precipitazione   precipitation
la pressione atmosferica   atmospheric pressure
la pressione barometrica   barometric pressure
le previsioni del tempo   weather forecast
provenire   to derive, to originate
una raffica di vento   gust (blast) of wind
rasserenarsi   to clear (up)
scendere   to descend, to go down

schiarirsi   to clear up
sereno(a)   clear
soffocante   sultry
il sole   sun
di sole   sunny
soleggiato(a)   sunny
sparso(a)   scattered
la temperatura   temperature
la tempesta di neve   snowstorm
la tempesta di vento   windstorm
tempestoso(a)   stormy
il tempo   weather
il tempo brutto   nasty weather
il tempo cattivo   nasty weather
il temporale   storm, thunderstorm
tirare   to blow (wind)
la tormenta   snowstorm
tuonare   to thunder
il tuono   thunder
umido(a)   humid
variabile   changeable, variable
il vento   wind

Chapter 24: Education

Capitolo 24: L'istruzione

ELEMENTARY SCHOOL

I bambini piccoli vanno all'*asilo infantile*.	nursery school
A sei anni i bambini iniziano *la scuola elementare*.	elementary school
La scuola elementare *dura* cinque anni.	lasts
I bambini ed *il maestro (la maestra)*[1] sono in *un'aula*.	teacher; classroom
Il maestro *insegna* loro.	teaches
Gli *scolari (alunni) imparano*.	pupils; learn
La maestra *spiega una lezione* di geografia.	explains; a lesson
La maestra *scrive qualcosa* sulla *lavagna*.	writes something; chalkboard
Gli alunni hanno *i libri di testo*.	textbooks
Hanno i libri *aperti* sul *banco*.	open; desk
Il maestro legge loro una storiella dal *libro di lettura*.	reading book
Il direttore (la direttrice) entra in *classe*.	principal; classroom

1. Match.
   1. l'alunno(a)
   2. l'aula
   3. l'asilo infantile
   4. insegna
   5. scuola elementare
   6. il (la) maestro(a)
   7. imparano
   8. libro di lettura
   9. il (la) direttore (direttrice)

   (*a*) una scuola per i bambini piccoli
   (*b*) spiega una lezione
   (*c*) lo fanno gli alunni a scuola
   (*d*) bambino che va alla scuola elementare
   (*e*) libro che insegna agli alunni a leggere
   (*f*) scuola che dura cinque anni
   (*g*) stanza dove la maestra insegna
   (*h*) il capo della scuola
   (*i*) persona che insegna in una scuola elementare

2. Complete.
   Una scuola per i bambini piccoli è un _____ _____. I bambini che

                                             1

   frequentano i primi cinque anni di scuola sono _____ e vanno alla _____

                                             2   3

   _____. La persona che insegna loro è _____ _____. Lui o lei

                                                 4

   _____ loro molte cose. Insegna loro a leggere sul libro di _____; a volte

             5   6

   scrive qualcosa sulla _____.

                        7

SECONDARY SCHOOL

Dopo la scuola elementare gli studenti vanno alla *scuola media unica (scuola media inferiore)*[2] che dura tre anni.	junior high school, middle school

---

[1] The word *maestro(a)* is used for an elementary school teacher. *Professore, professoressa* is used for teachers at the secondary and university levels.

[2] In Italy it is required that children spend 5 years in elementary school and 3 years in junior high school.

Poi possono continuare i loro studi *frequentando* per cinque anni *un liceo*[3] o *un istituto*[4] *(una scuola media superiore)*.	attending; high school
Gli studenti seguono *un corso di studi*.	course of study
Il corso di studi include molte *materie*.	subjects
Ogni giorno gli studenti devono seguire *un orario*.	schedule
Quando il (la) professore (professoressa) parla, gli studenti *prendono appunti*.	take notes
Scrivono gli appunti in *un quaderno (blocchetto per appunti)*.	notebook
Scrivono con *una penna a sfera*.	ballpoint pen
Tutti vogliono *andare bene agli esami (passare agli esami, essere promossi)*.	to pass the exams, to be promoted
Non vogliono *andare male (essere bocciati)*.	fail
Vogliono ricevere (prendere) buoni *voti*.	grades, marks
Le scuole private *laiche* o religiose che *hanno* la scuola media, il liceo e l'istituto magistrale[5] *vengono chiamate collegi*.[6]	secular; offer; are called; colleges
Molti collegi hanno studenti *interni* ed *esterni*.	boarders; day students
In molti collegi gli studenti devono *portare l'uniforme (la divisa)*.	wear; uniform
Gli studenti *portano* i libri in *una cartella*.	carry; book bag
Terminati gli studi del liceo, dell'istituto o del collegio, gli studenti ricevono un diploma.	completed, upon completion

3. Answer.
   1. Qual è un'altra espressione che significa «scuola media inferiore»?
   2. Chi frequentano un liceo o un istituto?
   3. Chi insegnano in una scuola media superiore?
   4. Chi sono gli studenti che vivono in un collegio?
   5. Chi sono gli studenti che tornano a casa tutti i giorni?
   6. Come portano i libri gli studenti?
   7. In molti collegi, cosa devono portare gli studenti?
   8. Che cosa include un corso di studi?
   9. Che cosa fanno gli studenti quando parla il professore?
   10. Dove scrivono gli appunti?
   11. Con che cosa scrivono?
   12. Come vogliono andare agli esami gli studenti?
   13. Cosa vogliono ricevere?

4. Give another word for:
   1. il liceo
   2. il blocchetto per gli appunti
   3. passare agli esami
   4. essere bocciati

---

[3] The *liceo* is similar to the last 3 years of an American high school and 2 years of an American college. There are three types of liceo: *il liceo classico*, which offers classical courses, *il liceo scientifico*, which offers scientific courses and *il liceo artistico*, which offers art courses.

[4] The *instituto* also prepares students for specific careers: industrial, technical, commercial, agricultural, and so on, in 5 years' time.

[5] The *istituto magistrale* prepares students in 5 years for elementary school teaching.

[6] *Collegio* is not to be confused with the American college or university.

5. Choose the appropriate word.
    1. _____ frequentano un liceo. (*a*) Gli alunni (*b*) Gli studenti
    2. _____ insegnano nelle scuole medie. (*a*) I professori (*b*) I maestri
    3. _____ vanno a casa tutti i giorni. (*a*) Gli esterni (*b*) Gl'interni
    4. L'algebra e la storia sono _____. (*a*) un corso di studi (*b*) materie
    5. Lo studente scrive gli appunti in un _____. (*a*) quaderno (*b*) penna a sfera

6. Complete.
    1. Un _____ è una scuola secondaria privata laica o religiosa.
    2. La maggior parte degli studenti portano i loro libri in una _____.
    3. Gli studenti di un collegio devono portare _____.
    4. Gli studenti non vogliono essere bocciati. Preferiscono _____ buoni
    _____.

UNIVERSITY[7]

Gli studenti che hanno ricevuto un diploma da un liceo, da un istituto o da un collegio *possono essere ammessi* all'*università*.	can be admitted (accepted); university
La signorina vuole *iscriversi (immatricolarsi)* all'università.	register, matriculate
Spera di ricevere *una borsa di studio*.	scholarship
Le tasse universitarie sono care.	tuition
La prima sessione comincerà il 15 ottobre.	first term
Per questa sessione lo studente vuole *sostenere quattro esami*.	to take four exams
Quando gli studenti si iscrivono all'università possono *scegliere* una delle facoltà seguenti: *legge*	choose; law
ingegneria	engineering
chimica	chemistry
medicina	medicine
lettere e filosofia	humanities
scienze politiche	political science
lingue moderne	modern languages
dove potranno *frequentare* i Loro *corsi di studio*.	attend, curriculum
Il professore fa *una conferenza (una lezione)*.	lecture
La signorina vuole *laurearsi* in chimica.	to graduate
La signorina vuole prendere *una specializzazione*.[8]	advanced degree
Il professor Paladino è *preside di facoltà*.	dean

7. Give the word being defined.
    1. quello che uno studente (una studentessa) deve **pagare** per andare all'università
    2. iscriversi all'università

---

[7] Universities and university life in Italy are quite different from what is usual in the United States. Generally the universities are located in the larger cities. The type of U.S. college with a large campus, located in a small town, is almost nonexistent. For this reason, in Italy it is less common for a student to board or live on campus.

[8] In Italy, as in the United States, it takes 4 years of study to obtain a bachelor's degree. In Italy, there is no master's or doctoral degree; however, you may take postgraduate specialization courses, which range from 1 to several years, depending on the subject of specialization.

3. il giorno in cui iniziano le lezioni
4. quello che può ricevere uno studente (una studentessa) come aiuto a pagare le spese universitarie
5. il direttore (la direttrice) dell'università
6. quello che fanno i professori
7. terminare gli studi universitari

8. Complete.
1. Se Lei vuole andare all'università deve _____.
2. La signorina vuole curare i malati. Si _____ _____ in medicina.
3. La signorina studia letteratura. È studentessa alla _____ di lettere.
4. Quando uno studente s'iscrive all'università, deve pagare le _____ _____.
5. Per questa sessione voglio _____ solamente tre esami.
6. Generalmente negli Stati Uniti la _____ _____ incomincia ai primi di settembre.
7. Il professore di letteratura fa una _____ su Francesco Petrarca.

9. Answer.
1. Si devono immatricolare gli studenti che desiderano iscriversi all'università?
2. Quali studenti possono essere ammessi all'università?
3. Negli Stati Uniti, costa molto andare all'università?
4. Quando incomincia la prima sessione negli Stati Uniti?
5. Si devono laureare in una materia specifica gli universitari?
6. Le università, hanno più professori o più presidi?

10. Tell in which department one would enroll if one wished to become the following:
1. medico(a)
2. professore (professoressa) di letteratura
3. avvocato (avvocatessa)
4. biologo(a)
5. ingegnere(a)

Key Words

l'alunno(a)	pupil	chiamare	to call
andare bene agli esami	to pass the exams	la chimica	chemistry
		la classe	classroom
andare male agli esami	to fail	il collegio	high school
aperto(a)	open	cominciare	to begin, to start
l'asilo infantile	nursery school	la conferenza	lecture
l'aula	classroom	conseguire	to achieve, to attain
il (la) bambino(a)	little boy, little girl, child	il corso di studi	course of study, curriculum
il banco	student's desk, school desk	curare	to cure
il blocchetto per gli appunti	notebook	il direttore (la direttrice)	elementary school principal
la borsa di studio	scholarship		
il capo	head, chief, boss		
la cartella	book bag	la divisa	uniform

durare   to last
essere ammesso(a)   to be accepted, to be admitted
essere bocciato(a)   to fail
essere promosso(a)   to be promoted
l'esterno(a)   day student
la facoltà   department (school)
frequentare   to attend
immatricolarsi   to matriculate, to register
imparare   to learn
incominciare   to begin, to start
l'ingegneria   engineering
iniziare   to begin, to start
insegnare   to teach
l'interno(a)   boarding student
iscriversi   to register, to matriculate
l'istituto   high school
laico(a)   secular
laurearsi   to graduate
laurearsi in chimica   to graduate with a major in chemistry
la lavagna   chalkboard
la legge   law
le lettere e filosofia   humanities
la lezione   lesson, lecture
il libro di lettura   reading book
il libro di testo   textbook
il liceo   high school
le lingue moderne   modern languages
il (la) maestro(a)   elementary school teacher
il (la) malato(a)   patient, sick person
la materia   subject
la materia di specializzazione   subject of specialization

la medicina   medicine
offrire   to offer
l'orario   schedule
pagare   to pay
passare agli esami   to pass the exams
la penna a sfera   ballpoint pen
portare   to wear, to carry
potere   to be able (can)
prendere   to take
prendere appunti   to take notes
il (la) preside di facoltà   dean
la prima sessione   first term
il professore (la professoressa)   teacher at secondary and university level
il quaderno   notebook
qualcosa   something
religioso(a)   religious
scegliere   to choose
le scienze politiche   political science
lo (la) scolaro(a)   pupil, student
scrivere   to write
la scuola elementare   elementary school
la scuola media   junior high school, middle school
la scuola media inferiore   junior high school, middle school
la scuola media superiore   high school
sostenere   to take (an examination)
specializzarsi   to specialize
una specializzazione   advanced degree
spiegare   to explain
la storiella   story
terminare   to end, to finish, to terminate
l'uniforme   uniform
l'università   university

Chapter 25:   Government and politics

Capitolo 25:   Il governo e la politica

FORMS OF GOVERNMENT AND IDEOLOGIES

Ideologia[1]
il comunismo
la democrazia
il fascismo
la monarchia
il socialismo
Termini affini
l'anticlericalismo
il conservatorismo
l'imperialismo
l'interventismo
l'isolazionismo
il liberalismo
il marxismo
il militarismo
il progressismo
il radicalismo
il razzismo
il separatismo
il terrorismo

Membro o partigiano
il (la) comunista
il (la) democratico(a)
il (la) fascista
il (la) monarchico(a)[2]
il (la) socialista

l'anticlericale
il conservatore, la conservatrice
l'imperialista
l'interventista
l'isolazionista
il (la) liberale
il (la) marxista
il (la) militarista[3]
il (la) progressista
il (la) radicale
il (la) razzista
il (la) separatista
il (la) terrorista

1. Give the noun or adjective for the individual who espouses each of the following doctrines or ideologies.
   1. la democrazia
   2. il marxismo
   3. il liberalismo
   4. il conservatorismo
   5. il socialismo
   6. il radicalismo
   7. l'isolazionismo
   8. l'interventismo
   9. il comunismo
   10. la monarchia
   11. il progressismo
   12. il terrorismo
   13. l'anticlericalismo
   14. il razzismo
   15. il separatismo

---

[1] Since the terms for the forms of government and political ideologies are cognates, merely read through these terms. Note that the word for the person who espouses a particular ideology usually ends in *-ista*, but there are some exceptions.

[2] *Il (la) monarchico(a)* is a monarchist. The monarch *(il re* or *la regina)* is *il (la) monarca*.

[3] *Il (la) militarista* is a militarist. A person in the military is *il (la) militare*.

RIGHTS OF THE PEOPLE

Nei paesi democratici *il popolo* ha *il diritto al voto*.	the people; voting rights
Sotto *un regime autocratico (dispotico)*, è possibile **non** avere diritto al voto.	autocratic regime
I cittadini del paese possono votare nelle elezioni nazionali e locali.	citizen
Possono votare *tutti coloro che sono maggiorenni*.	all those who are of legal age
La persona che ottiene *la maggioranza* dei voti *è eletta presidente (presidentessa) o primo ministro*.	majority; is elected president or prime minister
Il governo ha la responsabilità di *proteggere i diritti del popolo (diritti umani)*.	protect; rights of the people
In molti paesi esiste *la libertà di stampa (libertà di parola)*.	freedom of the press (freedom of speech)
Un dittatore è un capo autocratico (dispotico).	dictator
Diversi paesi hanno *una dittatura*.	dictatorship
Altri paesi sono sotto il controllo di *una giunta* militare.	junta
A volte ci sono *manifestazioni e sommosse*.	demonstrations and uprisings
A volte il governo dichiara *la legge marziale*.	martial law
il coprifuoco.	curfew
I politici di idee più progressive sono *di sinistra (socialisti, comunisti)*.	leftist (socialists, communists)
Coloro con le idee più conservatrici sono *di destra (conservatori)*.	rightist
Le persone di destra e quelle di sinistra hanno idee *contrarie (opposte)*.	opposite

2. Answer.
1. In quali paesi il popolo ha il diritto al voto?
2. In quali paesi è possibile non avere il diritto al voto?
3. Negli Stati Uniti, c'è la libertà di stampa e la libertà di parola?
4. Negli Stati Uniti, abbiamo il diritto al voto?
5. Eleggiamo un nuovo presidente ogni tre anni?
6. Qual è una responsabilità che deve avere il governo?
7. In un paese dove esiste il diritto al voto, solamente i cittadini possono votare alle elezioni?
8. Possono votare i minorenni?
9. In alcuni paesi, governa una giunta militare?
10. Una giunta militare, è una forma di governo autocratico o democratico?
11. Quando ci sono molte manifestazioni e sommosse, cosa dichiara generalmente il governo?
12. A volte, cosa dichiara il governo dopo aver imposto la legge marziale?
13. I socialisti sono di sinistra o di destra?
14. I conservatori sono di sinistra o di destra?
15. C'è mai stata la dittatura in Italia?
16. Che tipo di governo esiste ora in Italia?

3. Complete.
1. Il _____ _____ _____ vuol dire che il popolo ha il diritto di eleggere un presidente o un primo ministro.
2. In alcuni paesi dove c'è la _____, il diritto al _____ non esiste.
3. Quando non c'è il diritto al voto, diciamo che è un regime _____.
4. Nei regimi autocratici non esiste né la _____ _____ _____, né la _____ _____ _____.

5. Quando il popolo non è contento della politica del governo, a volte fa _____
    o _____.
6. Quando ci sono molte manifestazioni, il governo generalmente dichiara la _____
    _____ e mette in effetto il _____.
7. Se c'è il _____ la gente non può stare per la strada dopo una certa ora, specialmente
    di notte.
8. Una persona con idee politiche molto progressive è _____ _____.
9. Una persona con idee politiche molto conservatrici è _____ _____.

POLITICAL ORGANIZATION

In molti paesi ci sono due o più *partiti politici*.	political parties
Alcuni governi hanno *il sistema bicamerale*.	bicameral system
Altri hanno il sistema *unicamerale*.	unicameral
Sotto il sistema unicamerale c'è solo *la camera dei deputati*.[4]	chamber of deputies
Sotto il sistema bicamerale ci sono *la camera alta* e *la camera bassa*.	upper chamber; lower chamber
La camera alta negli Stati Uniti è *il Senato*.[5]	Senate
La camera bassa negli Stati Uniti è *il Congresso* (Camera dei Deputati).[6]	House of Representatives
Il presidente[7] o il primo ministro ha il suo *consiglio dei ministri (gabinetto)*.	cabinet
Alcuni departimenti governativi sono:	
il ministero dell'agricoltura	department of agriculture
il ministero degli affari esteri	department of foreign affairs
il ministero degli interni	department of the interior
il ministero del commercio	department of commerce
il ministero della difesa	department of defense
il ministero della guerra	department of war
il ministero della pubblica istruzione	department of education
il ministero di grazia e giustizia	department of justice
il ministero del lavoro	department of labor
il ministero del tesoro	treasury department

4. Answer.
   1. Quanti partiti politici principali ci sono negli Stati Uniti?
   2. Abbiamo un sistema unicamerale?

---

[4] The term *la camera dei deputati* is somewhat difficult to translate since its English equivalent would depend on the organization of the particular government. In France, for example, it would translate as *the Chamber of Deputies*. In U.S. parlance it would be *the House of Representatives*.

[5] In U.S. parlance *la camera alta* or the upper chamber would be *il Senato*. In Italian newspapers you would read «*il Senato degli Stati Uniti*», and a person elected to the U.S. Senate would be *un senatore* or *una senatrice*.

[6] In U.S. parlance *la camara bassa* or the lower chamber would be the House of Representatives. In Italian newspapers you would read «la Camera dei Deputati degli Stati Uniti», and a person elected to the U.S. House of Representatives would be *un deputato* or *una deputata*.

[7] In Italy the President of the Republic is not elected by the vote of all the citizens, but by the *Camera dei Deputati* (House of Representatives) and by the *Senato* (Senate) with an election. The *Deputati* (members of the House of Representatives) and the *Senatori* (Senators) representing all political parties are elected by a popular vote.

3. Quanti senatori ha ogni stato?
4. Quanti deputati alla Camera ha ogni stato?
5. Nel governo degli Stati Uniti, come si chiama la camera bassa?
6. Come si chiama la camera alta?

5. Complete.
1. In alcuni paesi come l'Italia esistono molti _____ _____.
2. L'Inghilterra ha un _____ _____ e gli Stati Uniti ha un _____.
3. Il presidente non prende tutte le decisioni. Consulta il _____ _____ _____.
4. Se un paese ha solamente la _____ _____ _____, ha un sistema di governo unicamerale.
5. Se un paese ha una _____ _____ ed una _____ _____, ha un sistema di governo bicamerale.

6. Indicate which government department has responsibility for each of the following areas.
1. l'educazione dei ragazzi
2. affari o relazioni con l'estero
3. il lavoro
4. affari nazionali o interni
5. le finanze

PROCEDURES

I deputati *prendono in considerazione* di fare *un emendamento (un cambiamento, una correzione)* alla costituzione.	take into consideration; amendment
Emendano (correggono) la costituzione.	amend
Non *annullano* la costituzione.	nullify
Un deputato *ha presentato una mozione (proposta)*.	made a motion
Un altro deputato *ha appoggiato* la mozione.	seconded, supported
I deputati *discuteranno (delibereranno)* la mozione.	will discuss (will deliberate)
Devono discutere (deliberare) prima di arrivare ad una decisione.	
Sembra che *la maggioranza approvi* l'emendamento.	majority; would approve
L'opposizione (la minoranza) deve cedere al volere della maggioranza.	opposition (minority)
La mozione fu respinta a vasta maggioranza.	The motion was rejected by a large majority.
I deputati voteranno in *una sessione plenaria*.	plenary session
Non voteranno in *una sessione segreta*.	secret session, behind closed doors
L'assemblea non può votare senza *un quorum*.[8]	quorum
L'opposizione è contro la politica del primo ministro.	against
Il primo ministro chiederà *un voto di fiducia*.	vote of confidence
Ci sarà *un plebiscito (referendum)*.	plebiscite
C'erano molti voti *favorevoli* e pochi *contrari (contro)*.	in favor; against

---

[8] *Il quorum* is the smallest legal number of participants of an assembly or committee necessary to take any legal decision or action.

7. Give the word or term being defined.
1. autorizzare, accettare
2. parlare contro o in favore di una cosa
3. Il numero legale minimo necessario di partecipanti di un'assemblea o commissione per una valida decisione o azione legale
4. quelli contro
5. interrompere una sessione per discutere e pensare il pro ed il contro di certi affari
6. considerare
7. la maggior parte
8. cambiare o aggiungere qualcosa alla costituzione
9. l'azione di chiedere al popolo di votare a favore o contro una certa risoluzione
10. dichiarare qualcosa invalido

8. Put the following in the proper order.
1. Qualcuno ha appoggiato la mozione.
2. Tutti hanno votato.
3. Tutti hanno discusso la mozione.
4. Qualcuno ha presentato la mozione.
5. La mozione è stata approvata.

9. Complete.
1. Se un'assemblea vuole accettare o approvare una risoluzione, deve avere presente un _____ prima di votare.
2. A volte il presidente o il primo ministro presenterà una risoluzione a un _____ per determinare se il popolo sarà in favore o contro la risoluzione.
3. In diversi paesi, dove ci sono molti partiti politici, per ottenere la maggioranza dei voti, è necessario formare una coalizione nella camera dei deputati. Se il primo ministro incontra una forte opposizione, a volte sottometterà la sua politica a un _____ _____ _____.
4. Per approvare o disapprovare una risoluzione, qualcuno deve _____ una mozione, un altro la deve _____. Poi tutti la possono _____ prima di votare in favore o contro tale risoluzione.
5. Poiché la maggioranza vuole approvare la risoluzione, sembra che l'_____, che consiste di una _____, dovrà cedere.

Key Words

annullare to nullify	*la camera dei* chamber of deputies,
l'anticlericale anticlerical person	*deputati* house of representatives
l'anticlericalismo anticlericalism	*il(la) cittadino(a)* citizen
appoggiare la to second the motion, to	*il comunismo* communism
mozione support the motion	*il (la) comunista* communist
approvare to approve, accept	*il congresso* large meeting, convention,
l'assemblea assembly	House of Representatives
bicamerale bicameral (two-house)	(U.S.)
il cambiamento change	*il conservatore (la* conservative
la camera alta upper house, senate,	*conservatrice)*
upper chamber	*il conservatorismo* conservatism
la camera bassa lower house, lower	*il consiglio dei ministri* cabinet
chamber	*contrario(a)* opposite, contrary

contro   against
il coprifuoco   curfew
correggere   to correct
la correzione   correction
la costituzione   constitution
deliberare   to deliberate, to discuss
il (la) democratico(a)   democrat
la democrazia   democracy
il (la) deputato(a)   deputy, representative
a destra   to the right
la destra   Right (political orientation)
destro(a)   right
di destra (uomo o donna)   rightist
il diritto   right (prerogative)
i diritti del popolo   rights of the people
il diritto umano   human rights
il diritto al voto   voting right
discutere   to discuss, to deliberate
dispotico(a)   despotic
il dittatore   dictator
la dittatura   dictatorship
eleggere   to elect
l'emendamento   amendment
emendare   to amend
il fascismo   fascism
il (la) fascista   fascist
le finanze   finances
il gabinetto   cabinet
la giunta   junta
il governo   government
l'imperialismo   imperialism
l'imperialista   imperialist
interno(a)   interior
l'interventismo   interventionism
l'interventista   interventionist
invalido(a)   not valid
l'isolazionismo   isolationism
l'isolazionista   isolationist
la legge   law
la legge marziale   martial law
il liberalismo   liberalism
il (la) liberale   liberal
la libertà   freedom
la libertà di parola   freedom of speech
la libertà di stampa   freedom of the press
la maggioranza   majority
maggiorenne   of legal age
la manifestazione   demonstration
il marxismo   Marxism
il (la) marxista   Marxist
il (la) militare   military person
il militarismo   militarism
il (la) militarista   militarist

il ministero degli   department of foreign
  affari esteri   affairs
il ministero   department of agriculture
  dell'agricoltura
il ministero del commercio   department of
                                    commerce
il ministero della difesa   department of
                                    defense
il ministero di grazia   department of
  e giustizia   justice
il ministero della guerra   department of
                                    war
il ministero degli interni   department of
                                    the interior
il ministero del lavoro   department of
                                  labor
il ministero della pubblica   department of
  istruzione   education
il ministero del tesoro   department of the
                                 treasury
la minoranza   minority
il (la) monarca   monarch
la monarchia   monarchy
il (la) monarchico(a)   monarchist
la mozione   motion
l'opposizione   opposition
opposto(a)   opposite
il partito   party
il plebiscito   plebiscite
la politica   politics, political policy
politico(a)   political
il popolo   people
prendere in   to take into
  considerazione   consideration
prendere una   to make a decision, to pass
  decisione   a resolution
presentare una mozione   to make a
                                motion
il presidente (la presidentessa)   president
il primo ministro   prime minister
il progressismo   progressivism
il (la) progressista   progressive
proteggere   to protect
il quorum   quorum
il radicalismo   radicalism
il (la) radicale   radical
il razzismo   racism
il (la) razzista   racist
il referendum   referendum
il regime autocratico   autocratic regime
respingere   to reject
la rettifica   correction, amendment
il senato   senate

il senatore (la senatrice)   senator
il separatismo   separatism
il (la) separatista   separatist
la sessione plenaria   plenary session
a sinistra   to the left
la sinistra   Left (political orientation)
sinistro(a)   left
di sinistra (uomo o donna)   leftist
il sistema   system
il socialismo   socialism
il (la) socialista   socialist

la sommossa   uprising
sotto   under
il terrorismo   terrorism
il (la) terrorista   terrorist
il tribunale   court
tutti coloro che   all those who
unicamerale   unicameral
votare   to vote
il voto   vote
il voto di fiducia   vote of confidence

Appendix 1:   Days of the week

Appendice 1:   I giorni della settimana

lunedì, martedì, mercoledì, giovedì, venerdì, sabato, domenica
Lunedì[1] è il primo giorno della settimana.
Il secondo giorno è martedì.[2]

Andiamo a scuola *il lunedì*.[3]	on Mondays
Francesca ritornerà *lunedì*.[4]	on Monday
il fine settimana	weekend
giorno feriale	weekday
giorno festivo	holiday
giornata lavorativa	workday
l'onomastico	saint's day
il compleanno	birthday
il Natale	Christmas
la vigilia di Natale	Christmas Eve
l'Anno Nuovo	New Year
Capodanno (il primo dell'anno)	New Year's Day
la vigilia di Capodanno (l'ultimo dell'anno)	New Year's Eve
la Pasqua	Easter

GENNAIO

lunedì	martedì	mercoledì	giovedì	venerdì	sabato	domenica
			1	2	3	4
5	6	7	8	9	10	11
12	13	14	15	16	17	18
19	20	21	22	23	24	25
26	27	28	29	30	31	

---

[1] Monday (not Sunday) is the first day of the week on Italian calendars.

[2] The days of the week are not capitalized in Italian, as they are in English. All days of the week are masculine except for *domenica*.

[3] The definite article is used with the days of the week to express repeated occurrences, as *on Mondays, on Tuesdays, on Wednesdays* and so on.

[4] The definite article is omitted when only one day is meant.

Appendix 2:   Months of the year and dates

Appendice 2:   *I mesi dell'anno e le date*

gennaio[1] *luglio*
febbraio *agosto*
marzo *settembre*
aprile *ottobre*
maggio *novembre*
giugno *dicembre*

Che giorno è oggi?
Qual è la data di oggi? } What's today's date?
Quanti ne abbiamo oggi?[2]

Oggi è mercoledì. Today is Wednesday.
Oggi è mercoledì, il ventiquattro dicembre. Today is Wednesday, the 24th of December.

Oggi è il ventiquattro. Today is the 24th.
Oggi è il primo aprile.[3] Today is the first of April.

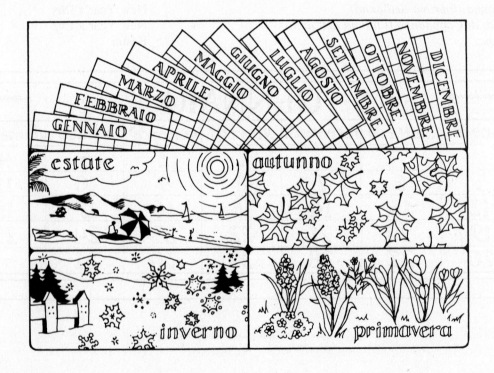

---

[1] The months of the year are not capitalized in Italian, as they are in English. All months of the year are masculine.

[2] When using the expression *Quanti ne abbiamo oggi?*, usually the only information asked for is the numerical date of the month.

[3] Note that the cardinal numbers are used for expressing the date, with the exception of the first of the month, in which case the ordinal number *primo* is used.

154

Appendix 3:   Time and expressions of time

Appendice 3:   L'ora e le espressioni di tempo

Che ora è?	
Che ora ha Lei?	What time is it?
Che ore sono?	
È l'una.	It's 1:00.
Sono le due.	It's 2:00.
Sono le tre.	It's 3:00.
È l'una e cinque.	It's 1:05.
Sono le due e dieci.	It's 2:10.
Sono le tre e un quarto.	It's a quarter past three.
Sono le tre e quindici.	It's 3:15.
Sono le quattro e mezzo.	It's half past four.
Sono le quattro e trenta.	It's four thirty.
È l'una meno cinque.	It's five to one.
Mancano cinque minuti all'una.	
Sono le due meno dieci.	It's ten to two.
Mancano dieci minuti alle due.	
Sono le tre meno un quarto.	
Sono le tre meno quindici.	It's a quarter to three.
Manca un quarto alle tre.	
Sono le due e tre quarti.	It's 2:45.
È mezzogiorno.	It's noon.
È mezzanotte.	It's midnight.
Partiranno *all'una.*	at 1:00
Partiranno *alle cinque e mezzo.*	at half past five
Il treno parte *alle quattordici e dieci.*[1]	at 14:10 (2:10 P.M.)
Sarò da te *alle otto in punto.*	at exactly 8:00
Sarò da te *verso le otto.*	at about eight
Faccia il favore di arrivare *a (in) tempo.*	on time
Faccia il favore di non arrivare *tardi.*	late
Faccia il favore di non arrivare *presto.*	early
Arriveremo *di mattina.*	in the morning
di pomeriggio.	in the afternoon
di sera.	in the evening
di notte.	at night
Arriveremo *alle quattro di mattina.*[2]	4:00 A.M.
alle tre del pomeriggio.	3:00 P.M.

DIVISIONS OF TIME

il secondo	second
il minuto	minute

---

[1] The 24-hour clock is commonly used for train, plane and theater schedules, and the like.

[2] The expressions *di mattina, del pomeriggio* and *di sera* are used to clarify whether it is A.M. or P.M.

l'ora	hour
il giorno	day
la settimana, otto giorni	week
due settimane, quindici giorni	two weeks
il mese	month
l'anno	year
il secolo	century

OTHER IMPORTANT TIME EXPRESSIONS

l'alba	dawn
il tramonto	dusk
la mattina	morning
il pomeriggio	afternoon
la sera	evening
la notte	night
Non mi piace di viaggiare *di notte*.[3]	at night
il mezzogiorno	noon
la mezzanotte	midnight
oggi	today
domani	tomorrow
dopodomani	day after tomorrow
domani mattina	tomorrow morning
ieri	yesterday
ieri mattina	yesterday morning
l'altro ieri	day before yesterday
a lunedì	until Monday
l'anno scorso (passato)	last year
l'anno prossimo (che viene)	next year
un anno fa	a year ago
il corrente mese	this month
il due c.m. (corrente mese)	the second of this month
al principio (all'inizio) di questo secolo	at the beginning of this century
verso la metà dell'anno scorso (passato)	around the middle of last year
verso la fine di quest'anno	around the end of this year
verso la fine del mese ⎫ *agli ultimi del mese* ⎭	around the end of the month

---

[3] Note that the preposition *di* is used to express the English *by* or *at* in a statement such as *Non mi piace viaggiare di notte*.

Appendix 4:   Italian regions and their inhabitants
Appendice 4:   Le regioni d'Italia ed i loro abitanti

Abruzzi	abruzzesi
Basilicata	lucani
Calabria	calabresi
Campania	campani
Emilia-Romagna	emiliani-romagnoli
Friuli-Venezia Giulia	friulani-giuliani
Lazio	laziali
Liguria	liguri
Lombardia	lombardi
Marche	marchigiani
Molise	molisani
Piemonte	piemontesi
Puglie	pugliesi
Sardegna	sardi
Sicilia	siciliani
Toscana	toscani
Trentino-Alto Adige	trentini-altoatesini
Umbria	umbri
Val d'Aosta	valdostani
Veneto	veneti

Appendix 5:   Numbers

Appendice 5:   I numeri

I numeri cardinali	Cardinal numbers
uno	1
due	2
tre	3
quattro	4
cinque	5
sei	6
sette	7
otto	8
nove	9
dieci	10
undici	11
dodici	12
tredici	13
quattordici	14
quindici	15
sedici	16
diciassette	17
diciotto	18
diciannove	19
venti	20
ventuno[1]	21
ventidue	22
ventitré	23
ventiquattro	24
venticinque	25
ventisei	26
ventisette	27
ventotto[1]	28
ventinove	29
trenta	30
trentuno	31
trentadue	32
trentatré	33
quarantaquattro	44
cinquantacinque	55
sessantasei	66
settantasette	77
ottantotto	88
novantanove	99
cento	100
duecento	200

[1] Note that the numbers *venti, trenta, quaranta,* and so on drop the final vowel when combined with *uno* and *otto.*

trecento	300
quattrocento	400
cinquecento	500
seicento	600
settecento	700
ottocento	800
novecento	900
centotrentaquattro	134
duecentocinquantacinque	255
cinquecentosessantotto	568
settecentottantanove	789
novecentonovantanove	999
mille	1.000[2]
duemila	2.000
cinquemila	5.000
novemila	9.000
milleundici	1.011
millequattrocentonovantadue	1.492
millesettecentottantaquattro	1.784
milleottocentododici	1.812
millenovecentottantasette	1.987
un milione	1.000.000
due milioni	2.000.000
un bilione	1.000.000.000
due bilioni	2.000.000.000

I numeri ordinali   **Ordinal numbers**

primo(a)	first
secondo(a)	second
terzo(a)	third
quarto(a)	fourth
quinto(a)	fifth
sesto(a)	sixth
settimo(a)	seventh
ottavo(a)	eighth
nono(a)	ninth
decimo(a)	tenth
undicesimo(a)	eleventh
dodicesimo(a)	twelfth
tredicesimo(a)	thirteenth
quattordicesimo(a)	fourteenth
quindicesimo(a)	fifteenth
sedicesimo(a)	sixteenth
diciassettesimo(a)	seventeenth
diciottesimo(a)	eighteenth
diciannovesimo(a)	nineteenth
ventesimo(a)	twentieth
ventunesimo(a)	twenty-first
ventiduesimo(a)	twenty-second

---

[2] Note that in Italian, 1,000 is written as 1.000. Periods are used instead of commas and a comma in place of a decimal point, so that the English 1.75 is instead 1,75 in Italian.

ventitreesimo(a)	twenty-third
ventiquattresimo(a)	twenth-fourth
venticinquesimo(a)	twenty-fifth
ventiseesimo(a)	twenty-sixth
ventisettesimo(a)	twenty-seventh
ventottesimo(a)	twenty-eighth
ventinovesimo(a)	twenty-ninth
trentesimo(a)	thirtieth
trentunesimo(a)	thirty-first
quarantaduesimo(a)	forty-second
cinquantatreesimo(a)	fifty-third
sessantaquattresimo(a)	sixty-fourth
settantacinquesimo(a)	seventy-fifth
ottantaseesimo(a)	eighty-sixth
novantasettesimo(a)	ninety-seventh
centesimo(a)	one hundredth

Appendix 6: Foods

Appendice 6: I generi alimentari

Vegetables   *I vegetali, i legumi*

artichoke   *il carciofo*
asparagus   *gli sparagi*
beans   *i fagioli*
beet   *la barbabietola*
broccoli   *i broccoli*
brussels sprouts   *i cavolini, i cavoletti di Bruxelles*
cabbage   *il cavolo, la verza*
caper   *il cappero*
carrot   *la carota*
cauliflower   *il cavolfiore*
celery   *il sedano*
chard   *la bietola*
chick-peas   *i ceci*
chicory   *la cicoria*
corn   *il granturco*
cucumber   *il certriolo*
eggplant   *la melanzana*
endive   *l'indivia*
garlic   *l'aglio*
leeks   *i porri*
lentils   *le lenticchie*
lettuce   *la lattuga*
lima beans   *i fagioli di Lima*
mushrooms   *i funghi*
onion   *la cipolla*
parsnip   *la pastinaca*
peas   *i piselli*
peppers   *i peperoni*
potato   *la patata*
pumpkin   *la zucca*
radish   *il ravanello*
spinach   *gli spinaci*
squash   *la zucca*
sweet potato   *la batata, la patata americana*
tomato   *il pomodoro*
turnip   *la rapa*
watercress   *il crescione d'acqua*
zucchini   *le zucchine*

Fruits   *La frutta*

apple   *la mela*
apricot   *l'albicocca*
avocado   *l'avocado*
banana   *la banana*
blackberry   *la mora*
cherry   *la ciliegia*
coconut   *il cocco*
currant   *l'uva sultanina*
date   *il dattero*
fig   *il fico*
grape   *l'uva*
grapefruit   *il pompelmo*
guava   *la guaiava*
lemon   *il limone*
lime   *la limetta*
melon   *il melone*
orange   *l'arancia*
papaya   *la papaia*
peach   *la pesca*
pear   *la pera*
pineapple   *l'ananas*
plum   *la susina*
pomegranate   *la melagrana*
prune   *la prugna*
raisins   *l'uva secca, l'uva passa*
raspberry   *il lampone*
strawberry   *la fragola*
watermelon   *il cocomero, l'anguria*

Meats   *Le carni*

bacon   *la pancetta*
beef   *la carne di manzo*
brains   *il cervello*
cold cuts   *l'affettato*
ham   *il prosciutto*
heart   *il cuore*
kidneys   *i rognoni*
lamb   *l'agnello*
liver   *il fegato*
meatballs   *le polpette*
pork   *la carne di maiale*
sausage   *la salsiccia*
suckling pig   *il maiale di latte*
tongue   *la lingua*
tripe   *la trippa*
veal   *la carne di vitello*

Fish and shellfish   *Pesce e frutti di mare*

anchovies   *le acciughe*
clams   *le vongole*

cod   *il merluzzo*
crab   *il granchio*
eel   *l'anguilla*
hake   *il merluzzo*
herring   *l'aringa*
lobster   *l'aragosta*
mackerel   *lo scombro*
mussel   *la cozza*
octopus   *il polpo*
oyster   *l'ostrica*
perch   *il pesce persico*
salmon   *il salmone*
sardine   *la sardina*
sea bass   *la spigola*
shrimp   *il gamberetto, il gambero*
snail   *la lumaca*
sole   *la sogliola*
squid   *il calamaro*
swordfish   *il pesce spada*
trout   *la trota*
tuna   *il tonno*
whiting   *il nasello, il merlango*

Fowl and game   *Pollame e selvaggina*

capon   *il cappone*
chicken   *il pollo*
duck   *l'anatra*
goose   *l'oca*
partridge   *la pernice*
pheasant   *il fagiano*
pigeon   *il piccione*
quail   *la quaglia*
turkey   *il tacchino*

Condiments, sauces   *Condimenti, salse e*
and spices   *spezie*

anise   *l'anice*
basil   *il basilico*
bay leaf   *la foglia di alloro*
capers   *i capperi*
cinnamon   *la cannella*
coriander   *il coriandolo*
dill   *l'aneto*
garlic   *l'aglio*
ginger   *lo zenzero*
ketchup   *la salsa piccante di pomodoro,*
    ketchup
marjoram   *la maggiorana*
mayonnaise   *la maionese*
mint   *la menta*
mustard   *la senape, la mostarda*

nutmeg   *la noce moscata*
oregano   *l'origano*
paprika   *la paprica*
parsley   *il prezzemolo*
pepper   *il pepe*
rosemary   *il rosmarino*
saffron   *lo zafferano*
salt   *il sale*
sesame   *il sesamo*
tarragon   *l'estragone*
thyme   *il timo*
vanilla   *la vaniglia*

Eggs   *Le uova*

egg white   *la chiara d'uovo*
egg yolk   *il tuorlo, il rosso d'uovo*
fried eggs   *le uova al tegame*
hard-boiled eggs   *le uova sode*
poached eggs   *le uova affogate, le uova*
    in camicia
scrambled eggs   *le uova strapazzate*
soft-boiled eggs   *le uova alla coque*

Sweets   *I dolciumi, i dolci*

cake   *la focaccia, la torta*
candy   *la caramella, il confetto*
caramel custard   *il budino di crema*
    caramellata
cookie   *il biscotto*
custard   *la crema*
doughnut   *la frittella, la ciambellina*
honey   *il miele*
ice cream   *il gelato*
jam   *la marmellata*
jello   *la gelatina*
sponge cake   *il pan di Spagna*
syrup   *lo sciroppo*

Beverages   *Le bibite*

aperitif   *l'aperitivo*
beer   *la birra*
carbonated   *gassata*
cider   *il sidro*
coffee   *il caffè*
black coffee   *il caffè nero*
coffee with milk   *il caffè e latte*
espresso   *il caffè espresso*
espresso with cream   *cappuccino*
juice   *il succo*
lemonade   *la limonata*
milk   *il latte*

milk shake   *il frappé, il frullato*
mineral water   *l'acqua minerale*
soda   *la bibita*
tea   *il tè*
iced tea   *il tè freddo*
wine   *il vino*
red wine   *il vino rosso*
white wine   *il vino bianco*

Miscellaneous   *Miscellaneo*

baking powder   *lievito (artificiale) in
                                    polvere*
baking soda   *bicarbonato (di sodio)*
biscuit   *il panino soffice*
bread   *il pane*
butter   *il burro*
cheese   *il formaggio*

cornstarch   *l'amido di granturco*
cream   *la crema, la panna*
gravy   *la salsa*
juice   *il succo*
lard   *lo strutto*
noodles   *le tagliatelle*
nuts   *le noci (s. la noce)*
oil   *l'olio*
olive (fruit)   *l'oliva*
olive oil   *l'olio d'oliva*
peanut   *la nocciolina americana*
rice   *il riso*
roll   *il panino*
sandwich   *il panino imbottito, il
                              tramezzino*
spaghetti   *gli spaghetti*
sugar   *lo zucchero*
vinegar   *l'aceto*

SOME ITALIAN SPECIALTIES

minestrone	vegetable soup
stracciatella	chicken broth with flakes of egg and cheese
zuppa di fagioli con pasta	bean soup with pasta
cannelloni	pasta tubes filled with meat and baked in tomato and cream sauce.
fettucine Alfredo	egg noodles with butter, cream, egg and Parmigiano cheese
gnocchi	dumplings made of wheat or potato flour
lasagne	giant noodles baked with tomato sauce, ricotta and mozzarella cheese
manicotti	large pasta tubes filled with ricotta and other ingredients and baked with sauce
ravioli	squares of pasta stuffed with chopped meat or spinach and ricotta, boiled and served with sauce
risotto alla milanese	braised rice with saffron
spaghetti alla carbonara	spaghetti with egg and bacon sauce
spaghetti con le vongole	spaghetti with clam sauce
tortellini	pasta rings stuffed with chicken, prosciutto, sausage or cheese; served in soup or with sauce
bistecca alla fiorentina	broiled marinated steak
bistecca alla pizzaiola	pan-broiled steak with tomatoes and garlic
osso buco	braised veal shanks
scaloppine al Marsala	thin slices of veal sautéed with Marsala sauce
saltimbocca alla romana	a Roman dish made with veal and prosciutto (literally, *saltimbocca* means "jump into the mouth")
aragosta fra diavolo	lobster braised with wine and tomatoes
scampi alla griglia	broiled shrimp with garlic butter
cassata alla siciliana	cake filled with ricotta, candied fruit and chocolate morsels and covered with chocolate frosting
granite	flavored ices
panettone	coffee cake
zabaione	custard with Marsala wine

Key words: English—Italian
Parole importanti: Inglese—Italiano

Chapter 1: At the airport

abroad   *all'estero*
airline   *la compagnia aerea, la compagnia di aviazione, la linea aerea*
airport   *l'aeroporto*
aisle   *il corridoio*
arrival   *l'arrivo*
arriving from   *proveniente da*
available (seat)   *disponibile*
baggage claim check   *lo scontrino*
boarding   *l'imbarco*
boarding card   *la carta d'imbarco*
boarding pass   *la carta d'imbarco*
boarding gate   *l'uscita d'imbarco*
bound for   *con destinazione*
briefcase   *la valigetta*
carry-on luggage   *il bagaglio a mano*
to change planes   *cambiare aereo*
to check   *controllare*
to claim (luggage)   *ritirare*
clerk   *l'impiegato(a)*
compartment   *lo scompartimento*
computer   *il computer*
counter   *il banco*
departure   *la partenza*
embarcation   *l'imbarco*
employee   *l'impiegato(a)*
to endorse   *intestare*
fare   *la tariffa*
to fit   *entrare*
flight   *il volo*
full   *al completo, pieno(a)*
hand luggage   *il bagaglio a mano*
to inform   *informare*
international   *internazionale*
label   *la targhetta*
line   *la fila*
to be located   *stare*
luggage   *il bagaglio*
to make a stop (airplane)   *fare scalo*
to miss   *perdere*
national   *nazionale*
nonstop (flight)   *senza scalo*
no-smoking section   *la sezione non fumatori*

passport   *il passaporto*
passenger   *il (la) passeggero(a)*
price   *il prezzo*
row   *la fila*
seat   *il posto, il sedile*
small suitcase   *la valigetta*
smoking section   *la sezione fumatori*
station   *la stazione d'imbarco*
to stay   *stare*
suitcase   *la valigia*
tag (for identification)   *la targhetta*
taxi   *il tassì, il taxi*
terminal   *la stazione d'imbarco*
ticket   *il biglietto*
ticket envelope   *la busta del biglietto*
visa   *il visto*
to issue a visa   *vistare, dare il visto*

Chapter 2: On the airplane

air pressure   *la pressione dell'aria*
airsickness   *il male d'aria*
airsickness bag   *il sacchetto per il male d'aria*
aisle   *il corridoio*
altitude   *l'altitudine*
approximate   *approssimativo(a)*
in back, in the back   *didietro*
bag   *il sacchetto*
blanket   *la coperta*
to bounce   *sobbalzare*
breakfast   *la prima colazione*
cabin   *la cabina*
captain   *il capitano*
carry-on luggage   *il bagaglio a mano*
in case of   *in caso di*
channel   *il canale*
cockpit   *la cabina di pilotaggio*
to cost   *costare*
crew   *l'equipaggio*
economy class   *la classe economica*
emergency   *l'emergenza*
emergency exit   *l'uscita d'emergenza*
to fasten   *agganciare*
film   *il film, la pellicola*
first class   *la prima classe*

164

to fit   *entrare*
flight   *il volo*
flight attendant   *l'assistente di volo*
flight path   *la rotta di volo*
flight plan   *la rotta di volo*
flight time   *il tempo di volo*
to fly   *volare*
forward   *anteriore*
forward cabin (plane)   *la cabina anteriore*
in front   *davanti*
to get on   *salire in (su)*
to go around   *andare in giro*
hand luggage   *il bagaglio a mano*
headset   *la cuffia stereofonica*
an (per) hour   *all'ora*
illuminated   *acceso*
to jolt   *sobbalzare*
to keep   *mantenere*
to land   *atterrare*
landing   *l'atterraggio*
life preserver   *la cintura di salvataggio*
life vest   *il giubbotto di salvataggio*
to listen to   *ascoltare*
lit   *acceso*
to be located   *stare*
main   *principale*
meal   *il pasto*
movie   *il film, la pellicola*
nap   *il pisolino, il sonnellino*
(no-) smoking section   *la sezione di (non) fumare*
no-smoking sign (light)   *il segnale «vietato fumare»*
opportunity   *l'opportunità*
overhead compartment   *il compartimento in alto*
oxygen mask   *la maschera d'ossigeno*
pillow   *il guanciale*
pilot   *il (ia) pilota*
rear cabin   *la cabina posteriore*
regulation   *la norma*
to remain   *restare, rimanere*
route of flight   *la rotta di volo*
rule   *la norma*
safety   *la sicurezza*
safety (seat) belt   *la cintura di sicurezza*
seat back   *lo schienale del sedile*
seated   *seduto(a)*
speed   *la velocità*
station   *la stazione*
to stay   *stare, restare*

stereophonic music   *la musica stereofonica*
to take back, to claim   *ritirare*
takeoff   *il decollo*
to take off   *decollare*
that   *ciò*
this   *ciò*
toilet   *il water, il gabinetto*
tourist class   *la classe turistica*
under   *sotto*
unexpected turbulence   *la turbolenza inaspettata*
to welcome aboard   *dare il benvenuto a bordo*
wing   *l'ala*

Chapter 3: Passport control and customs

arrow   *la freccia*
business   *gli affari*
on business   *per affari*
cigarette   *la sigaretta*
customs   *la dogana*
customs agent   *il doganiere*
customs declaration   *la dichiarazione di dogana*
to declare   *dichiarare*
duty   *la dogana*
fruit   *la frutta*
how long?   *quanto tempo?*
how much time?   *quanto tempo?*
lodged   *alloggiato(a)*
to open   *aprire*
passing through   *di passaggio*
passport   *il passaporto*
passport control   *il controllo del passaporto*
personal effects   *gli effetti personali*
pleasure trip   *un viaggio di piacere*
to remain, to stay   *trattenersi*
staying   *alloggiato(a)*
tobacco   *il tabacco*
tourist card   *la carta di turista*
vegetable   *il vegetale*
visa   *il visto*
whiskey   *il whisky*

Chapter 4: At the train station

to board   *salire*
to buy a ticket   *fare il biglietto*
car (of a train)   *il vagone, la vettura*

to carry   *portare*
to change trains   *cambiare treno*
to check   *controllare*
to check (luggage)   *depositare*
compartment   *il compartimento*
conductor   *il controllore*
delay   *il ritardo*
departure   *la partenza*
destination   *la destinazione*
dining car   *il vagone ristorante*
express train   *il rapido*
to get on   *salire*
to hand over   *consegnare*
late   *in ritardo*
to leave   *partire*
local train   *il treno locale*
luggage   *il bagaglio*
luggage checkroom   *il bagagliaio, il
                    deposito bagagli*
one-way   *di andata*
platform   *il binario*
porter   *il facchino*
reserved   *prenotato(a), riservato(a)*
round trip   *di andata e ritorno*
schedule   *l'orario*
seat   *il posto*
seated   *seduto(a)*
since   *dato che*
sleeping car   *il vagone letto*
suitcase   *la valigia*
to take back   *ritirare*
there   *lì*
ticket   *il biglietto*
ticket window   *lo sportello*
on time   *in orario*
timetable   *l'orario*
track   *il binario*
train   *il treno*
train station   *la stazione ferroviaria*
traveler   *il viaggiatore (la viaggiatrice)*
waiting room   *la sala d'aspetto*

Chapter 5: The automobile

accelerator   *l'acceleratore*
almost   *quasi*
at once   *immediatamente, subito*
auto   *l'auto*
automatic transmission   *la trasmissione
                    automatica*
automobile   *l'automobile*
back   *posteriore*

battery   *la batteria*
because   *poiché*
to blow the horn   *sonare il clacson*
to brake   *frenare*
brake fluid   *l'olio dei freni*
breakdown   *un guasto, una panne*
bumper   *il paraurti*
car   *l'auto, l'automobile, la macchina*
car-repair garage   *l'autofficina*
car repairs   *l'autoriparazione*
to change   *cambiare*
to charge   *fare pagare*
to check   *controllare*
choke   *il pomello*
clutch pedal   *il pedale della frizione*
contract   *il contratto*
to contract   *contrarre*
to cost   *costare*
couple   *un paio*
credit card   *la carta di credito*
dashboard   *il cruscotto*
day by day   *di giorno in giorno*
by the day   *al giorno*
directional signals   *le frecce, le luci di
                    direzione*
dripping   *gocciolando*
driver's license   *la patente
                    automobilistica*
empty   *vuoto(a)*
excuse me   *mi scusi*
fender   *il parafango*
a few   *alcuni, un paio*
to fill   *riempire*
to find   *trovare*
flat tire   *una gomma forata, una gomma
                    a terra*
foot brake   *il freno a pedale*
front   *anteriore*
full-coverage insurance   *l'assicurazione
                    con copertura
                    totale*
gas (gasoline)   *la benzina*
gas pedal   *l'acceleratore*
gas station   *il distributore di benzina*
gas tank   *il serbatoio*
gear   *la velocità*
in first gear   *in prima*
gear shift   *il cambio di velocità*
glove compartment   *il cassetto ripostiglio*
grease job   *la lubrificazione*
hand brake   *il freno a mano*
to happen   *capitare*
headlight   *il fanale*

to heat   *scaldarsi*
high beams   *i fari abbaglianti*
hood (car)   *il cofano*
horn   *il clacson*
hubcap   *la borchia*
ignition   *l'accensione*
ignition key   *la chiave dell'accensione*
immediately   *immediatamente, subito*
indicator lights   *le luci di direzione*
knocking   *battendo in testa*
lead   *il piombo*
leaded (gasoline)   *con piombo*
leaking   *perdendo*
to learn   *imparare*
license plate   *la targa*
low beams   *i fari antiabbaglianti*
lube   *la lubrificazione*
mileage (in kilometers)   *il chilometraggio*
missing a stroke   *perdendo colpi*
naturally   *naturalmente*
neutral   *in folle*
odometer (in   *il contachilometri*
  kilometers)
oil   *l'olio*
otherwise   *altrimenti*
to overheat   *surriscaldarsi*
pair   *un paio*
parking lights   *le luci di posizione*
radiator   *il radiatore*
rear   *posteriore*
regulation   *la norma*
to rent   *affittare*
to repair   *riparare*
repairs   *le riparazioni*
repair shop   *l'officina di riparazione*
in reverse   *in retromarcia*
rule   *la norma*
to sign   *firmare*
since   *poiché*
some   *alcuni*
so much   *un tanto*
to sound the horn   *sonare il clacson*
spare   *di ricambio*
spare parts   *i pezzi di ricambio*
spark plugs   *le candele*
speed   *la velocità*
speedometer   *il tachimetro*
to stall   *arrestarsi*
to start   *mettere in moto*
starter   *l'accensione, il motorino
            d'avviamento*
steering wheel   *il volante*
to stop   *fermare*

tire   *la gomma, il pneumatico*
to tow   *rimorchiare*
tow truck   *il carro attrezzi*
trunk (car)   *il bagagliaio*
tune-up   *una messa a punto*
unleaded (gasoline)   *senza piombo*
to use   *usare*
vibrating   *vibrando*
week   *la settimana*
by the week   *per settimana*
wheel   *la ruota*
windshield   *il parabrezza*
windshield wiper   *il tergicristallo*

Chapter 6: Asking for directions

also   *anche*
avenue   *il viale*
to be   *trovarsi*
block   *l'isolato*
bus   *l'autobus*
corner   *l'angolo*
exit   *l'uscita*
far   *lontano*
farther   *più oltre*
to find   *trovare*
to find oneself   *trovarsi*
to follow   *seguire, segua (Lei)*
freeway   *l'autostrada normale*
to get off   *scendere*
instead   *invece*
intersection, crossing   *l'incrocio*
lane   *la corsia*
to the left   *a sinistra*
to look for   *cercare*
lost   *perduto(a), perso(a)*
near   *vicino*
once here   *una volta qui*
one-way   *direzione unica, senso unico*
to pay   *pagare*
payment   *il pagamento*
to the right   *a destra*
road   *la strada*
rush hour   *l'ora di punta*
so much   *un tanto*
stop   *la fermata*
to stop   *smettere*
straight   *dritto*
street   *la via, la strada*
to take   *prendere*
toll   *il pedaggio*
tollbooth   *il casello autostradale*

traffic   *il traffico, il transito*
traffic light   *il semaforo*
transit   *il transito, il traffico*
to turn   *girare*
to turn around   *voltarsi, tornare indietro*
turnpike   *l'autostrada a pedaggio*
to use   *usare*
village   *il paese*
to walk   *andare a piedi, camminare*

Chapter 7: Making a telephone call

again   *di nuovo, nuovamente*
alas!   *ahimè!*
answer   *la risposta*
area code   *il prefisso*
briefly   *brevemente*
it is broken   *è guasto(a)*
busy   *occupato(a)*
busy signal   *il segnale di linea occupato*
button   *il bottone*
to call again   *richiamare*
to call on the phone   *chiamare al telefono*
collect call   *la telefonata a carico del destinatario*
to connect   *mettere in comunicazione con*
to cut off (telephone)   *interrompere la linea*
to deposit   *depositare*
dial   *il disco combinatore*
to dial   *fare il numero*
dial tone   *il segnale di linea libera*
directly   *direttamente*
directory   *la guida telefonica*
doesn't work   *non funziona*
don't hang up   *resti in linea, non riattacchi*
extension   *il numero interno*
to hang up   *attaccare, riattaccare*
hold on   *resti in linea, non riattacchi*
it's incredible   *è incredibile*
later   *più tardi*
line   *la linea*
to live   *abitare*
local call   *la telefonata urbana (locale)*
long-distance call   *telefonata interurbana*
to make a call   *fare una chiamata*
to make a phone call   *fare una telefonata*
message   *il messaggio*
only   *solamente*
out of order   *fuori servizio*

person-to-person call   *la telefonata con preavviso*
phone book   *la guida telefonica*
to pick up (receiver)   *staccare*
to push   *spingere*
to put through to   *mettere in comunicazione con*
receiver (on a telephone)   *il ricevitore*
to reside   *abitare*
to ring   *suonare, squillare*
same   *medesimo(a)*
slot   *la fessura per gettone*
suddenly   *all'improvviso*
switchboard   *il centralino*
telephone   *il telefono*
to telephone   *telefonare, chiamare al telefono*
telephone booth   *la cabina telefonica*
telephone call   *la telefonata, la chiamata telefonica*
telephone number   *il numero del telefono*
telephone operator   *il (la) telefonista, il (la) centralinista*
token   *il gettone*
toll call   *la telefonata interurbana*
to try   *provare*
what luck!   *che fortuna!*
who's calling?   *chi parla?*
wrong number   *il numero sbagliato*

Chapter 8: At the hotel

additional charge   *il supplemento*
air conditioning   *l'aria condizionata*
available   *disponibile, libero(a)*
balcony   *il balcone*
bar of soap   *la saponetta*
basin   *il lavabo*
bath   *il bagno*
bathroom   *il bagno*
bath towel   *il lenzuolo da bagno*
beach   *il lido*
bed   *il letto*
bellhop   *il ragazzo d'albergo*
bill   *il conto*
blanket   *la coperta*
breakfast   *la prima colazione*
burned out   *fulminato(a)*
cashier   *il (la) cassiere(a)*
cashier's office   *l'ufficio cassa*
charge   *l'addebito, la spesa*
to clean   *pulire*

clerk at the reception il (la) receptionist
  desk
clogged otturato(a)
clothes gli indumenti, i vestiti
come in! avanti!
to complete completare
conciergerie la portineria
confirmation (reservation) la conferma
credit card la carta di credito
desk clerk l'impiegato(a)
double bed il letto matrimoniale
double room la camera doppia
dresses i vestiti
to dry-clean pulire a secco
electric razor il rasoio elettrico
expense la spesa
faucet il rubinetto
to fill out completare
full al completo, pieno(a)
guest l'ospite
hair dryer l'asciugacapelli
to hang appendere
hanger la gruccia, la stampella
heating il riscaldamento
hot water l'acqua calda
inside l'interno
interior interno(a)
to iron stirare
laundry service il servizio guardaroba
light la luce
light bulb la lampadina
light switch l'interruttore
maid la cameriera
necessary necessario(a)
to be in need aver bisogno
outlet la presa
phone call la telefonata
pillow il guanciale
private bath il bagno privato
ready pronto(a)
receptionist il (la) receptionist
registration counter il banco
  registrazione
registration form il modulo di
  registrazione
to remain trattenersi
reservation la prenotazione
room la camera, la stanza
room and board il vitto e alloggio
room service il servizio di camera
room with two beds la camera a due letti
sea il mare
service il servizio

shore il lido
shower la doccia
to sign firmare
single room la camera a un letto, la
  camera singola
soap il sapone
to stay trattenersi
street la strada
suits i vestiti
swimming pool la piscina
taxes le tasse
television set il televisore
to tidy up rimettere in ordine
toilet il water, il gabinetto
toilet paper la carta igienica
total il totale
towel l'asciugamano
to vacate lasciar libero(a)
voltage il voltaggio
to wash lavare
by when? per quando?

Chapter 9: At the bank

account il conto
all at once (money) in contanti
balance il saldo
bank la banca
bankbook il libretto
bill la banconota, il biglietto, il conto
bills of high denominations i biglietti di
  (big bills) grosso
  taglio
bills of low i biglietti di piccolo taglio
  denominations
cash il denaro liquido, il denaro in
  contanti
in cash in contanti
to cash cambiare
to cash a check cambiare un assegno
cashier il (la) cassiere(a)
cashier's counter la cassa
cashier's window la cassa
change il cambio
charge la commissione
to charge far pagare
checkbook il libretto degli assegni
checking account il conto corrente
coin la moneta
coins il cambio, gli spiccioli
commission la commissione
deposit il versamento, il deposito

to deposit (money or   *depositare*
  funds into an ccount)
down payment   *la caparra, l'anticipo*
due date   *la data di scadenza*
to endorse   *firmare a tergo*
to exchange   *cambiare*
exchange bureau   *l'ufficio di cambio*
to get   *prendere*
to give   *dare*
inscription   *l'iscrizione*
in installments   *a rate*
interest   *l'interesse*
interest rate   *il tasso d'interesse*
less   *meno*
loan   *il prestito*
to make a deposit   *fare un versamento,*
                           fare un deposito
money   *il biglietto, la banconota, il*
               denaro
monthly payments   *i pagamenti mensili*
mortgage   *l'ipoteca*
to obtain   *ottenere*
to open   *aprire*
passbook   *il libretto*
to pay   *pagare*
to pay cash   *pagare in contanti*
to pay in installments   *pagare a rate*
to pay in one lump sum   *pagare in*
                        contanti
percent   *per cento*
rate of exchange   *il cambio*
to save   *risparmiare*
savings account   *il libretto di risparmio*
sign   *l'iscrizione*
small change   *gli spiccioli*
to take out   *ritirare*
teller   *il cassiere, la cassiera*
teller's window   *lo sportello*
traveler's checks   *gli assegni turistici*
to be well-informed   *essere al corrente*
to withdraw   *ritirare*

Chapter 10: At the post office

address   *l'indirizzo*
airmail   *la via aerea, la posta aerea*
by airmail   *per via aerea*
to arrive   *arrivare*
by boat   *via mare*
certified (registered)   *la raccomandata*
  mail
customs declaration   *la dichiarazione per*
                    la dogana

to deliver (mail)   *distribuire*
delivery (of mail)   *la distribuzione*
to drop   *imbucare*
to fill out   *completare*
fragile   *fragile*
to insure   *assicurare*
letter   *la lettera*
letter carrier   *il portalettere, il postino*
mail   *la posta, la corrispondenza*
to mail   *imbucare*
mailbox   *la cassetta postale*
money order   *il vaglia postale*
morning   *la mattina*
in the morning   *di mattina*
package   *il pacco*
parcel   *il pacco*
picture postcard   *la cartolina illustrata*
by plane   *in aereo*
postage   *l'affrancatura*
postal code   *il codice d'avviamento*
                  postale
post office   *l'ufficio postale*
post office box   *la casella postale*
receiver   *il (la) destinatario(a)*
regular mail   *la posta normale*
scale   *la bilancia, la pesa*
to send   *inviare, mandare, spedire*
sender   *il (la) mittente*
stamped postcard   *la cartolina postale*
stamps   *i francobolli*
to take (in the sense of time)   *impiegare*
to weigh   *pesare*
window   *lo sportello*

Chapter 11: At the hairdresser

in the back   *didietro*
barber   *il barbiere*
barber shop   *la barbieria*
beard   *la barba*
comb out   *la pettinata*
to cut   *tagliare*
fingernail   *l'unghia*
haircut   *il taglio dei capelli*
hairdresser   *il (la) parrucchiere(a)*
hair oil   *la brillantina*
hair spray   *la lacca, lo spray*
manicure   *il manicure*
mustache   *i baffi*
nail polish   *lo smalto per le unghie*
on the neck   *sul collo*
pedicure   *il pedicure*
permanent (wave)   *la permanente*

razor   *il rasoio*
scissors   *le forbici*
set   *la messa in piega*
shampoo   *la lavatura dei capelli, lo sciampo*
to shave   *fare la barba*
too short   *troppo corti*
to shorten   *accorciare*
sideburns   *le basette*
on the sides   *ai lati*
tint   *la tintura*
on top   *sopra*
trim   *una spuntata, una spuntatina*

Chapter 12: At the clothing store

bathing suit   *il costume da bagno*
belt   *la cinta, la cintura*
black   *nero(a)*
blend (of fibers)   *misto(a)*
blouse   *la camicetta*
blue jeans   *i blue jeans*
boots   *gli stivaletti, gli stivali*
brassiere   *il reggipetto, il reggiseno*
brown   *marrone*
button   *il bottone*
checked (in design)   *a quadri*
coat   *il cappotto*
corduroy   *il velluto a coste*
corset   *il busto*
cotton   *il cotone*
to crease   *sgualcirsi*
to crumple   *sgualcirsi*
cuff links   *i gemelli*
cuffs   *i polsini*
denim   *il cotone ritorto*
dress   *il vestito*
dressing gown   *la vestaglia*
to enter   *entrare*
fabric   *la stoffa, il tessuto*
finger   *il dito* (pl. *le dita*)
to fit   *entrare*
flannel   *la flanella*
fly   *la patta* (of pants)
foundation garment   *il busto*
gabardine   *il gabardine*
girdle   *il busto*
gloves   *i guanti*
to go well with   *andare bene insieme con*
half-slip   *la sottana*
handkerchief   *il fazzoletto*
hat   *il cappello*

heel   *il tacco*
high   *alto(a)*
to hurt   *fare male*
jacket   *la giacca*
lace   *il merletto, il pizzo*
leather   *il cuoio, la pelle*
leather sole   *la suola di cuoio*
light blue   *celeste*
long   *lungo(a)*
to match   *andare bene insieme con*
narrow   *stretto(a)*
necktie   *la cravatta*
I need   *mi occorre*
to need   *occorrere* (impersonal)
nylon   *il nailon, il nylon*
overcoat   *il soprabito*
pair   *un paio*
panties   *le mutandine*
pants   *i pantaloni, i calzoni*
pantsuit   *il completo pantalone*
panty hose   *un collant*
pocketbook   *la borsa*
with polka dots   *a pallini*
raincoat   *l'impermeabile*
rubber   *la gomma*
rubber sole   *la suola di gomma*
sales clerk   *il (la) commesso(a)*
salesperson (in a shop)   *il (la) commesso(a)*
sandal   *il sandalo*
scarf   *la sciarpa*
shirt   *la camicia*
shoe   *la scarpa*
shoelaces   *i lacci*
shoe polish   *il lucido per le scarpe*
short   *corto(a)*
silk   *la seta*
size   *la taglia*
skirt   *la gonna*
sky blue   *celeste*
slacks   *i pantaloni*
sleeve   *la manica*
slip   *il sottabito, la sottoveste*
slippers   *le pantofole*
sneakers   *le scarpe da tennis*
socks   *i calzini*
stockings   *le calze*
striped   *rigato(a), a righe*
suede   *la pelle scamosciata*
suit   *l'abito completo (da uomo o da donna), il vestito*
sweater   *la maglia, il maglione*
synthetic   *sintetico(a)*

to take measurements   *prendere le misure*
tall   *alto(a)*
tennis shoes   *le scarpe da tennis*
tight   *stretto(a)*
toe   *il dito (del piede)*
trousers   *i calzoni, i pantaloni*
underpants   *le mutandine*
undershirt   *la maglietta*
underwear   *la biancheria intima*
wide   *largo(a)*
without   *senza*
wool   *la lana*
worsted wool   *la lana pettinata*
to wrinkle   *sgualcirsi*
wrinkle-resistant   *resistente alle grinze,*
                    ingualcibile
zipper   *la chiusura lampo*

Chapter 13: At the dry cleaner

also   *anche*
certainly   *certamente*
clothes   *gli indumenti, i panni*
clothing   *gli indumenti, i panni*
to darn   *rammendare*
dirty   *sporco(a)*
to dry-clean   *lavare a secco*
dry cleaner's shop   *la lavanderia, la*
                    tintoria
dry cleaning   *il lavaggio a secco*
to get out   *togliere*
hole   *il buco*
to iron   *stirare*
lining   *la fodera*
to mend   *rammendare*
to need   *occorrere*
to promise   *promettere*
ready   *pronto(a)*
to be ready   *essere pronto(a)*
to remove   *togliere*
to sew again   *ricucire*
to sew   *cucire*
to sew on the button   *attaccare il bottone*
to shrink   *restringere*
to spill   *rovesciare*
spot   *la macchia*
stain   *la macchia*
starch   *l'amido*
tailor   *il (la) sarto(a)*
there is   *c'è* (pl. *ci sono*)
today   *oggi*
tomorrow   *domani*

to try   *provare*
unstitched   *scucito(a)*
to wash   *lavare*

Chapter 14: At the restaurant

to answer   *rispondere*
aperitif   *l'aperitivo*
appetizer   *l'antipasto*
appetizing   *particolarmente invitante*
baked   *al forno*
bill   *il conto*
blood   *il sangue*
boiled   *lesso(a)*
bones (of fish only)   *le spine*
breast (of fowl)   *il petto*
broiled   *alla graticola, alla griglia*
check   *il conto*
cheese   *il formaggio*
chicken   *il pollo*
chop   *la cotoletta*
cocktail   *l'aperitivo*
cold   *freddo(a)*
corner   *l'angolo*
in the corner   *d'angolo*
course   *il piatto, la portata*
credit card   *la carta di credito*
cup   *la tazza*
cutlet   *la cotoletta*
deep-fried   *fritto(a) in olio*
dessert   *il dolce*
diced   *tagliato(a) a pezzetti*
dirty   *sporco(a)*
dish   *il piatto, la vivanda*
expensive   *caro(a)*
first course   *il primo piatto*
fish   *il pesce*
fixed menu   *il menu del giorno*
food   *la vivanda*
fork   *la forchetta*
fowl   *il pollame, il pollo*
fruits   *la frutta*
frying pan   *la padella*
glass   *il bicchiere*
grilled   *alla griglia, alla graticola*
headwaiter   *il capocameriere*
hors d'oeuvres   *l'antipasto*
house specialty   *la specialità della casa*
included   *incluso(a)*
inexpensive   *economico(a)*
inside   *dentro*
juice   *il succo, il sugo*

in its juices   *nel suo sugo*
knife   *il coltello*
lamb   *l'agnello*
lamb chop   *la cotoletta d'agnello*
leg   *gamba (of man, animal, table),*
     coscia (of fowl, lamb)
luxurious   *di lusso*
main dish   *secondo piatto*
maître d'   *il capocameriere*
meat   *la carne*
medium rare   *cotta moderatamente*
menu   *la lista delle vivande, il menu*
minced   *tritato(a)*
napkin   *la salvietta, il tovagliolo*
near   *vicino a*
to order   *ordinare*
outdoors   *all'aperto*
outside   *fuori*
pan   *la padella*
pepper   *il pepe*
pepper shaker   *la pepiera*
pig   *il maiale*
place setting   *il coperto*
plate   *il piatto*
pork   *la carne di maiale*
rare (meat)   *al sangue*
too rare   *troppo al sangue*
receipt   *la ricevuta*
red   *rosso(a)*
reservation   *la prenotazione*
restaurant   *il ristorante*
roasted   *arrostito(a)*
salad   *l'insalata*
salt   *il sale*
salt shaker   *la saliera*
salty   *salato(a)*
saucer   *il piattino*
sautéed   *rosolato(a) in padella*
service   *il servizio*
service charge   *il servizio*
place setting   *il coperto*
shellfish   *i frutti di mare*
skillet   *la padella*
smoked   *affumicato(a)*
soup   *la minestra*
soup spoon   *il cucchiaio*
specialty of the day   *il menu del giorno*
steak   *la bistecca*
steamed   *cotto(a) con il vapore*
stewed   *in umido*
sugar   *lo zucchero*
sugar bowl   *la zuccheriera*
to suggest   *consigliare*

supper   *la cena*
table   *il tavolo, la tavola*
tablecloth   *la tovaglia*
teaspoon   *il cucchiaino*
thigh (of a chicken)   *la coscia*
tip   *la mancia*
too tough   *troppo duro(a)*
tray   *il vassoio*
veal cutlet   *la cotoletta di vitello*
vegetables   *le verdure, i vegetali*
waiter   *il cameriere*
waitress   *la cameriera*
water   *l'acqua*
well-done   *ben cotto(a)*
too well-done   *troppo cotto(a)*
what do you suggest?   *cosa ci consiglia?*
white   *bianco(a)*
window   *la finestra*
wine   *il vino*
wine list   *la lista dei vini*

Chapter 15: Shopping for food

aisle   *la corsia*
apple   *la mela*
bacon   *la pancetta*
bag   *il sacchetto*
bakery   *la panetteria*
beef   *la carne di manzo*
bottle   *la bottiglia*
box   *la scatola*
bunch   *un mazzo*
bunch (of grapes)   *il grappolo*
butcher shop   *la macelleria*
cake   *la torta*
calf   *il vitello*
can   *il barattolo, la lattina, la scatoletta*
carrot   *la carota*
cart   *il carrello*
cheese   *il formaggio*
cherry   *la ciliegia (pl. le ciliegie)*
chicken   *il pollo*
color   *il colore*
cookie   *il biscotto*
dairy products   *i latticini*
dairy store   *la latteria*
to derive   *provenire*
dozen   *la dozzina*
egg   *l'uovo (pl. le uova)*
fish market   *la pescheria*
fish store   *la pescheria*
food   *i generi alimentari*

fowl   *il pollame, il pollo*
very fresh   *freschissimo(a)*
frozen   *surgelato(a)*
fruit and vegetable store   *il negozio di frutta e verdure*
give me   *mi dia*
gram   *il grammo*
grapes   *l'uva*
groceries   *i generi alimentari*
grocery store   *la drogheria, il negozio di alimentari*
head (of lettuce)   *un cespo*
homegrown   *nostrano(a)*
how much?   *cosa costa?, quanto costa?*
how much are they?   *quanto costano?*
how much is it?   *quanto costa?*
kilogram   *il chilogrammo*
lettuce   *la lattuga*
lobster   *l'aragosta*
meat   *la carne*
milk   *il latte*
package   *il pacchetto*
pastry   *la pasta*
pastry shop   *la pasticceria*
peas   *i piselli*
pie   *la torta*
piece   *un pezzo*
pig   *il maiale, il suino*
pork   *la carne suina*
pork butcher shop   *la norcineria*
pork chop   *la cotoletta di maiale*
potato chips   *le patatine fritte*
poultry store   *la polleria*
product   *il prodotto*
to push   *spingere*
regional   *nostrano(a)*
roll (bread)   *il panino*
sack   *il sacchetto*
sausage   *la salsiccia*
shopping bag   *la sporta*
shopping basket   *la sporta*
slice   *la fetta*
soap powder   *il sapone in polvere*
sole   *la sogliola*
spinach   *gli spinaci*
string beans   *i fagiolini*
supermarket   *il supermercato*
tomato   *il pomodoro*
tomato sauce   *la salsa di pomodoro*
tuna   *il tonno*
veal   *il vitello, la carne di vitello*
vegetables   *i legumi, le verdure*

washing machine   *la lavatrice*
to wrap   *incartare*

Chapter 16: At home

The kitchen   *La cucina*

baking pan   *la tortiera*
blender   *il frullatore*
to boil   *bollire*
bottle opener   *l'apribottiglia*
to bring to a boil   *portare a ebollizione*
burner (on a stove)   *il fornello*
cabinet (kitchen)   *la credenza, il pensile*
can opener   *l'apriscatola*
to carve   *trinciare*
carving knife   *il trinciante*
casserole   *la casseruola*
to chop   *tritare*
citrus fruit squeezer   *lo spremiagrumi*
cloth   *il panno*
coffeepot   *la caffettiera*
colander   *il colapasta*
to cook   *cucinare, cuocere*
corkscrew   *il cavatappi*
cuisine   *la cucina*
cupboard   *la credenza, il pensile*
cutlery   *le stoviglie*
to dice   *tagliare a cubetti, tagliare a pezzetti*
dish drainer   *lo scolapiatti*
dishes   *le stoviglie*
dish towel   *il panno*
dishwasher   *la lavapiatti, la lavastoviglie*
to drain   *scolare*
dustpan   *la pattumiera*
eggbeater   *il frullino*
electric range   *la cucina elettrica*
faucet   *il rubinetto*
freezer   *il congelatore, il freezer*
to fry   *friggere*
frying pan   *la padella*
garbage   *l'immondizia*
garbage can   *il bidone dell'immondizia, la pattumiera*
gas range   *la cucina a gas*
grater   *la grattugia*
gravy (of meat)   *il sugo*
grill   *la griglia*
handle   *il manico*
kettle   *il bollitore*
kitchen   *la cucina*

kitchen closet   *la credenza, il pensile*
on a low flame   *a fuoco lento*
to melt   *liquefare*
mixer   *il mixer*
oven   *il forno*
pan   *la padella, il tegame*
pantry   *la dispensa*
to pare   *pelare, sbucciare*
paring knife   *il coltello da (per) sbucciare,*
     il coltello da frutta
to peel   *pelare, sbucciare*
plug   *il tappo* (sink)
pot (type of)   *la casseruola*
potato peeler   *il pelapatate*
pressure cooker   *la pentola a pressione*
range   *la cucina*
refrigerator   *il frigorifero*
to roast   *arrostire*
sauce   *la salsa*
sautée   *rosolare*
sink   *l'acquaio, il lavello* (kitchen)
skillet   *la padella*
small sponge   *la spugnetta*
stove   *la cucina*
to strain   *colare*
strainer   *il colino, il passino*
to throw away   *buttare via*
to wash   *lavare*
washing machine   *la lavatrice*

The bathroom   *Il bagno*

bar of soap   *la saponetta*
basin (portable)   *il catino*
to bathe   *fare il bagno*
bath mat   *lo scendibagno, la stuoia da*
     bagno
bathrobe   *l'accappatoio*
bathroom   *il bagno*
bath towel   *il lenzuolo da bagno*
bathtub   *la vasca da bagno*
to clog   *otturare*
to comb one's hair   *pettinarsi*
to drip   *gocciare*
to dry oneself   *asciugarsi*
face cloth   *il panno di spugna*
floor   *il pavimento*
to leak   *gocciare*
makeup   *il maquillage, il trucco*
medicine cabinet   *l'armadietto*
     farmaceutico
mirror   *lo specchio*

to plug   *otturare*
to put on   *mettersi*
razor   *il rasoio*
to shave oneself   *radersi*
shaving soap   *il sapone da barba*
shower   *la doccia*
shower cap   *la cuffia per la doccia*
sink   *il lavandino* (bathroom)
soap   *il sapone*
soap dish   *il portasapone*
sponge   *la spugna*
to take a bath   *fare il bagno*
to take a shower   *fare la doccia*
tile   *la mattonella*
small tile   *il mosaico*
toilet   *il water*
toilet paper   *la carta igienica*
toothbrush   *lo spazzolino*
toothpaste   *il dentifricio*
towel   *l'asciugamano*
towel rack   *il portasciugamano*
to wash oneself   *lavarsi*
to wash one's hair   *lavarsi i capelli*

The dining room   *La sala da pranzo*

buffet   *il buffet, la credenza*
butter   *il burro*
butter dish   *il portaburro*
candelabra   *il candelabro*
to clear the table   *sparecchiare la tavola*
cup   *la tazza*
dessert   *il dolce*
dining room   *la sala da pranzo*
dish   *il piatto*
fork   *la forchetta*
to get up from the table   *alzarsi da tavola*
glass   *il bicchiere*
gravy boat   *la salsiera*
guests   *gli invitati*
knife   *il coltello*
napkin   *la salvietta, il tovagliolo*
pepper   *il pepe*
pepper shaker   *la pepiera*
to place   *mettere*
plate   *il piatto*
plate warmer   *lo scaldavivande*
to put   *mettere*
salad bowl   *l'insalatiera*
salt   *il sale*
salt shaker   *la saliera*
saucer   *il piattino*

to serve   *servire*
serving platter   *il piatto da portata*
to set the table   *apparecchiare la tavola*
sideboard   *il buffet, la credenza*
soup   *la minestra*
soup spoon   *il cucchiaio*
soup tureen   *la zuppiera*
stem glass   *il bicchiere a calice*
sugar   *lo zucchero*
sugar bowl   *la zuccheriera*
tablecloth   *la tovaglia*
tablespoon   *il cucchiaio*
teaspoon   *il cucchiaino*
tray   *il vassoio*

The living room   *Il salotto*

armchair   *la poltrona*
bookcase   *la libreria, lo scaffale*
carpet   *il tappeto*
chair   *la sedia*
to chat   *conversare, parlare*
couch   *il sofà, il divano*
drape   *la tenda*
fireplace   *il caminetto*
floor lamp   *la lampada a stelo*
frame   *la cornice*
guest   *l'ospite*
lamp   *la lampada*
light bulb   *la lampadina*
to listen to   *ascoltare*
living room   *il salotto*
magazine   *la rivista*
newspaper   *il giornale*
painting   *il quadro*
picture   *il quadro*
radio   *la radio*
record   *il disco*
record player   *il giradischi*
rug   *il tappeto*
sofa   *il divano, il sofà*
to speak   *parlare*
table   *il tavolino, la tavola, il tavolo*
tape   *il nastro (magnetico)*
television   *la televisione*
television set   *il televisore*
venetian blinds   *le veneziane*
wall-to-wall carpeting   *la moquette*
to watch   *guardare*

The bedroom   *La camera da letto*

alarm clock   *la sveglia*
bed   *il letto*

bedroom   *la stanza (la camera) da letto*
bedspread   *il copriletto*
blanket   *la coperta*
bureau   *il cassettone*
chest of drawers   *il cassettone*
closet   *l'armadio*
drawer   *il cassetto*
to fall asleep   *addormentarsi*
to get up   *alzarsi*
to go to bed   *andare a letto, coricarsi*
to go to sleep   *prendere sonno*
hanger   *la stampella, la gruccia*
to make the bed   *fare il letto*
mattress   *il materasso*
night table   *il comodino*
pillow   *il guanciale*
pillowcase   *la federa*
to set the alarm clock   *regolare la sveglia*
sheet   *il lenzuolo* (pl. *le lenzuola*)
to sleep   *dormire*

Housework   *I lavori domestici*

broom   *la scopa*
to clean   *pulire*
cloth   *il panno*
clothes   *i panni*
dirty   *sporco(a)*
dirty clothes   *i panni sporchi*
to do the laundry   *fare il bucato*
to dust   *spolverare*
dustcloth   *lo straccio per la polvere, lo strofinaccio*
dustpan   *la pattumiera*
to empty   *vuotare*
feather duster   *il piumino*
first of all   *prima di tutto*
floor   *il pavimento*
garbage   *l'immondizia*
garbage can   *la pattumiera, il bidone dell'immondizia*
housework   *le faccende domestiche, i lavori domestici*
iron   *il ferro (da stiro)*
to iron   *stirare*
ironing   *lo stiro*
ironing board   *l'asse da stiro*
laundry   *il bucato*
mop   *la scopa di cotone*
to polish   *lucidare*
rag   *lo straccio*
to scrub   *pulire*

to scrub the floor   *pulire il pavimento*
to shine   *lucidare*
sponge   *la spugna*
to sweep (the floor)   *spazzare (il pavimento)*
to sweep (with a broom)   *scopare*
vacuum cleaner   *l'aspirapolvere*
to vacuum-clean   *usare l'aspirapolvere*
to wash   *lavare*
washing machine   *la lavatrice*

Some minor problems   *Alcuni problemi*

burned out   *fulminato(a)*
clogged   *otturato(a)*
drain   *lo scarico*
to drain   *scolare*
to drip   *gocciare*
electrician   *l'elettricista*
electric outlet   *la presa*
electric plug   *la spina*
electric socket   *la presa*
fuse   *la valvola*
fuse box   *la scatola delle valvole*
to leak   *gocciare*
light   *la luce*
light bulb   *la lampadina*
light switch   *l'interruttore*
pipes   *la tubatura*
plug   *il tappo*
to plug in   *attaccare*
plumber   *l'idraulico*
plumbing   *la tubatura*
socket   *la presa*
stopper   *il tappo*
to turn on the light   *accendere la luce*
to turn out (off) the light   *spegnere la luce*

Chapter 17: At the doctor's office

ache   *il dolore*
allergic   *allergico(a)*
allergy   *l'allergia*
also   *pure, anche*
alternatively   *alternativamente*
analysis   *l'analisi*
ankle   *la caviglia*
antibiotic   *l'antibiotico*
appendix   *l'appendice*
arm   *il braccio (pl. le braccia)*
arthritis   *l'artrite*
asthma   *l'asma*

back   *il dorso, la schiena*
bandage   *la benda, la fascia*
to bandage   *bendare, fasciare*
to bear   *tollerare*
better   *meglio*
blood   *il sangue*
blood pressure   *la pressione del sangue*
blood type   *il tipo di sangue, il gruppo sanguigno*
bone   *l'osso (pl. le ossa)*
bowels   *gli intestini*
to break   *rompere*
to breathe   *respirare*
cancer   *il cancro*
cast   *l'ingessatura*
cheek   *la gota, la guancia*
chest   *il petto*
chicken pox   *la varicella*
chill   *il brivido*
cold   *il raffreddore*
to have a cold   *essere raffreddato(a)*
compound fracture   *la frattura composta*
congestion   *il catarro*
constipated   *costipato(a), stitico(a)*
cough   *la tosse*
to cough   *tossire*
crutch   *la stampella*
to cut   *tagliare*
deeply   *profondamente*
diabetes   *il diabete*
diarrhea   *la diarrea*
disease   *la malattia*
dizziness   *le vertigini*
doctor   *il medico, il dottore (la dottoressa)*
to dress a wound   *fasciare una ferita, bendare*
each day   *al giorno*
ear   *l'orecchio*
elbow   *il gomito*
electrocardiogram   *l'elettrocardiogramma*
epilepsy   *l'epilessia*
to examine   *esaminare*
feces   *le feci (pl. only)*
to feel the pulse   *sentire il polso*
fever   *la febbre*
finger   *il dito (pl. le dita)*
flu   *l'influenza*
foot   *il piede*
German measles   *la rosolia*
gland   *la ghiandola*
to go to the doctor's office   *andare dal dottore*

head   la testa
headache   il mal di testa
heart   il cuore
heart attack   l'attacco di cuore
heart disease   la malattia di cuore
hip   il fianco, l'anca
to hurt   fare male
illness   la malattia
inflamed   infiammato(a)
influenza   l'influenza, flu
injection   l'iniezione
intestines   gli intestini
kidney   il rene
knee   il ginocchio (pl. le ginocchia)
leg   la gamba
to listen to   ascoltare
liver   il fegato
lung   il polmone
measels   il morbillo
to measure   misurare
medical history   l'anamnesi
menstruation   la mestruazione
mental illness   la malattia mentale
mouth   la bocca
mumps   gli orecchioni, la parotite
nausea   la nausea
nowadays   oggigiorno
nurse   l'infermiere(a)
to open the mouth   aprire la bocca
operation   l'operazione
to order   ordinare
orthopedic surgeon   il chirurgo ortopedico
pain   il dolore
patient   il (la) paziente
penicillin   la penicillina
phlegm   il catarro
pill   la pillola
to place   mettere
polio   la poliomelite
to prescribe   ordinare, prescrivere
problem   il problema
pulse   il polso
to put   mettere
radiologist   il (la) radiologo(a)
to remove   togliere
to roll up   rimboccare
sample   il campione
to set the bone   ridurre la frattura
shoulder   la spalla
sick   malato(a)
sleeve   la manica
sore throat   il mal di gola
to sprain   slogarsi

to sprain one's ankle   slogarsi una
                              caviglia
stethoscope   lo stetoscopio
stitch   il punto
to stitch   dare i punti
stomach   lo stomaco
to strip to the waist   spogliarsi fino alla
                              cintola
suffered   sofferto
surgeon   il chirurgo
to suture   dare i punti
swollen   ingrossato(a)
symptom   il sintomo
to take   prendere
to take out   togliere
temperature   la temperatura
tetanus   il tetano
throat   la gola
to tolerate   tollerare
tonsils   le tonsille
too   pure, anche
tuberculosis   la tubercolosi
type   il tipo
typhoid fever   il tifo
to undress oneself   spogliarsi
urine   l'orina, l'urina
venereal disease   la malattia venerea
vomit   il vomito
to vomit   vomitare
wound   la ferita
wrist   il polso
x-ray   la lastra, la radiografia
yellow fever   la febbre gialla

Chapter 18: At the hospital

abdomen   l'addome
to accompany   accompagnare
ache   il dolore
ambulance   l'ambulanza
anesthesia   l'anestesia
anesthetist   l'anestesista
appendicitis   l'appendicite
appendix   l'appendice
as soon as   appena
attack   l'attacco
baby   il (la) bambino(a)
bladder   la vescica
blood pressure   la pressione del sangue
bowel   l'intestino
breast   il petto, il seno
cataracts   le cataratte

colon   *il colon*
cyst   *la cisti*
delivery room   *la sala di parto*
to diagnose   *diagnosticare*
doctor   *il medico, il dottore (la
          dottoressa)*
emergency room   *il pronto soccorso*
to examine   *esaminare*
form   *il modulo*
gallbladder   *la vescichetta biliare*
to give birth   *dare alla luce, partorire*
hemorrhoids   *le emorroidi*
hospital   *l'ospedale*
hysterectomy   *l'isterectomia*
injection   *l'iniezione*
insurance   *l'assicurazione*
insurance company   *la società di
          assicurazioni*
intern   *il dottore interno*
intestine   *l'intestino*
intravenous   *endovenoso(a)*
to be in labor   *essere di parto*
labor pains   *le doglie*
to lay oneself down   *sdraiarsi*
nurse   *l'infermiere(a)*
obstetrician   *l'ostetrico(a)*
to operate   *fare un intervento chirurgico,
          operare*
operating room   *la sala operatoria*
operating table   *il tavolo operatorio*
operation   *l'operazione*
ovary   *l'ovaia*
oxygen   *l'ossigeno*
oxygen tent   *la tenda di ossigeno*
pain   *il dolore*
patient   *il (la) paziente*
to perform surgery   *fare un intervento
          chirurgico, operare*
phleboclysis   *la fleboclisi*
policy   *la polizza*
polyp   *il polipo*
pregnant   *gravida, incinta*
prognosis   *la prognosi*
pulse   *il polso*
radiology   *la radiologia*
recovery room   *la sala di risveglio*
to relax   *rilassare*
to remove   *togliere*
sedative   *sedativo(a), il sedativo*
serum   *il siero*
sodium pentothal   *in pentotal di sodio*
stretcher   *la barella, la lettiga*
surgeon   *il chirurgo*

surgery   *l'intervento chirurgico*
tonsils   *le tonsille*
tranquilizer   *il calmante*
ulcer   *l'ulcera*
wheelchair   *la carrozzella, la sedia a
          rotelle*
worried   *preoccupato(a)*
x-ray   *la radiografia*

Chapter 19: At the theater and the movies

to accompany   *accompagnare*
act   *l'atto*
actor   *l'attore*
actress   *l'attrice*
to applaud   *applaudire*
available   *libero(a)*
balcony   *la seconda galleria*
to begin   *incominciare*
box office   *il botteghino*
box seat   *il palco*
cloakroom   *il guardaroba*
comedy   *la commedia*
curtain (of a stage)   *il sipario*
drama   *il dramma*
dubbed   *doppiato(a)*
to enter (come) on stage   *entrare in scena*
film   *il film*
first tier box   *il palco di prim'ordine*
free   *libero(a)*
to go down   *calare*
to go up   *alzare*
how much are they?   *quanto costano?*
intermission   *l'intervallo*
lead actor (actress)   *il (la) protagonista*
mezzanine   *la galleria*
movie   *il film*
movies   *il cinema*
musical   *musicale*
musical revue   *la rivista musicale*
near   *vicino(a)*
operetta   *l'operetta*
orchestra   *la platea*
orchestra seat   *la poltrona in platea*
to play the part   *fare la parte*
production (dramatic)   *il lavoro*
program   *il programma*
row   *la fila*
scene   *la scena*
screen   *lo schermo*
seat   *il posto*
second-tier box   *il palco di second'ordine*

to shoot (a film)   *girare*
show   *lo spettacolo*
sold out   *tutto esaurito*
spectator   *lo spettatore (la spettatrice)*
stage   *il palcoscenico*
stage box   *il palco di proscenio*
to stamp the feet   *battere i piedi sul pavimento*
to start   *incominciare*
theater   *il teatro*
third-tier box   *il palco di terz'ordine*
ticket   *il biglietto*
ticket window   *il botteghino*
tip   *la mancia*
tonight   *questa sera*
too   *troppo*
top balcony   *il loggione*
tragedy   *la tragedia*
usher   *la maschera (f. la mascherina)*
vaudeville   *il varietà*
work   *il lavoro*

Chapter 20: Sports

area   *la zona*
ball   *la palla, il pallone*
basketball   *la pallacanestro*
to block   *parare*
to bring   *portare*
club (golf)   *la mazza*
court   *il campo*
to defend   *difendere*
doubles (tennis)   *un (incontro) doppio*
field   *il campo*
first period   *il primo tempo*
foul   *il fallo*
goal   *la porta*
goalie   *il portiere*
to hit   *colpire*
hole (golf)   *la buca*
to kick   *calciare, dare un calcio*
left end   *l'ala sinistra*
love (tennis)   *zero*
to make a basket   *fare canestro,*
  (basketball)   *fare cesto*
to make a goal   *fare un gol, segnare un gol (una rete)*
match   *la partita*
to miss the shot   *fallire il tiro*
net   *la rete*
opposing   *avversario(a)*
over the net   *sopra la rete*

out of bounds   *fuori campo*
to pass   *passare*
period   *il tempo*
to play   *giocare*
player   *il giocatore (la giocatrice)*
point   *il punto*
to put   *mettere*
racket   *la racchetta*
referee   *l'arbitro*
to return the ball   *rimandare la palla*
score   *il punteggio*
to score a goal   *segnare un gol (una rete)*
to score a point   *fare un punto*
scoreboard   *il tabellone*
to send   *mandare*
to serve the ball   *servire la palla*
set (tennis)   *la partita*
to shoot   *tirare*
singles (tennis)   *un (incontro) singolo*
soccer   *il calcio*
soccer ball   *il pallone*
soccer field   *il campo di calcio, lo stadio*
sport   *lo sport*
stadium   *lo stadio*
stick   *il bastone*
to stop   *parare*
to strike   *colpire*
team   *la squadra*
tennis   *il tennis*
tennis court   *il campo da tennis*
to throw   *tirare*
tied   *pari*
tournament   *il torneo*
whistle   *il fischio, il fischietto*
to whistle   *fischiare*
to win   *vincere*
zero   *lo zero*
zone   *la zona*

Chapter 21: The beach

against   *contro*
air mattress   *il materassino gonfiabile*
to bathe in the sea   *fare i bagni di mare*
bathing hut   *il capanno*
bathing suit   *il costume da bagno*
beach   *la spiaggia*
beach hat   *il cappello da spiaggia*
beach umbrella   *l'ombrellone*
to beat   *sbattere*
bungalow   *la villetta, il villino*
burned   *bruciato(a)*

cabin   *la cabina, il capanno*
calm   *calmo(a), tranquillo(a)*
canvas beach chair   *la sedia a sdraio*
to catch   *prendere*
choppy (sea)   *agitato*
covered   *coperto(a)*
current   *la corrente*
dangerous   *pericoloso(a)*
to do   *fare*
face   *il viso*
to float   *galleggiare, stare a galla*
to float with arms stretched out   *fare il morto*
foam   *la schiuma*
folding chair   *la sedia pieghevole*
to guard   *sorvegliare*
high tide   *l'alta marea*
known   *conosciuto(a)*
launch   *il motoscafo*
lifeguard   *il (la) bagnino(a) per i salvataggi*
lighthouse   *il faro*
low tide   *la bassa marea*
to make   *fare*
motorboat   *il motoscafo*
oil   *l'olio*
piece   *il pezzo*
place   *il luogo*
reef   *lo scoglio*
to rent   *affittare*
to ride the waves   *fare il surfing*
rock   *la roccia, lo scoglio*
rough (sea)   *agitato, grosso, mosso*
sailboat   *la barca a vela*
sand   *la rena, la sabbia*
sandal   *il sandalo*
sea   *il mare*
sea bathing   *il bagni di mare*
to ski   *sciare*
to slam   *sbattere*
to spend the summer   *trascorrere l'estate*
strong   *forte*
summer vacation   *la villeggiatura*
sun   *il sole*
to sunbathe   *prendere il sole*
sunglasses   *gli occhiali da sole*
suntan   *l'abbronzatura, la tintarella*
suntan lotion   *la lozione abbronzante*
to surf   *fare il surfing*
surfboard   *la tavola da surfing*
to swim   *nuotare*
to take   *prendere*
tall   *alto(a)*

tanned   *abbronzato(a)*
too much   *troppo*
undertow   *la controcorrente*
vacation   *la villeggiatura*
to walk along the seashore   *camminare lungo la spiaggia*
to watch   *sorvegliare*
water skis   *gli'idrosci, gli sci d'acqua*
to water ski   *fare lo sci acquatico, fare dell'idrosci*
waterskiing   *lo sci acquatico*
wave   *l'onda*
well-known   *conosciuto(a)*
yesterday   *ieri*

Chapter 22: Camping

air mattress   *il materassino gonfiabile*
bath   *il bagno*
battery   *la pila*
bonfire   *il falò, il fuoco*
boy   *il ragazzo*
burner   *il fornello*
butane   *il gas butano*
to camp   *accampare, fare campeggio*
campground   *il campeggio*
camper   *l'autocaravan, il camper*
camping   *il campeggio*
to go camping   *fare campeggio*
candle   *la candela*
clothing   *gli indumenti*
cord   *la corda, la fune*
drinking water   *l'acqua potabile*
facilities   *i servizi*
fire   *il fuoco*
first-aid kit   *la cassetta farmaceutica d'urgenza*
flashlight   *la lampadina tascabile*
folding chair   *la sedia pieghevole*
folding table   *il tavolino pieghevole*
food   *il mangiare, la roba da mangiare*
girl   *la ragazza*
ground   *la terra*
guest   *l'ospite*
hammer   *il martello*
hammock   *l'amaca*
in   *dentro*
inside   *dentro*
iodine   *la tintura di iodio*
knapsack   *lo zaino*
knife   *il coltello*

to light   *accendere*
match   *il fiammifero*
to offer   *offrire*
to park   *parcheggiare, posteggiare*
parking   *il posteggio*
to pitch the tent   *piantare la tenda*
pocket knife   *il coltellino, il temperino*
pole   *il paletto*
to put up the tent   *piantare la tenda*
rope   *la corda, la fune*
shower   *la doccia*
sleeping bag   *il sacco a pelo*
spike   *il chiodo*
summer   *l'estate*
tank   *il serbatoio*
tent   *la tenda (da campo)*
thermos   *il termos*
to tie   *legare*
trailer   *la roulotte*
to turn on   *accendere*

Chapter 23: The weather

atmospheric pressure   *la pressione atmosferica*
bad   *cattivo(a)*
barometric pressure   *la pressione barometrica*
blast of wind   *una raffica di vento*
to blow (wind)   *tirare*
centigrade   *centigrado*
changeable   *variabile*
clear   *sereno(a), chiaro(a), limpido(a)*
to clear (up)   *rasserenarsi, schiarirsi*
cloud   *la nube, la nuvola*
cloudiness   *la nuvolosità*
cloudy   *annuvolato(a), nuvolo(a), nuvoloso(a)*
cold   *freddo(a)*
cool   *fresco(a)*
day   *la giornata, il giorno*
to derive   *provenire*
to descend   *scendere*
to drizzle   *piovigginare*
to drop   *cadere*
to enjoy   *godere*
to fall   *cadere*
fog   *la nebbia*
to go down   *scendere*
gust of wind   *una raffica di vento*
hail   *la grandine*
to hail   *grandinare*

heat   *il caldo, il calore*
hot   *caldo(a)*
humid   *umido(a)*
lightning   *il lampo*
to lightning   *lampeggiare*
mild   *mite*
to originate   *provenire*
precipitation   *la precipitazione*
rain   *la pioggia*
to rain   *piovere*
rainy   *piovoso(a)*
to reach   *arrivare*
scattered   *sparso(a)*
to shine   *brillare*
shower (rain)   *l'acquazzone, la pioggia*
snow   *la neve*
to snow   *nevicare*
snowfall   *la nevicata*
snowstorm   *la tempesta di neve, la tormenta*
storm   *il temporale*
stormy   *tempestoso(a)*
sudden   *improvviso(a)*
sultry   *afoso(a), soffocante*
sun   *il sole*
sunny   *di sole, soleggiato(a)*
temperature   *la temperatura*
thunder   *il tuono*
to thunder   *tuonare*
thunderstorm   *il temporale*
unstable   *incerto(a), instabile*
variable   *variabile*
warm   *caldo(a)*
weather   *il tempo*
weather forecast   *il bollettino meteorologico, le previsioni del tempo*
wind   *il vento*
windstorm   *la tempesta di vento*

Chapter 24: Education

to be able (can)   *potere*
to be accepted   *essere ammesso(a)*
to achieve   *conseguire*
to be admitted   *essere ammesso(a)*
advanced degree   *una specializzazione*
to attain   *conseguire*
to attend   *frequentare*
ballpoint pen   *la penna a sfera*
to begin   *cominciare, incominciare, iniziare*

boarding student   *l'interno(a)*
book bag   *la cartella*
boss   *il capo*
little boy   *il bambino*
to call   *chiamare*
to carry   *portare*
chalkboard   *la lavagna*
chemistry   *la chimica*
chief   *il capo*
child   *il (la) bambino(a)*
to choose   *scegliere*
classroom   *l'aula, la classe*
course of study   *il corso di studi*
to cure   *curare*
curriculum   *il corso di studi*
day student   *l'esterno(a)*
dean   *il (la) preside di facoltà*
department (school)   *la facoltà*
elementary school   *la scuola elementare*
elementary school principal   *il direttore
                              (la
                              direttrice)*
elementary school teacher   *il (la)
                              maestro(a)*
to end   *terminare*
engineering   *l'ingegneria*
to explain   *spiegare*
to fail   *essere bocciato(a), andare male
            agli esami*
to finish   *terminare*
first term   *la prima sessione*
little girl   *la bambina*
to graduate   *laurearsi*
to graduate with a major   *laurearsi in
  in chemistry   chimica*
head   *il capo*
high school   *l'istituto, il collegio, il liceo,
                la scuola media superiore*
humanities   *lettere e filosofia*
junior high school   *la scuola media, la
                        scuola media
                        inferiore*
to last   *durare*
law   *la legge*
to learn   *imparare*
lecture   *la conferenza, la lezione*
lesson   *la lezione*
to matriculate   *immatricolarsi, iscriversi*
medicine   *la medicina*
middle school   *la scuola media, la scuola
                  media inferiore*
modern languages   *le lingue moderne*

notebook   *il blocchetto per gli appunti, il
             quaderno*
nursery school   *l'asilo infantile*
to offer   *offrire*
open   *aperto(a)*
to pass the exams   *andare bene agli
                      esami, passare agli
                      esami*
patient   *il (la) malato(a)*
to pay   *pagare*
political science   *le scienze politiche*
to be promoted   *essere promosso (a)*
pupil   *l'alunno(a), lo (la) scolaro(a)*
reading book   *il libro di lettura*
to register   *immatricolarsi, iscriversi*
religious   *religioso(a)*
schedule   *l'orario*
scholarship   *la borsa di studio*
school desk   *il banco*
secular   *laico(a)*
sick person   *il (la) malato(a)*
something   *qualcosa*
to specialize   *specializzarsi*
to start   *cominciare, incominciare*
story   *la storiella*
student   *lo (la) scolaro(a)*
student's desk   *il banco*
subject   *la materia*
subject of specialization   *la materia di
                              specializzazione*
to take   *prendere*
to take (an examination)   *sostenere*
to take notes   *prendere appunti*
teacher (secondary
  and university)   *il professore (la
                      professoressa)*
to teach   *insegnare*
to terminate   *terminare*
textbook   *il libro di testo*
uniform   *la divisa, l'uniforme*
university   *l'università*
to wear   *portare*
to write   *scrivere*

Chapter 25: Government and politics

to accept   *approvare*
against   *contro*
all those who   *tutti coloro che*
to amend   *amendare*
amendment   *l'amendamento, la rettifica*
anticlerical person   *l'anticlericale*

anticlericalism   *l'anticlericalismo*
to approve   *approvare*
assembly   *l'assemblea*
autocratic regime   *il regime autocratico*
bicameral (two-house)   *bicamerale*
cabinet   *il consiglio dei ministri, il gabinetto*
chamber of deputies   *la camera dei deputati*
change   *il cambiamento*
citizen   *il (la) cittadino(a)*
communism   *il comunismo*
communist   *il (la) comunista*
conservatism   *il conservatorismo*
conservative   *il conservatore (la conservatrice)*
constitution   *la costituzione*
contrary   *contrario(a)*
convention   *il congresso*
to correct   *correggere*
correction   *la correzione, la rettifica*
court   *il tribunale*
curfew   *il coprifuoco*
to deliberate   *deliberare, discutere*
democracy   *la democrazia*
democrat   *il (la) democratico(a)*
demonstration   *la manifestazione*
department of agriculture   *il ministero dell'agricoltura*
department of commerce   *il ministero del commercio*
department of defense   *il ministero della difesa*
department of education   *il ministero della pubblica istruzione*
department of foreign affairs   *il ministero degli affari esteri*
department of the interior   *il ministero degli interni*
department of justice   *il ministero di grazia e giustizia*
department of labor   *il ministero del lavoro*
department of the treasury   *il ministero del tesoro*
department of war   *il ministero della guerra*
deputy   *il (la) deputato(a)*
despotic   *dispotico(a)*
dictator   *il dittatore*
dictatorship   *la dittatura*

to discuss   *deliberare, discutere*
to elect   *eleggere*
fascism   *il fascismo*
fascist   *il (la) fascista*
finances   *le finanze*
freedom   *la libertà*
freedom of the press   *la libertà di stampa*
freedom of speech   *la libertà di parola*
government   *il governo*
house of representatives   *la camera dei deputati, il congresso*
human right   *il diritto umano*
imperialism   *l'imperialismo*
imperialist   *l'imperialista*
interior   *interno(a)*
interventionism   *l'interventismo*
interventionist   *l'interventista*
invalid   *l'invalido(a)*
isolationism   *l'isolazionismo*
isolationist   *l'isolazionista*
junta   *la giunta*
law   *la legge*
left   *sinistro(a)*
Left (political orientation)   *la sinistra*
to the left   *a sinistra*
leftist   *di sinistra (uomo o donna)*
of legal age   *maggiorenne*
liberal   *il (la) liberale*
liberalism   *il liberalismo*
lower chamber   *la camera bassa*
lower house   *la camera bassa*
majority   *la maggioranza*
to make a decision   *prendere una decisione*
to make a motion   *presentare una mozione*
martial law   *la legge marziale*
Marxism   *il marxismo*
Marxist   *il (la) marxista*
large meeting   *il congresso*
militarism   *il militarismo*
militarist   *il (la) militarista*
military person   *il (la) militare*
minority   *la minoranza*
monarch   *il (la) monarca*
monarchist   *il (la) monarchico(a)*
monarchy   *la monarchia*
motion   *la mozione*
to nullify   *annullare*
opposite   *opposto(a)*
opposition   *l'opposizione*

party   *il partito*
to pass a resolution   *prendere una decisione*
people   *il popolo*
plebiscite   *il plebiscito*
plenary session   *la sessione plenaria*
political   *politico(a)*
political policy   *la politica*
politics   *la politica*
president   *il presidente (la presidentessa)*
prime minister   *il primo ministro*
progressive   *il (la) progressista*
progressivism   *il progressismo*
to protect   *proteggere*
quorum   *il quorum*
racism   *il razzismo*
racist   *il (la) razzista*
radical   *il (la) radicale*
radicalism   *il radicalismo*
referendum   *il referendum*
to reject   *respingere*
representative   *il (la) deputato(a)*
right   *destro(a)*
right (prerogative)   *il diritto*
Right (political orientation)   *la destra*
to the right   *a destra*

rightist   *di destra (uomo o donna)*
rights of the people   *i diritti del popolo*
to second the motion   *appoggiare la mozione*
senate   *il senato, la camera alta*
senator   *il senatore (la senatrice)*
separatism   *il separatismo*
separatist   *il (la) separatista*
socialism   *il socialismo*
socialist   *il (la) socialista*
to support the motion   *appoggiare la mozione*
system   *il sistema*
to take into consideration   *prendere in considerazione*
terrorism   *il terrorismo*
terrorist   *il (la) terrorista*
under   *sotto*
unicameral   *unicamerale*
upper chamber   *la camera alta*
upper house   *la camera alta*
uprising   *la sommossa*
vote   *il voto*
to vote   *votare*
vote of confidence   *il voto di fiducia*
voting right   *il diritto al voto*

Answers to exercises
Risposte agli esercizi

Chapter 1: At the airport

1.
1. autobus
2. capolinea
3. partono

2.
1. stazione d'imbarco
2. voli
3. stazione d'imbarco
4. nazionali
5. volo
6. stazione d'imbarco

3.
1. banco
2. fila
3. banco
4. biglietto
5. volo
6. passaporto

4.
1. internazionale
2. banco
3. biglietto, passaporto
4. posto, scompartimento (sezione)
5. fila, corridoio, non fumatori
6. bagaglio a mano, valigetta
7. targhetta
8. carta d'imbarco
9. volo, posto, fila, corridoio, non fumatori
10. scontrini, ritirare

5.
1. La signora è al banco della compagnia aerea.
2. La signora parla con l'impiegato.
3. La signora dà all'impiegato il suo biglietto ed il suo passaporto.
4. La signora desidera sedersi nella sezione non fumatori.
5. La signora ha due valige.
6. Sì, porta bagaglio a mano.
7. Porta una valigetta.
8. Sì, la valigetta può starci sotto il sedile.
9. L'impiegato le dà la carta d'imbarco.
10. La signora parte con il volo 430.
11. La signora va a Roma.
12. Il suo posto è 22C.
13. Il posto è nel corridoio nella fila 22.
14. Alla signora sono state controllate due valige.
15. Può ritirare le valige a Roma.

6.
1. *b*
2. *c*
3. *a*
4. *c*
5. *b*

7.
1. La compagnia aerea
2. partenza
3. volo
4. per
5. stazione di controllo
6. stazione di controllo
7. uscita d'imbarco
8. imbarco

8.
1. partenza
2. Roma
3. stazione di controllo
4. uscita d'imbarco, otto

9.
1. arrivo
2. volo
3. proveniente da

10.
1. la partenza
2. internazionale
3. sbarcare

11.
1. ho perduto
2. altro volo
3. al completo
4. posti disponibili
5. prezzo
6. intestare
7. diretto
8. scalo

12.
1. stazioni d'imbarco, voli, nazionali
2. impiegata, banco, aerea
3. biglietto, passaporto
4. bagaglio
5. scontrini, scontrini
6. valigetta, mano, sotto, suo
7. corridoio, scompartimento (sezione)
8. al completo, posti
9. carta, posto, fila
10. scalo, cambiare
11. imbarco, per
12. l'uscita d'imbarco

13.
1. La signora Calvi arriva all'aeroporto.
2. Ci sono due stazioni d'imbarco all'aeroporto.
3. Ce ne sono due, perché da una partono i voli nazionali (domestici), e dall'altra partono i voli internazionali.
4. La signora va al banco della linea aerea.

5. L'impiegata vuole vedere il suo biglietto ed il passaporto.
6. Alla signora sono state controllate due valige.
7. L'impiegata mette gli scontrini nella busta del biglietto.
8. La signora può ritirare il suo bagaglio a Londra.
9. La signora porta una valigetta a bordo.
10. Il bagaglio a mano deve entrare (stare) sotto il suo sedile.
11. Sì, la signora ha un posto riservato, ma il computer non lo indica.
12. Non c'è nessun problema perché il volo non è al completo. Ci sono molti posti disponibili.
13. La signora ha il posto 25C.
14. L'aereo parte dall'uscita d'imbarco numero sei.
15. Sì, l'aereo fa scalo a Zurigo.

14.
1.	volo	5.	posto
2.	per	6.	fila
3.	scalo	7.	corridoio
4.	cambiare	8.	non fumatori

Chapter 2: On the airplane

1.
1. equipaggio
2. assistenti di volo
3. posteriore (didietro)
4. posteriore (principale)
5. cabina di pilotaggio
6. sicurezza
7. decolla
8. atterra

2.
1. equipaggio
2. benvenuto
3. Decolleremo
4. impiegherà
5. altitudine
6. velocità
7. all'ora

3.
1. I salvagenti sono sotto il sedile.
2. La maschera d'ossigeno scenderà automaticamente.
3. Le uscite d'emergenza sono situate sopra le ali.

4.
1. decollo
2. atterraggio
3. seduti

4. cintura di sicurezza
5. cintura
6. turbolenza
7. sobbalza

5.
1. sezione non fumatori, corridoi, gabinetti
2. segnale, acceso
3. segnale vietato fumare, atterraggio

6.
1. corridoi
2. stare
3. sedile
4. compartimenti
5. decollo
6. atterraggio
7. schienale
8. posizione

7.
1. pasto
2. prima colazione
3. musica
4. stazioni (canali)
5. pellicola
6. cuffia stereofonica
7. guanciale
8. coperta

8.
1. guanciale
2. coperta

9.
1. cabine, anteriore, classe, cabina, turistica
2. volo, carte, imbarco
3. maschera, ossigeno
4. bagaglio a mano, compartimenti in alto
5. decollo, atterraggio
6. segnale, vietato fumare
7. schienale, posizione
8. cinture di sicurezza
9. bibite, pasto
10. cuffia stereofonica, prezzo

10.
1.	*e*	6.	*c*
2.	*i*	7.	*l*
3.	*f*	8.	*j*
4.	*b*	9.	*h*
5.	*a*	10.	*k*

11.
1. Gli assistenti di volo danno il benvenuto ai passeggeri mentre salgono sull'aereo.
2. Generalmente negli aerei ci sono due cabine.
3. I passeggeri devono imparare ad usare la cintura di sicurezza, il giubbotto di salvataggio (salvagente) e la maschera d'ossigeno.

4. I passeggeri devono mettere il bagaglio a mano sotto il proprio (*his/hers*) sedile o nel compartimento in alto.

5. Nell'aeroplano non si può fumare nella sezione «vietano fumare», nei corridoi e nei gabinetti.

6. Durante il decollo e l'atterraggio i passeggeri devono tenere lo schienale del proprio sedile in posizione verticale e non possono fumare. Devono anche agganciarsi la cintura di sicurezza.

7. È buona norma tenere agganciate le cinture di sicurezza durante tutto il volo, perché non si sa mai quando l'aereo incontrerà qualche turbolenza inaspettata e comincerà a sobbalzare.

8. Gli assistenti di volo servono bibite ed un pasto durante il viaggio.

9. Offrono anche coperte, guanciali e cuffie stereofoniche.

10. Il pilota informerà i passeggeri del tempo approssimativo del volo, della rotta del volo, a che altitudine voleranno e la velocità che raggiungeranno.

Chapter 3: Passport control and customs

1.
1. controllo
2. passaporto
3. tratterrà
4. una settimana
5. alloggerà
6. affari
7. piacere
8. piacere

2.
1. dichiarare, freccia, qualcosa, freccia rossa
2. dichiarare, dogana
3. dichiarazione
4. effetti

Chapter 4: At the train station

1.
1. biglietto
2. un biglietto di andata e ritorno
3. un biglietto di andata

2.
1. biglietto
2. biglietto di andata
3. biglietto di andata e ritorno

3.
1. sportello
2. sportello

4.
1. sportello
2. biglietto

3. di andata
4. andata e ritorno
5. biglietto di andata
6. rapido
7. rapido
8. andata

5.
1. Il treno per Ancona dovrebbe partire alle quattordici e venti.
2. No, non partirà in orario.
3. Partirà alle quindici e dieci.
4. Sì, c'è un ritardo.
5. Il treno partirà con cinquanta minuti di ritardo.
6. I passeggeri aspettano il treno nella sala d'aspetto.

6.
1. ritardo
2. cinquanta
3. ritardo
4. sala
5. aspetto

7.
1. bagaglio
2. facchino
3. depositare
4. deposito bagagli
5. scontrino
6. ritirare
7. cambiare treno

8.
1. bagaglio
2. facchino
3. facchino
4. depositare
5. deposito bagagli
6. deposita
7. deposito bagagli
8. scontrino
9. consegnare
10. ritirare

9.
1. dal binario
2. posto
3. compartimento, vagone

10.
1. binario
2. compartimenti, posti
3. vagone

11.
1. controllore
2. vagone letto
3. vagone ristorante

12.
1. T		5. F	
2. F		6. F	
3. F		7. T	
4. F		8. F	

13.
1. La signora va alla stazione ferroviaria in tassì.
2. Porta quattro valige.
3. La signora chiama un facchino.
4. No, il treno non parte in orario.
5. Il treno partirà con un'ora e mezzo di ritardo.
6. La signora deposita il bagaglio al deposito bagagli.
7. La signora fa il biglietto allo sportello (alla biglietteria).
8. Compra un biglietto di andata e ritorno.
9. La signora viaggerà sul rapido.
10. Per ritirare il bagaglio, la signora dà lo scontrino all'impiegato.
11. Il facchino porta il bagaglio al binario.
12. Loro cercano il vagone numero 114D.
13. La signora ha il posto numero 6 nel compartimento C.
14. La signora non ha una cuccetta perché il viaggio per Genova non è molto lungo. Se ha sonno, può fare un pisolino seduta al suo posto.
15. La signora chiede al controllore dov'è il vagone ristorante.

14.
1. *b*
2. *d*
3. *e*
4. *f*
5. *a*
6. *c*

Chapter 5: The automobile

1.
1. affittare
2. di giorno in giorno, per settimana
3. Costa, giorno, per settimana
4. chilometraggio
5. chilometro
6. patente automobilistica
7. assicurazione con copertura totale

2.
1. affittare
2. macchina
3. Grande (Piccola)
4. al giorno
5. alla settimana
6. settimana
7. chilometraggio
8. fate pagare
9. inclusa
10. assicurazione
11. patente automobilistica
12. deposito
13. credito
14. carta di credito
15. firmare

3.
1. *b*
2. *a*
3. *b*
4. *a*
5. *c*
6. *a*
7. *b*
8. *b*
9. *b*
10. *b*

4.
1. cambio di velocità
2. freccia
3. cassetto ripostiglio
4. bagagliaio

5. 5, 2, 3, 7

6.
1. serbatoio, distributore, benzina
2. riempire, litri
3. radiatore, batteria
4. pneumatici
5. parabrezza
6. l'olio, freni
7. lubrificarla, metterla a punto

7.
1. una panne
2. sta perdendo
3. una gomma a terra
4. fare le riparazioni
5. subito
6. si surriscalda

8.
1. guasto
2. arrestò
3. mettere in moto
4. carro attrezzi
5. rimorchiare

9.
1. battendo in testa, perdendo colpi
2. gocciolando, motore
3. carro attrezzi
4. pezzi di ricambio
5. riparare

Chapter 6: Asking for directions

1.
1. perduto(a)
2. via
3. incrocio
4. lontano
5. lontano
6. vicino
7. andarci a piedi
8. tornare indietro
9. dritto
10. giri
11. isolato
12. sinistra
13. con
14. dritto

15. isolati
16. destra
17. isolato
18. a sinistra
19. l'incrocio
20. con

2.
1. lontano
2. andarci a piedi
3. autobus
4. fermata dell'autobus
5. angolo
6. fermata
7. prendere
8. Scenda

3.
1. lontano
2. l'autostrada per Ancona
3. traffico
4. ora di punta
5. autostrada a pedaggio
6. pedaggio
7. pedaggio, casello autostradale
8. corsie
9. corsia destra, uscita
10. senso unico
11. semaforo

4.
1. il semaforo
2. l'autostrada a pedaggio
3. la corsia
4. l'uscita
5. il casello autostradale

5.
1. l'autostrada a pagamento
2. a pagamento
3. il transito
4. direzione unica
5. la stazione di pagamento
6. camminare
7. l'ora di punta

6.
1. *c*   5. *b*
2. *a*   6. *d*
3. *e*   7. *g*
4. *f*

7.
1. con   4. per
2. a   5. per
3. a

Chapter 7: Making a telephone call

1.
1. telefonata
2. numero
3. guida telefonica

4. urbana (locale)
5. telefonata urbana
6. fare il numero
7. stacca
8. il segnale di linea libera
9. disco combinatore

2.
1. interurbana
2. il (la) telefonista (il [la] centralinista)
3. il prefisso
4. a carico del destinatario
5. con preavviso
6. mettere in comunicazione con
7. il prefisso

3.
1. telefonica
2. telefonata
3. telefono
4. gettone
5. fessura per il gettone
6. gettone
7. fessura
8. staccare
9. Stacco
10. metto (deposito)
11. fessura per il gettone
12. il segnale di linea libera
13. numero
14. disco combinatore
15. bottone

4.
1. Pronto!
2. c'è (make up a name)
3. Chi parla?
4. Qui parla (give your name)
5. momento
6. vado a vedere
7. non è in casa
8. messaggio

5.
1. il segnale di linea libera
2. non funzioni (sia guasto)
3. occupata
4. numero sbagliato
5. Proverò, più tardi
6. la linea si è interrotta
7. centralino, numero interno

6.
1. La linea era occupata.
2. Nessuno rispose al telefono.
3. Il telefonista le diede un numero sbagliato.
4. La linea si è interrotta.

7. 4, 1, 5, 3, 6, 7, 2

8.
1. è guasto (non funziona)
2. occupata
3. centralino
4. messaggio
5. numero sbagliato

9.
1. La signora fa una telefonata interurbana.
2. Non deve guardare sulla guida telefonica perché già sa il numero della sua amica.
3. La signora sa anche il prefisso.
4. Non può fare il numero direttamente perché è una telefonata interurbana.
5. La signora stacca il ricevitore.
6. Aspetta il segnale di linea libera.
7. Fa zero.
8. La telefonista risponde.
9. La signora Agostinelli desidera mettersi in comunicazione con il numero 34-88-57.
10. Il prefisso è 42.
11. La signora Agostinelli non può parlare con la sua amica perché la linea è occupata.
12. Non può parlare la seconda volta che chiama perché non risponde nessuno.
13. Sì, la terza volta che chiama qualcuno risponde.
14. No, non è la sua amica.
15. Il telefonista le ha dato un numero sbagliato.
16. Sì, la quarta volta la sua amica risponde.
17. Sì, le due amiche parlano un poco.
18. Non possono terminare la conversazione perché la linea si è interrotta.

Chapter 8: At the hotel

1.
1. a un letto
2. camera doppia
3. doppia, letti, matrimoniale
4. strada, interno
5. mare
6. vitto
7. servizio, prima colazione, tasse
8. aria condizionata, riscaldamento
9. un bagno
10. prenotazione, conferma
11. impiegato
12. completo, disponibili
13. modulo, passaporto
14. ragazzo d'albergo
15. carta di credito

2.
1. camera
2. prenotazione
3. al completo
4. disponibili
5. due letti
6. matrimoniale
7. (answer optional)
8. interno
9. danno sulla
10. camera
11. servizio
12. servizio
13. tasse
14. (answer optional)
15. aria condizionata
16. bagno
17. completare
18. firmi
19. passaporto
20. ragazzo d'albergo

3.
1. cameriera
2. guardaroba
3. lavare, stirare
4. pulire a secco
5. presa
6. coperta
7. lenzuolo da bagno
8. sapone
9. stampelle (grucce)
10. carta igienica

4.
1. il lavabo
2. il water
3. la coperta
4. il letto
5. la doccia
6. l'asciugamano
7. la presa
8. la carta igienica
9. la stampella (la gruccia)
10. l'armadio

5.
1. lampadina, interruttore
2. rubinetto
3. otturato
4. calda

6.
1. il lavabo
2. il rubinetto
3. la luce
4. la lampadina
5. l'interruttore

7.
1. conto
2. (your name)
3. addebiti
4. telefonata
5. conto
6. totale

7.   servizio in camera
8.   carte di credito
9.   carta

8.   1.   banco registrazione, impiegato
2.   completare, passaporto
3.   una camera a un letto, una stanza a due letti
4.   servizio, tasse, prima colazione
5.   dà sulla, interna
6.   prenotazione, conferma
7.   disponibili, al completo
8.   ragazzo d'albergo
9.   cameriera
10.   asciugamani, sapone, carta igienica
11.   riscaldamento, aria condizionata
12.   coperta, letto
13.   stampelle
14.   servizio guardaroba
15.   servizio in camera
16.   lasciare libera
17.   banco registrazione, ufficio cassa
18.   carta di credito

9.   1.   No, la stanza non dà sulla strada.
2.   Sì, ha balcone.
3.   Il letto nella stanza è matrimoniale.
4.   La camera è doppia.
5.   Sì, ha un bagno privato.
6.   Nel bagno c'è la doccia.
7.   Nei mesi caldi la camera ha l'aria condizionata.
8.   Durante i mesi invernali la camera ha il riscaldamento.

10.   1.   I signori sono al banco registrazioni.
2.   Loro arrivano in albergo.
3.   Loro parlano con l'impiegato (il receptionist).
4.   Il signore sta completando un modulo.
5.   Il ragazzo d'albergo ha la chiave della stanza.
6.   La signora ha una carta di credito in mano.

11.   1.   È una camera a un letto.
2.   Sul letto ci sono un guanciale ed una coperta.
3.   La cameriera sta lavorando nella camera.
4.   La cameriera sta pulendo la camera.
5.   Nell'armadio ci sono le stampelle (grucce).
6.   Il lavabo è nel bagno.
7.   Sì, nel bagno c'è la doccia.
8.   Ci sono due asciugamani.
9.   C'è un rotolo di carta igienica.

Chapter 9: At the bank

1.   1.   denaro
2.   in
3.   commissione
4.   cambio
5.   ufficio

2.   1.   cambiare
2.   assegni turistici
3.   al
4.   cassa

3.   1.   in contanti
2.   denaro liquido
3.   cambiare un assegno

4.   1.   cambio (spiccioli)
2.   biglietto
3.   lire

5.   1.   dollari
2.   cambio
3.   al
4.   cassa
5.   cassa
6.   biglietti
7.   cambiare
8.   biglietto
9.   biglietti
10.   spiccioli
11.   biglietti
12.   monete

6.   1.   libretto di risparmio
2.   dollari
3.   deposito (versamento)
4.   sportello
5.   libretto
6.   risparmiare
7.   ritirare

7.   1.   saldo
2.   libretto degli assegni
3.   cambiare, conto corrente
4.   firmare a tergo
5.   assegno

8.   1.   a rate
2.   in contanti
3.   anticipo
4.   prestito
5.   tasso d'interesse
6.   pagamenti mensili
7.   data di scadenza

9.
1. *b*   8. *i*
2. *l*   9. *p*
3. *s*   10. *c*
4. *k*   11. *o*
5. *a*   12. *f*
6. *d*   13. *q*
7. *g*

10.
1. cambiare
2. depositare
3. cambiare
4. firmare
5. cambiare
6. prendere
7. pagare
8. pagare
9. dare
10. fare

11.
1. di, per un (al)
2. per un (al)
3. del, per
4. in
5. in, a

Chapter 10: At the post office

1.
1. cassetta postale
2. ufficio postale
3. affrancatura
4. francobolli
5. francobolli
6. ufficio postale

2.
1. ufficio
2. affrancatura
3. via aerea
4. Per via aerea
5. affrancatura
6. francobolli
7. da
8. raccomandata

3.
1. cartolina postale
2. spedire
3. raccomandata

4.
1. L'affrancatura costa duecentocinquanta lire.
2. Spediscono la lettera per via aerea.
3. Il nome del destinatario è Federico Honorati.
4. Il codice d'avviamento postale è 96100.
5. Il nome della mittente è Caterina Calvori.
6. Ci sono due francobolli sulla busta.

5.
1. pacco, pesa, bilancia (pesa)
2. assicurare
3. completare la dichiarazione
4. fragile
5. via aerea, mare, impiegherà, affrancatura

6.
1. ufficio postale
2. postino (portalettere)
3. distribuisce
4. posta

Chapter 11: At the hairdresser

1.
1. taglio
2. spuntatina (spuntata)
3. sciampo
4. baffi, basette
5. accorciare
6. tagli
7. rasoio, forbici
8. faccio la barba

2.
1. sopra
2. sul collo
3. al lati
4. dietro

3.
1. *c*   4. *b*
2. *e*   5. *d*
3. *a*   6. *f*

4.
1. permanente
2. sciampo
3. una messa in piega
4. taglio
5. tintura
6. smalto

Chapter 12: At the clothing store

1.
1. Sono scarpe.
2. Le suole sono di gomma.
3. I tacchi sono bassi.
4. Sì, le scarpe hanno i lacci.

2.
1. scarpe
2. numero
3. numero
4. tacco
5. tacchi
6. colore
7. entrano
8. dita
9. strette
10. larghe

3.   [Answers may vary.]

4.   1.   posso servirla
      2.   ingualcibile
      3.   lana
      4.   flanella
      5.   sintetica
      6.   taglia
      7.   taglia
      8.   maniche
      9.   maniche
     10.   rigata
     11.   rigata
     12.   a quadri
     13.   abito
     14.   cravatta
     15.   bene insieme

5.   1.   *c*
      2.   *d*
      3.   *c*
      4.   *d*

6.   1.   a quadri
      2.   chiusura lampo
      3.   calzini
      4.   cinta (cintura)
      5.   impermeabile
      6.   magliette, mutandine
      7.   misure
      8.   sintetiche
      9.   va
     10.   stretta

7.   [Answers may vary.]

8.   1.   *a*
      2.   *a*
      3.   *b*
      4.   *b*
      5.   *a*

9.   1.   mutandine, sottabito, reggipetto, busto
      2.   stoffa
      3.   va, a quadri
      4.   misure

10.   1.   a righe
      2.   a quadri
      3.   a pallini

Chapter 13: At the dry cleaner

1.   1.   restringerà, lavare a secco, tintoria
          (lavanderia)
      2.   sporca, stirare
      3.   amido

      4.   fodera, scucita, ricucire
      5.   rammendare
      6.   attaccare
      7.   macchia
      8.   rammendare

2.   1.   lavare
      2.   stirare
      3.   amido
      4.   togliere
      5.   Togliere
      6.   macchia
      7.   restringere
      8.   lavare a secco

Chapter 14: At the restaurant

1.   1.   prenotato, tavolo
      2.   di lusso
      3.   lusso, economici
      4.   all'aperto

2.   1.   prenotazione
      2.   prenotato
      3.   tavolo
      4.   nome
      5.   [optional name]
      6.   dentro
      7.   aperto
      8.   aperitivo

3.   1.   cameriere
      2.   aperitivo
      3.   menu
      4.   lista delle vivande

4.   1.   È un ristorante di lusso.
      2.   A tavola ci sono quattro persone.
      3.   Il tavolo è vicino alla finestra.
      4.   Il cameriere serve loro.
      5.   Il cameriere porta l'aperitivo sul vassoio.
      6.   Il cameriere tiene in mano il menu.

5.   1.   menu del giorno
      2.   piatto
      3.   piatto principale
      4.   lista dei vini
      5.   consigliare

6.   1.   alla griglia
      2.   nel suo sugo
      3.   al forno
      4.   in umido
      5.   arrostita
      6.   tagliata a pezzetti
      7.   rosolata in padella

7. 1. bene arrostito
2. bene arrostito
3. al sangue
4. cotta moderatamente

8. 1. il pollo arrostito
2. il petto di pollo
3. il pollo alla griglia
4. la coscia

9. 1. lesso
2. cotto con il vapore
3. rosolato in padella
4. fritto in olio
5. alla griglia

10. 1. saliera, papiera, zucchero
2. cucchiaio, cucchiaino, forchetta, coltello, tovagliolo, bicchiere
3. salata
4. dura

11. 1. il cucchiaio
2. il cucchiaino
3. la tovaglia
4. il bicchiere
5. il piatto
6. il piattino
7. la tazza
8. la saliera
9. la pepiera
10. la salvietta (il tovagliolo)
11. il coltello
12. la forchetta
13. la zuccheriera

12. 1. conto
2. incluso
3. mancia
4. carte di credito
5. ricevuta

13. 1. ristorante
2. angolo
3. prenotazione
4. aperto
5. aperitivo
6. cameriere
7. menu del giorno
8. piatti

14. 1. Mancava un coperto.
2. Bevvero del vino bianco.
3. La cena fu deliziosa.
4. In quel ristorante si preparava bene frutti di mare, pesce, carne e pollame.
5. No, nessuno prese del dolce.

6. I quattro amici volevano il caffè.
7. Sì, il servizio era incluso nel conto.
8. Lasciarono la mancia al cameriere per il suo servizio eccellente.

Chapter 15: Shopping for food

1. 1. pasticceria
2. macelleria
3. frutta e verdure
4. latteria
5. pescheria
6. panetteria
7. norcineria
8. polleria

2. 1. il negozio di frutta e verdure
2. la panetteria
3. la macelleria
4. la pescheria
5. la pescheria
6. il negozio di frutta e verdure
7. la latteria
8. la polleria
9. la latteria
10. la norcineria
11. il negozio di frutta a verdure
12. la norcineria
13. la pasticceria

3. (1) 1. Cosa costa
(2) 1. freschissimi
2. colore
3. Cosa costano
4. Me ne dia
5. Centoventicinque
6. sacchetto

4. 1. *a*   5. *a*
2. *c*   6. *b*
3. *c*   7. *a*
4. *b*   8. *b*

5. 1. surgelato
2. incartare
3. sapone in polvere
4. sacchetto

6. 1. cespo
2. dozzina
3. pacchetto
4. barattolo
5. pezzo
6. grappolo
7. chilo

8. cotolette
9. fette
10. grammi
11. scatoletta
12. bottiglie
13. sacchetto

Chapter 16: At home

1. 1. scarico
2. lavello (acquaio)
3. tappo
4. rubinetto
5. lavello
6. sapone liquido
7. spugnetta
8. scolapiatti
9. asciugare
10. panno
11. lavastoviglie

2. 1. tritare, friggere
2. cuocere
3. arrostire
4. cuocere, portare

3. 1. cuocere al forno
2. friggere
3. rosolare
4. bollire
5. arrostire
6. liquefare

4. 1. il bollitore
2. il tegame
3. la tortiera
4. la padella

5. 1. il trinciante
2. il pelapatate
3. il frullino
4. il colino
5. il cavatappi
6. l'apriscatole

6. 1. Sì, c'è una lavastoviglie in cucina.
2. Il lavello (l'acquaio) ha due rubinetti.
3. Sì, ci sono dei piatti nello scolapiatti.
4. Sì, la cucina ha una dispensa.
5. In cucina ci sono tre pensili.
6. Nella cucina c'è una cucina a gas.
7. La cucina ha quattro fornelli.
8. Sì, nel frigorifero ci sono cubetti di ghiaccio.
9. I cubetti di ghiaccio si trovano nel freezer (congelatore).

7. 1. lavandino, sapone (saponetta), panno di spugna
2. portasapone
3. bagno, doccia
4. lenzuolo da bagno
5. portasciugamano
6. specchio
7. spazzolino, dentifricio, dentifricio, armadietto farmaceutico
8. cuffia per la doccia
9. water
10. accappatoio
11. stuoia da bagno (uno scendibagno)

8. 1. l'accappatoio
2. il panno di spugna
3. il water
4. l'armadietto farmaceutico
5. la vasca da bagno
6. la doccia
7. il lenzuolo da bagno
8. lo specchio
9. la carta igienica
10. la saponetta (il sapone)
11. il portasciugamano
12. la cuffia per la doccia
13. il portasapone
14. lo scendibagno (la stuoia da bagno)
15. il lavandino

9. 1. la zuccheriera
2. il portaburro
3. la saliera
4. la pepiera
5. la salsiera

10. 1. insalatiera
2. zuppiera
3. piatto di portata
4. salsiera
5. scaldavivande

11. 1. il cucchiaino
2. il cucchiaio
3. il coltello
4. la forchetta
5. il piatto
6. il piattino
7. la tazza
8. il bicchiere
9. il bicchiere a calice
10. la saliera
11. la pepiera
12. la tovaglia
13. il tovaglio (la salvietta)

12. 1. le tende, le veneziane (la veneziana)
2. scaffale

3. la poltrona, caminetto
4. tavolino, sofà
5. una cornice
6. televisione, ascolto
7. tappeto, moquette
8. poltrona, divano
9. giornale, rivista, ascolto
10. ospiti

13.
1. comodino, sveglia
2. letto matrimoniale
3. guanciali, federe
4. lenzuola, coperte, copriletto
5. cassetti
6. stampelle (grucce)

14. il guanciale, la federa, le lenzuola, la coperta, il copriletto, il materasso

15.
1. Vado a letto or mi corico alle _____.
2. Sì, (no, non) regolo la sveglia prima di coricarmi.
3. Dormo _____ ore alla notte.
4. Mi addormento subito. (or) Mi giro sempre molto prima di prendere sonno.
5. Mi alzo alle _____.
6. Sì, (no, non) faccio subito il letto.

16.
1. bucato
2. lavatrice
3. stiro
4. ferro
5. asse da stiro
6. usare
7. aspirapolvere
8. usare l'aspirapolvere
9. lavatrice
10. spolverare

17.
1. *b*   4. *c*
2. *d*   5. *f*
3. *a*

18.
1. immondizia
2. pattumiera

19.
1. fulminata
2. lampadina
3. attaccare
4. presa

20.
1. spente
2. è saltata
3. scatola delle valvole
4. valvola
5. elettricista

21.
1. vuotare
2. tappo
3. otturato
4. idraulico
5. tubatura

Chapter 17: At the doctor's office

1.
1. malato
2. gola
3. febbre
4. ingrossate
5. tosse
6. catarro
7. raffreddore
8. influenza

2.
1. dottore
2. raffreddore
3. influenza
4. sintomi
5. gola
6. catarro
7. bocca
8. gola
9. ghiandole
10. Respiri
11. petto
12. tosse
13. temperatura
14. febbre
15. allergico
16. manica
17. iniezione
18. ordino
19. pillole

3.
1. raffreddore, influenza, febbre
2. brividi
3. bocca, esamina
4. iniezione, manica

4.
1. malattia di cuore
2. allergia
3. poliomelite, morbillo, varicella, orecchioni, malattie
4. asma
5. organi vitali
6. tipo di sangue
7. malattie mentali
8. Il fegato, il cuore, i polmoni, i reni
9. sofferto
10. polmoni
11. pressione del sangue
12. analisi
13. elettrocardiogramma
14. stomaco

5. 2, 4, 5, 6, 8, 10, 11, 12

6. 1. una gamba
        2. radiografia
        3. chirurgo
        4. ridurre la frattura
        5. ingessare
        6. stampelle

7. 1. fascia (benola)
        2. punti

8. 1. il dito (le dita)
        2. il gomito
        3. il polso
        4. la gamba
        5. la caviglia
        6. il fianco
        7. la spalla

Chapter 18: At the hospital

1. 1. Il (la) paziente arriva all'ospedale in ambulanza.
        2. No, il (la) paziente non può camminare.
        3. Entra in ospedale in una barella.
        4. Un'infermiera gli (le) sente il polso e gli (le) misura la pressione del sangue.
        5. Un dottore interno esamina il (la) paziente.
        6. Lo (la) esamina subito al pronto soccorso.
        7. Il (la) paziente ha dei dolori all'addome.
        8. Il dottore vuole una radiografia.
        9. Portano il (la) paziente in radiologia.

2. 1. modulo
        2. modulo
        3. assicurazione
        4. polizza

3. 1. ambulanza
        2. barella, carrozzella
        3. pronto soccorso
        4. polso, pressione del sangue
        5. radiografia

4. 1. operazione
        2. intervento chirurgico
        3. sala operatoria
        4. sedativa
        5. barella
        6. tavolo operatorio
        7. anestesista
        8. anestesia
        9. chirurgo
        10. di (d')

5. 1. operare
        2. un intervento chirurgico
        3. un sedativo
        4. togliere

6. 1. sala di risveglio
        2. ossigeno
        3. fleboclisi
        4. la prognosi

7. 1. incinta (gravida)
        2. partorirà
        3. doglie
        4. ostetrico(a)
        5. sala parto

8. 1. dolore
        2. ambulanza
        3. barella
        4. pronto soccorso
        5. polso, pressione del sangue
        6. sintomi
        7. radiologia, lastre (radiografie)
        8. operare
        9. iniezione sedativa
        10. tavolo operatorio
        11. anestesista
        12. chirurgo, appendicite
        13. diede, punti
        14. sala di risveglio
        15. tubo d'ossigeno
        16. fleboclisi
        17. prognosi

Chapter 19: At the theater and the movies

1. 1. teatro
        2. commedia
        3. attore, attrice, parte
        4. protagonista
        5. atti, scene
        6. sipario
        7. intervallo
        8. entra in scena
        9. spettacolo
        10. battono i piedi

2. 1. una tragedia
        2. un'attrice
        3. battere i piedi
        4. si alza il sipario

3. 1. botteghino
        2. posti
        3. spettacolo
        4. esaurito

5. posti
6. platea
7. galleria
8. seconda galleria
9. poltrone in platea
10. posti
11. costano
12. biglietti
13. fila
14. incomincia
15. alza

4. 1. Adriana è andata al botteghino del teatro.
2. No, Clara e Adriana non vanno a teatro questa sera.
3. No, non c'erano posti per lo spettacolo di questa sera. Era tutto esaurito.
4. No, per lo spettacolo di domani non era tutto esaurito. C'erano dei posti.
5. Adriana ha preso due posti per lo spettacolo di domani.
6. No, non sono in platea.
7. Perché non avevano poltrone libere in platea.
8. Si sederanno in prima fila nella prima galleria.
9. A Clara non piacciono nè i posti nella seconda galleria nè nel loggione, perchè da là non si sente bene.
10. Le piace sedersi o in platea o nella prima galleria.

5. 1. Si possono comprare i biglietti per il teatro al botteghino.
2. La mascherina (maschera) accompagna gli spettatori al loro posto.
3. Quando si va a teatro, una persona può lasciare il suo soprabito in guardaroba.
4. Si alza il sipario quando incomincia lo spettacolo.
5. A teatro si sente meglio dalla platea.

6. 1. danno, film, cinema
2. girato
3. doppiato
4. posti
5. schermo

Chapter 20: Sports

1. 1. Ci sono undici giocatori in una squadra di calcio.
2. Due squadre giocano in una partita di calcio.
3. I giocatori giocano al calcio allo stadio (al campo di calcio).
4. Il portiere difende la porta.

5. I giocatori giocano a pallone con il piede.
6. Il portiere vuole parare il pallone.
7. Sì, se un giocatore segna una rete fa un punto.
8. L'arbitro fischia un fallo.
9. L'arbitro fischia con il fischietto.
10. Sì, la partita è pari alla fine del primo tempo.

2. 1. squadre
2. campo
3. giocatori
4. calcio
5. passa
6. porta
7. para
8. tempo
9. partita
10. zero

3. 1. la porta
2. il portiere
3. il tabellone
4. il pallone
5. l'arbitro
6. il fischietto

4. 1. giocatori (giocatrici), doppio
2. racchetta, palle
3. campo
4. palla, rete
5. serve, rimanda
6. zero

5. 1. La giocatrice è in palestra.
2. Gioca a pallacanestro.
3. Ha tirato la palla.
4. Sì, ha fatto canestro.
5. No, non ha fallito il tiro.
6. Sì, ha fatto due punti.

6. 1. campo
2. palla
3. una mazza (un bastone)
4. buca

Chapter 21: The beach

1. 1. calmo
2. mosso
3. bassa marea
4. sbattono
5. controcorrente

2. 1. f   4. a
2. e   5. d
3. b

3.   1.   ombrellone, lozione abbronzante
2.   nuotare, prendere
3.   sabbia, sedia a sdraio
4.   spiaggia
5.   pezzi
6.   materassino gonfiabile

4.   1.   Mi piace fare il morto.
2.   Hai una bella abbronzatura.
3.   Oggi il mare è calmo.
4.   Ieri il mare era molto mosso.
5.   Le onde sbattono contro le rocce.

5.   1.   un capanno (una cabina)
2.   ombrellone
3.   idroscì (sci d'acqua)
4.   sedia a sdraio
5.   materassino gonfiabile
6.   tavola da surfing
7.   barca a vela

6.   1.   sì   4.   sì
2.   no   5.   no
3.   no   6.   no

Chapter 22: Camping

1.   1.   campeggio
2.   fare il campeggio
3.   roulotte
4.   servizi
5.   bagni
6.   docce
7.   gabinetti

2.   1.   La ragazza pianta la tenda.
2.   Deve piantare i chiodi per terra.
3.   Deve usare il martello per piantarli per terra.
4.   Lega le corde (funi) della tenda ai chiodi.

3.   1.   fornello
2.   butano
3.   falò (fuoco)
4.   pieghevoli
5.   fiammiferi
6.   zaino
7.   candele
8.   coltello
9.   pile
10.   cassetta farmaceutica d'urgenza
11.   amaca, materassino gonfiabile, sacco a pelo

4.   1.   candele, lampadina tascabile
2.   fornello, fuoco (falò)
3.   zaino, termos

5.   1.   Sì, è un campeggio pubblico.
2.   Sì, i campers sono parcheggiati vicino alle tende.
3.   La ragazza sta piantando una tenda.
4.   Sta piantando i chodi per terra.
5.   Li sta piantando con il martello.
6.   Il giovanotto sta preparando da mangiare.
7.   Sta cucinando su un fornello.
8.   La ragazza sta dormendo dentro un sacco a pelo.
9.   Vicino al sacco a pelo ha lo zaino.

6.   1.   la sedia pieghevole
2.   i fiammiferi
3.   il coltellino (il temperino)
4.   le pile
5.   le candele
6.   l'amaca
7.   il sacco a pelo
8.   il materassino gonfiabile
9.   lo zaino
10.   la cassetta farmaceutica d'urgenza

Chapter 23: The weather

1.   1.   tempo buono (bel tempo), sole
2.   freddo, nevica
3.   sereno, di sole
4.   nuvole (nubi)
5.   fresco
6.   nebbia
7.   tuoni, lampi
8.   nevica, grandina
9.   piovigginando

2.   1.   aquazzone   3.   tuoni, temporale
2.   nevicata   4.   temporale

3.   1.   (Answers may vary.)
Un momento fa bel tempo, un momento fa brutto tempo. Un momento il cielo è sereno, un momento è nuvoloso.
2.   C'è molto sole. Il cielo non è nuvoloso.
3.   Sta piovendo. Tuona e lampeggia.
4.   Fa bel tempo. C'è sole. Il cielo è sereno. Non piove.

4.   1.   sole
2.   neve, nevicare, tormenta
3.   tuono, tuonare, lampo, lampeggiare
4.   umido
5.   nuvoloso
6.   caldo
7.   piovere, piovoso

5.   1.   acquazzone   3.   instabile
2.   soffocante   4.   soleggiata

6.
1. F
2. T
3. T
4. F
5. F

7. (1)
1. No, non sta facendo tempo buono.
2. No, non è completamente nuvolo. C'è nuvolosità variabile.
3. Sì, il cielo a volte è sereno.
4. No, ci sono acquazzoni sparsi.
5. Ci saranno piogge e temporali nella parte interna del paese.
6. I venti provengono dall'est.
7. I venti tirano a 20 km all'ora.
8. La probabilità di precipitazione è del 95 per cento.
9. La temperatura massima sarà di 28 gradi.
10. La temperatura minima sarà di 22 gradi.
11. La pressione atmosferica è di 735 millimetri e sta scendendo (cadendo).

(2)
1. No, sarà parzialmente nuvoloso.
2. Durante la notte ci sarà nuvolosità variabile con una possibile nevicata.
3. Sì, nevicherà.
4. Fa freddo.
5. La temperatura massima sarà di due gradi centigradi.
6. La temperatura minima sarà di tre gradi sotto zero.
7. Domani sarà sereno.
8. La temperatura domani sarà più alta, arrivando ai dieci gradi centigradi.

8.
1. acquazzoni sparsi
2. nuvolosità variabile
3. possibilità di precipitazione
4. la pressione barometrica
5. giornata chiara (giornata limpida)

Chapter 24: Education

1.
1. d
2. g
3. a
4. b
5. f
6. i
7. c
8. e
9. h

2.
1. asilo infantile
2. alunni (scolari)
3. scuola elementare
4. il (la) maestro(a)
5. insegna
6. lettura
7. lavagna

3.
1. Un'altra espressione che significa «scuola media inferiore» è «scuola media unica».
2. Gli studenti frequentano un liceo o un istituto.
3. I professori insegnano in una scuola media superiore.
4. Gl'interni sono gli studenti che vivono in un collegio.
5. Gli studenti che tornano a casa tutti i giorni sono gli esterni.
6. Gli studenti portano i libri in una cartella.
7. In molti collegi gli studenti devono portare l'uniforme (la divisa).
8. Un corso di studi include molte materie.
9. Gli studenti prendono appunti quando parla il professore.
10. Scrivono gli appunti in un quaderno (blocchetto per appunti).
11. Scrivono con una penna a sfera.
12. Gli studenti vogliono andare bene agli esami.
13. Vogliono ricevere buoni voti.

4.
1. la scuola media superiore
2. il quaderno
3. andare bene agli esami
4. andare male agli esami

5.
1. b
2. a
3. a
4. b
5. a

6.
1. collegio
2. cartella
3. l'uniforme (la divisa)
4. ricevere, voti

7.
1. le tasse universitarie
2. immatricolarsi
3. le lezioni cominciano il . . . .
4. la borsa di studio
5. il preside di facoltà
6. le conferenze (le lezioni)
7. laurearsi

8.
1. iscriversi
2. dovrà laureare
3. facoltà
4. tasse universitarie
5. sostenere
6. prima sessione
7. conferenza (lezione)

9.
1. Sì, gli studenti che desiderano iscriversi all'università devono immatricolarsi.
2. Gli studenti che henno ricevuto un diploma o da un liceo, o da un istituto, o da un collegio possono essere ammessi all'università.

3. Sì, negli Stati Uniti costa molto andare all'università.

4. Negli Stati Uniti la prima sessione generalmente incomincia ai primi di settembre.

5. Sì, gli universitari si devono laureare in una materia specifica.

6. Le università hanno più professori.

10.
1. medicina
2. lettere e filosofia
3. legge
4. scienze
5. ingegneria

Chapter 25: Government and politics

1.
1. il (la) democratico(a)
2. il (la) marxista
3. il (la) liberale
4. il conservatore, la conservatrice
5. il (la) socialista
6. il (la) radicale
7. l'isolazionista
8. l'interventista
9. il (la) comunista
10. il (la) monarchico(a)
11. il (la) progressista
12. il (la) terrorista
13. l'anticlericale
14. il (la) razzista
15. il (la) separatista

2.
1. Nei paesi democratici il popolo ha il diritto al voto.
2. Sotto un regime autocratico è possibile non avere il diritto al voto.
3. Sì, negli Stati Uniti c'è la libertà di stampa e la libertà di parola.
4. Sì, negli Stati Uniti abbiamo il diritto al voto.
5. No, eleggiamo un nuovo presidente ogni quattro anni.
6. Una responsabilità che deve avere il governo è di proteggere i diritti del popolo.
7. Sì, solamente i cittadini possono votare alle elezioni.
8. No, i monorenni non possono votare. Solo i maggiorenni possono votare.
9. Sì, una giunta militare governa in alcuni paesi.
10. Una giunta militare è una forma di governo autocratico.
11. Quando ci sono molte manifestazioni e sommosse, generalmente il governo dichiara la legge marziale.

12. A volte il governo, dopo avere imposto la legge marziale, dichiara il coprifuoco.
13. I socialisti sono di sinistra.
14. I conservatori sono di destra.
15. Sì, in Italia c'è stata la dittatura.
16. In Italia ora c'è la democrazia.

3.
1. diritto al voto
2. dittatura, voto
3. autocratico
4. libertà di stampa, libertà di parola
5. manifestazioni, sommosse
6. legge marziale, coprifuoco
7. coprifuoco
8. di sinistra
9. di destra

4.
1. Negli Stati Uniti ci sono due partiti politici principali.
2. No, non abbiamo un sistema unicamerale. Abbiamo un sistema bicamerale.
3. Ogni stato ha due senatori.
4. Il numero dei deputati alla camera varia da uno stato all'altro.
5. Nel governo degli Stati Uniti la camera bassa si chiama il Congresso.
6. La camera alta si chiama il Senato.

5.
1. partiti politici
2. primo ministro, presidente
3. Consiglio dei Ministri
4. camera dei deputati
5. camera alta, camera bassa

6.
1. il ministero della pubblica istruzione
2. il ministero degli affari esteri
3. il ministero del lavoro
4. il ministero degli interni
5. il ministero del tesoro

7.
1. approvare
2. discutere
3. un quorum
4. l'opposizione
5. deliberare
6. prendere in considerazione
7. la maggioranza
8. emendare
9. il plebiscito (il referendum)
10. annullare

8. 4, 1, 3, 2, 5

9.
1. quorum
2. plebiscito
3. voto di fiducia
4. presentare, appoggiare, discutere
5. opposizione, minoranza

Glossary: English—Italian
Glossario: Inglese—Italiano

abdomen *l'addome*
to be able (can) *potere*
at about *verso*
abroad *all'estero*
accelerator *l'acceleratore*
to accept *accettare, approvare*
to be accepted *essere ammesso(a)*
to accompany *accompagnare*
account *il conto*
ache *il dolore*
to achieve *conseguire*
act *l'atto*
actor *l'attore*
actress *l'attrice*
additional charge *il supplemento*
address *l'indirizzo*
to be admitted *essere ammesso(a)*
advanced degree *una specializzazione*
afternoon *il pomeriggio*
in the afternoon *del pomeriggio*
again *di nuovo, nuovamente*
against *contro*
air conditioning *l'aria condizionata*
airline *la linea aerea, la compagnia di aviazione, la compagnia aerea*
air mail *la posta aerea, la via aerea*
by air mail *per via aerea*
air mattress *il materassino gonfiabile*
airport *l'aeroporto*
air pressure *la pressione dell'aria*
airsickness *il male d'aria*
airsickness bag *il sacchetto per il male d'aria*
aisle *il corridoio, la corsia*
alarm clock *la sveglia*
alas! *ahimè!*
all at once (money) *in contanti*
allergic *allergico(a)*
allergy *l'allergia*
all those who *tutti coloro che*
almost *quasi*
also *anche, pure*
alternatively *alternativamente*
altitude *l'altitudine*
A.M *di mattina*
ambulance *l'ambulanza*
to amend *emendare*
amendment *la rettifica, l'emendamento*
analysis *l'analisi*
anesthesia *l'anestesia*
anesthetist *l'anestesista*
ankle *la caviglia*
answer *la risposta*
to answer *rispondere*

antibiotic *l'antibiotico*
anticlericalism *l'anticlericalismo*
anticlerical person *l'anticlericale*
aperitif *l'aperitivo*
appendicitis *l'appendicite*
appendix *l'appendice*
appetizer *l'antipasto*
appetizing *particolarmente invitante*
to applaud *applaudire*
apple *la mela*
to approve *approvare*
approximate *approssimativo(a)*
April *aprile*
area *la zona*
area code *il prefisso*
arm *il braccio (pl. le braccia)*
armchair *la poltrona*
arrival *l'arrivo*
to arrive *arrivare*
arriving from *proveniente da*
arrow *la freccia*
arthritis *l'artrite*
assembly *l'assemblea*
asthma *l'asma*
atmospheric pressure *la pressione atmosferica*
attack *l'attacco*
to attain *conseguire*
to attend *frequentare*
August *agosto*
auto *l'auto*
autocratic regime *il regime autocratico*
automatic transmission *la trasmissione automatica*
automobile *l'automobile*
autumn *l'autunno*
available *libero(a), disponibile*
avenue *il viale*

baby *il (la) bambino(a)*
baby blue (color) *celeste*
back *il dorso, la schiena, posteriore*
in the back *dietro, didietro*
bacon *la pancetta*
bad *cattivo(a)*
bag *il sacchetto*
baggage claim check *lo scontrino*
baked *al forno*
bakery *la panetteria*
baking pan *la tortiera*
balance *il saldo*
balcony *il balcone, la seconda galleria*
ball *la palla, il pallone*
ballpoint pen *la penna a sfera*

bandage   *la benda, la fascia*
to bandage   *bendare, fasciare*
to bang   *sbattere*
bank   *la banca*
bankbook   *il libretto*
banknote   *il biglietto*
bar of soap   *la saponetta*
barber   *il barbiere*
barber shop   *la barbieria*
barometric pressure   *la pressione barometrica*
basin   *il catino, il lavabo*
basketball   *la pallacanestro*
bath   *il bagno*
to bathe   *fare il bagno*
to bathe in the sea   *fare i bagni di mare*
bathing hut   *il capanno*
bathing suit   *il costume da bagno*
bath mat   *lo scendibagno, la stuoia da bagno*
bathrobe   *l'accappatoio*
bathroom   *il bagno*
bath towel   *il lenzuolo da bagno*
bathtub   *la vasca da bagno*
battery   *la batteria, la pila*
to be   *essere, trovarsi*
to be afraid   *aver(e) paura*
to be ashamed   *aver(e) vergogna*
to be brave   *aver(e) coraggio*
to be cold   *aver(e) freddo*
to be at fault   *aver(e) colpa*
to be guilty   *aver(e) colpa*
to be hot   *aver(e) caldo*
to be hungry   *aver(e) fame*
to be promoted   *essere promosso(a)*
to be right   *aver(e) ragione*
to be sleepy   *aver(e) sonno*
to be thirsty   *aver(e) sete*
to be wrong   *aver(e) torto*
beach   *la spiaggia, il lido*
beach hat   *il cappello da spiaggia*
beach umbrella   *l'ombrellone*
to bear   *tollerare*
beard   *la barba*
to beat   *sbattere*
because   *perché, poiché*
bed   *il letto*
bedroom   *la camera da letto, la stanza da letto*
bedspread   *il copriletto*
beef   *la carne di manzo*
to begin   *cominciare, incominciare, iniziare*
behind   *di dietro, dietro*
bellhop   *il ragazzo d'albergo*
belt   *la cinta, la cintura*
better   *meglio*
bicameral (two-house)   *bicamerale*
big   *grosso(a)*
big bills   *i biglietti di grosso taglio*
bill   *la banconota, il biglietto, il conto*

bills of high denominations   *i biglietti di grosso taglio*
bills of low denominations   *i biglietti di piccolo taglio*
birthday   *il compleanno*
black   *nero(a)*
bladder   *la vescica*
blanket   *la coperta*
blend (of fibers)   *misto(a)*
blender   *il frullatore*
block   *l'isolato*
to block   *parare*
blood   *il sangue*
blood pressure   *la pressione del sangue*
blood type   *il gruppo sanguigno, il tipo di sangue*
blouse   *la camicetta*
to blow the horn   *sonare il clacson*
to blow (wind)   *tirare*
blue jeans   *i blue jeans*
to board   *salire*
boarding   *l'imbarco*
boarding card   *la carta d'imbarco*
boarding gate   *l'uscita d'imbarco*
boarding pass   *la carta d'imbarco*
boarding student   *l'interno(a)*
boat   *la nave, il battello*
by boat   *via mare*
to boil   *bollire*
boiled   *lesso(a)*
bone (animal)   *l'osso (pl. gli ossi)*
bone (fish)   *la spina*
bone (human)   *l'osso (pl. le ossa)*
bonfire   *il falò, il fuoco*
book bag   *la cartella*
bookcase   *la libreria, lo scaffale*
boots   *gli stivaletti, gli stivali*
boss   *il capo*
bottle   *la bottiglia*
bottle opener   *l'apribottiglia*
to bounce   *sobbalzare*
bound for   *con destinazione*
bowel   *l'intestino*
box   *la scatola*
box office   *il botteghino*
box seat   *il palco*
boy   *il ragazzo*
little boy   *il bambino*
brake   *il freno*
to brake   *frenare*
brake fluid   *l'olio dei freni*
brassiere   *il reggipetto, il reggiseno*
to break   *rompere*
breakdown   *un guasto, una panne (panna)*
breakfast   *la prima colazione*
breast   *il seno, il petto (of fowl)*
to breath   *respirare*
briefcase   *la valigetta*

briefly　*brevemente*
to bring　*portare*
to bring to boil　*portare a ebollizione*
broiled　*alla graticola, alla griglia*
it is broken　*è guasto(a)*
broom　*la scopa*
brown　*marrone*
buffet　*il buffet, la credenza*
bumper　*il paraurti*
bunch　*il mazzo*
bunch (of grapes)　*il grappolo*
bungalow　*la villetta, il villino*
bureau　*il cassettone*
burned　*bruciato(a)*
burned out　*fulminato(a)*
burner (on a stove)　*il fornello*
bus　*l'autobus*
on business　*per affari*
busy　*occupato(a)*
busy signal　*il segnale di linea occupata*
butane　*il gas butano*
butcher　*il macellaio*
butcher shop　*la macelleria*
butter　*il burro*
butter dish　*il portaburro*
button　*il bottone*
to buy　*comprare*
to buy a ticket (train, bus)　*fare il biglietto*

cabin　*la cabina, il capanno*
cabinet　*il consiglio dei ministri, il gabinetto*
cabinet (kitchen)　*la credenza, il pensile*
cake　*la torta*
calf　*il vitello*
to call　*chiamare*
to call again　*richiamare*
to call on the phone　*chiamare al telefono*
calm　*calmo(a), tranquillo(a)*
to camp　*accampare, fare campeggio*
campground　*il campeggio*
camper　*l'autocaravan, il camper*
camping　*il campeggio*
can　*il barattolo, la lattina, la scatoletta*
cancer　*il cancro*
candelabra　*il candelabro*
candles　*le candele*
can opener　*l'apriscatola*
canvas beach chair　*la sedia a sdraio*
captain　*il capitano*
car　*l'auto, l'automobile, la macchina*
car (of a train)　*il vagone, la vettura*
carpet　*il tappeto*
car-repair garage　*l'autofficina*
car repairs　*l'autoriparazione*
carrot　*la carota*
to carry　*portare*
carry-on luggage　*il bagaglio a mano*
cart　*il carrello*

to carve　*trinciare*
carving knife　*il trinciante*
in case of　*in caso di*
cash　*in contanti, il denaro liquido, il denaro in contanti*
to cash　*cambiare*
to cash a check　*cambiare un assegno*
cashier　*il (la) cassiere(a)*
cashier's counter　*la cassa*
cashier's office　*l'ufficio cassa*
cashier's window　*la cassa*
casserole　*la casseruola*
cast　*l'ingessatura*
cataracts　*le cateratte, le cataratte*
to catch　*prendere*
centigrade　*il centigrado*
century　*il secolo*
certainly　*certamente*
certified (registered) mail　*la raccomandata*
chair　*la sedia*
chalkboard　*la lavagna*
chamber of deputies　*la camera dei deputati*
change　*il cambiamento, il cambio*
to change　*cambiare*
changeable　*variabile*
to change planes　*cambiare aereo*
to change trains　*cambiare treno*
channel　*il canale*
charge　*l'addebito, la commissione, la spesa*
to charge　*fare pagare*
to chat　*chiacchierare, conversare, parlare*
check　*il conto*
to check　*controllare; depositare (luggage)*
checkbook　*il libretto degli assegni*
checked (in design)　*a quadri*
checking account　*il conto corrente*
cheek　*la gota, la guancia (pl. le guance)*
cheese　*il formaggio*
chemistry　*la chimica*
cherry　*la ciliegia (pl. le ciliegie)*
chest　*il petto*
chest of drawers　*il cassettone*
chicken　*il pollo*
chicken pox　*la varicella*
chief　*il capo*
child　*il (la) bambino(a)*
chill　*il brivido*
choke (car)　*il pomello*
to choose　*scegliere*
chop　*la cotoletta*
to chop　*tritare*
choppy (sea)　*agitato*
Christmas　*il Natale*
Christmas Eve　*la vigilia di Natale*
cigarette　*la sigaretta*
citizen　*il (la) cittadino(a)*
citrus-fruit squeezer　*lo spremiagrumi*
to claim (luggage)　*ritirare*

to clap   *battere*
class   *la classe*
classroom   *l'aula, la classe*
to clean   *pulire*
clear   *sereno(a), chiaro(a), limpido(a)*
to clear the table   *sparecchiare la tavola*
to clear (up)   *rasserenarsi, schiarirsi*
clerk   *l'impiegato(a)*
clerk (at the reception desk)   *il (la) receptionist*
cloakroom   *il guardaroba*
to clog   *otturare*
clogged   *otturato(a)*
closet   *l'armadio*
cloth   *il panno*
clothes   *gli indumenti, i panni, i vestiti*
clothing   *gli indumenti, i panni*
cloud   *la nube, la nuvola*
cloudiness   *la nuvolosità*
cloudy   *annuvolato(a), nuvolo(a), nuvoloso(a)*
club (golf)   *la mazza*
clutch pedal   *il pedale della frizione*
coat   *il cappotto*
cockpit   *la cabina di pilotaggio*
cocktail   *l'aperitivo*
coffeepot   *la caffettiera*
coin   *la moneta*
coins   *il cambio, gli spiccioli*
colander   *il colapasta*
cold   *freddo(a)*
cold (illness)   *il raffreddore*
collect call   *la telefonata a carico del destinatario*
colon   *il colon*
color   *il colore*
to comb one's hair   *pettinarsi*
comb out   *una pettinata*
comedy   *la commedia*
come in!   *avanti!*
commission   *la commissione*
communism   *il comunismo*
communist   *il (la) comunista*
compartment   *il compartimento, lo scompartimento*
to complete   *completare*
compound fracture   *la frattura composta*
computer   *il computer*
conciergerie   *la portineria*
conductor   *il controllore*
confirmation (reservation)   *la conferma*
congestion   *il catarro*
to connect   *mettere in comunicazione con*
conservatism   *il conservatorismo*
conservative   *il conservatore (la conservatrice)*
constipated   *costipato(a), stitico(a)*
constitution   *la costituzione*
contract   *il contratto*
to contract   *contrarre*
contrary   *contrario(a)*

convention   *il congresso*
to cook   *cucinare, cuocere*
cookie   *il biscotto*
cool   *fresco(a)*
cord   *la corda, la fune*
curduroy   *il velluto a coste*
corkscrew   *il cavatappi*
corner   *l'angolo*
in the corner   *d'angolo*
to correct   *correggere*
correction   *la correzione, la rettifica*
corset   *il busto*
to cost   *costare*
cotton   *il cotone*
couch   *il divano, il sofà*
cough   *la tosse*
to cough   *tossire*
counter   *il banco*
couple   *un paio*
course (of a dinner)   *il piatto, la portata*
course of study   *il corso di studi*
court (in sports)   *il campo*
court   *il tribunale*
covered   *coperto(a)*
to crease   *sgualcire, sgualcirsi*
credit card   *la carta di credito*
crew   *l'equipaggio*
to crumple   *sgualcire, sgualcirsi*
crutch   *la stampella*
cuff links   *i gemelli*
cuffs   *i polsini*
cuisine   *la cucina*
cup   *la tazza*
cupboard   *la credenza, il pensile*
to cure   *curare*
curfew   *il coprifuoco*
current   *la corrente*
curriculum   *il corso di studi*
curtain (of a stage)   *il sipario*
customs   *la dogana*
customs agent   *il doganiere*
customs declaration   *la dichiarazione di (per la) dogana*
to cut   *tagliare*
to cut off (telephone)   *interrompere la linea*
cutlery   *le stoviglie*
cutlet   *la cotoletta*
cyst   *la cisti*

dairy products   *i latticini*
dairy store   *la latteria*
dangerous   *pericoloso(a)*
to darn   *rammendare*
dashboard   *il cruscotto*
date   *la data*
dawn   *l'alba*

day   *la giornata, il giorno*
day after tomorrow   *dopodomani*
day before yesterday   *l'altro ieri*
day by day   *di giorno in giorno*
by the day   *al giorno*
day student   *l'esterno(a)*
dean   *il (la) preside di facoltà*
December   *dicembre*
to declare   *dichiarare*
deep-fried   *fritto(a) in olio*
deeply   *profondamente*
to defend   *difendere*
delay   *in ritardo*
to deliberate   *deliberare, discutere*
to deliver (mail)   *distribuire*
delivery (of mail)   *la distribuzione*
delivery room   *la sala di parto*
democrat   *il (la) democratico(a)*
democracy   *la democrazia*
demonstration   *la dimostrazione, la manifestazione*
denim   *il cotone ritorto*
department (school)   *la facoltà*
department of agriculture   *il ministero dell'agricoltura*
department of commerce   *il ministero del commercio*
department of defense   *il ministero della difesa*
department of education   *il ministero della pubblica istruzione*
department of foreign affairs   *il ministero degli affari esteri*
department of the interior   *il ministero degli interni*
department of justice   *il ministero di grazia e giustizia*
department of labor   *il ministero del lavoro*
department of the treasury   *il ministero del tesoro*
department of war   *il ministero della guerra*
departure   *la partenza*
deposit   *il deposito, il versamento*
to deposit (money or funds   *depositare*
  into an account)
deputy   *il (la) deputato(a)*
to derive   *provenire*
to descend   *scendere*
desk clerk   *l'impiegato(a)*
despotic   *dispotico(a)*
dessert   *il dolce*
destination   *la destinazione*
diabetes   *il diabete*
to diagnose   *diagnosticare*
dial   *il disco combinatore*
to dial   *fare il numero*
dial tone   *il segnale di linea libera*
diarrhea   *la diarrea*
to dice   *tagliare a pezzetti*

diced   *tagliato(a) a pezzetti*
dictator   *il dittatore*
dictatorship   *la dittatura*
dining car   *il vagone ristorante*
dining room   *la sala da pranzo*
directional signals   *le frecce, le luci di direzione*
directly   *direttamente*
directory   *la guida telefonica*
dirty   *sporco(a)*
dirty clothes   *i panni sporchi*
to discuss   *deliberare, discutere*
disease   *la malattia*
dish   *il piatto, la vivanda*
dish drainer   *lo scolapiatti*
dishes   *le stoviglie*
dish towel   *il panno*
dishwasher   *la lavapiatti, la lavastoviglie*
dizziness   *le vertigini*
to do   *fare*
to do the laundry   *fare il bucato*
doctor   *il medico, il dottore (la dottoressa)*
doctorate   *il dottorato*
door   *la porta*
double   *doppio(a)*
double bed   *il letto matrimoniale*
double room   *la camera doppia*
doubles (tennis)   *un (incontro) doppio*
down payment   *la caparra, l'anticipo*
dozen   *la dozzina*
drain   *lo scarico*
to drain   *scolare*
drama   *il dramma*
drape   *la tenda*
drawer   *il cassetto*
dress   *il vestito*
to dress   *vestire*
to dress (oneself)   *vestirsi*
to dress (a wound)   *bendare, fasciare*
dressing gown   *la vestaglia*
drinking water   *l'acqua potabile*
to drip   *gocciare*
dripping   *gocciolando*
driver's license   *la patente automobilistica*
to drizzle   *piovigginare*
to drop   *cadere*
to drop (letters)   *imbucare*
to dry (to wipe dry)   *asciugare, seccare*
to dry-clean   *lavare a secco, pulire a secco*
dry cleaner's shop   *la lavanderia, la tintoria*
dry cleaning   *il lavaggio a secco*
to dry oneself   *asciugarsi*
dubbed   *doppiato(a)*
due date   *la data di scadenza*
dusk   *il tramonto*
dust   *la polvere*
to dust   *spolverare*

dustcloth   *lo straccio per la polvere, lo strofinaccio*
dust pan   *la pattumiera*
duty   *la dogana*

each day   *al giorno*
ear   *l'orecchio*
early   *presto*
Easter   *la Pasqua*
economy class   *la classe economica*
egg   *l'uovo* (pl. *le uova*)
eggbeater   *il frullino*
elbow   *il gomito*
to elect   *eleggere*
electrician   *l'elettricista*
electric outlet   *la presa*
electric plug   *la spina*
electric range   *la cucina elettrica*
electric razor   *il rasoio elettrico*
electric socket   *la presa*
electrocardiogram   *l'elettrocardiogramma*
elementary school   *la scuola elementare*
elementary school principal   *il direttore (la direttrice)*
elementary school teacher   *il (la) maestro(a)*
embarcation   *l'imbarco*
emergency   *l'emergenza*
emergency exit   *l'uscita d'emergenza*
emergency room   *il pronto soccorso*
employee   *l'impiegato(a)*
empty   *vuoto(a)*
to empty   *vuotare*
to end   *terminare*
to endorse   *firmare a tergo, intestare*
engineering   *l'ingegneria*
to enjoy   *godere*
to enter   *entrare*
to enter (come) on stage   *entrare in scena*
envelope   *la busta*
epilepsy   *l'epilessia*
equally   *ugualmente*
evening   *la sera*
in the evening   *di sera*
at exactly (with time of day)   *in punto*
to examine   *esaminare*
to exchange   *cambiare*
exchange bureau   *l'ufficio di cambio*
excuse me   *mi scusi* (formal), *scusami* (familiar)
exit   *l'uscita*
expense   *la spesa*
expensive   *caro(a)*
to explain   *spiegare*
express train   *il rapido*
extension (telephone)   *il numero interno*

fabric   *la stoffa, il tessuto*
face   *il viso*

face cloth   *il panno di spugna*
facilities   *i servizi*
to fail   *andare male agli esami, essere bocciato(a)*
to fall   *cadere*
to fall asleep   *addormentarsi*
far   *lontano*
fare   *la tariffa*
farther on   *più oltre*
fascism   *il fascismo*
fascist   *il (la) fascista*
to fasten   *agganciare*
faucet   *il rubinetto*
feather duster   *il piumino*
February   *febbraio*
feces   *le feci* (pl. only)
to feel the pulse   *sentire il polso*
fender   *il parafango*
fever   *la febbre*
a few   *alcuni, un paio*
field   *il campo*
to fill   *riempire*
to fill out   *completare*
film   *il film*
finances   *le finanze*
to find   *trovare*
to find oneself   *trovarsi*
finger   *il dito* (pl. *le dita*)
fingernail   *l'unghia*
to finish   *terminare*
fire   *il fuoco*
fireplace   *il caminetto*
first   *primo(a)*
first-aid kit   *la cassetta farmaceutica d'urgenza*
first class   *la prima classe*
first course   *il primo piatto*
in first gear   *in prima*
first of all   *prima di tutto*
first period   *il primo tempo*
first term   *la prima sessione*
first tier box   *il palco di prim'ordine*
fish   *il pesce*
fish market   *la pescheria*
fish store   *la pescheria*
to fit   *entrare*
fixed menu   *il menu del giorno*
flannel   *la flanella*
flashlight   *la lampadina tascabile*
flat tire   *una gomma forata, una gomma a terra*
flight   *il volo*
flight attendant   *l'assistente di volo*
flight path   *la rotta di volo*
flight plan   *la rotta di volo*
flight time   *il tempo di volo*
to float   *galleggiare, stare a galla*

to float with arms stretched out   *fare il morto*
floor   *il pavimento*
floor lamp   *la lampada a stelo*
flu   *l'influenza*
fly (pants)   *la patta*
to fly   *volare*
foam   *la schiuma*
fog   *la nebbia*
folding chair   *la sedia pieghevole*
folding table   *il tavolino pieghevole*
to follow   *seguire, segua (Lei)*
food   *la vivanda, il mangiare, i generi
        alimentari, la roba da mangiare*
foot   *il piede*
foot brake   *il freno a pedale*
fork   *la forchetta*
form   *il modulo*
forward   *anteriore*
forward cabin   *la cabina anteriore*
foul   *il fallo*
foundation garment   *il busto*
fowl   *il pollame, il pollo*
fragile   *fragile*
frame   *la cornice*
free   *libero(a)*
freedom   *la libertà*
freedom of speech   *la libertà di parola*
freedom of the press   *la libertà di stampa*
freeway   *l'autostrada normale*
freezer   *il congelatore, il freezer*
fresh   *fresco(a)*
very fresh   *freschissimo(a)*
Friday   *venerdì*
fried   *fritto(a)*
front   *anteriore*
in front   *davanti*
frozen   *surgelato(a)*
fruit   *la frutta*
fruit and vegetable store   *il negozio di frutta a
        verdure*
to fry   *friggere*
frying pan   *la padella*
full   *pieno(a), al completo*
full-coverage insurance   *l'assicurazione con
        copertura totale*
fuse   *la valvola*
fuse box   *la scatola delle valvole*

gabardine   *il gabardine*
gallbladder   *la vescichetta biliare*
garbage   *l'immondizia*
garbage can   *il bidone dell'immondizia, la
        pattumiera*
gasoline   *la benzina*
gas pedal   *l'acceleratore*
gas range   *la cucina a gas*
gas station   *il distributore di benzina*
gas tank   *il serbatoio*

gear   *la velocità*
gear shift   *il cambio di velocità*
German measles   *la rosolia*
to get   *prendere*
to get off   *scendere*
to get on   *salire in (su)*
to get out   *togliere*
to get up   *alzarsi*
to get up from the table   *alzarsi da tavola*
girdle   *il busto*
girl   *la ragazza*
little girl   *la bambina*
to give   *dare*
to give birth   *dare alla luce, partorire*
give me   *mi dia (formal), dammi (familiar)*
gland   *la ghiandola*
glass   *il bicchiere*
glasses   *gli occhiali*
glove compartment   *il cassetto ripostigli*
gloves   *i guanti*
to go   *andare*
goal (soccer)   *la porta*
goalie   *il portiere*
to go around   *andare in giro*
to go camping   *fare campeggio*
to go down   *calare, scendere*
to go to bed   *andare a letto, coricarsi*
to go to sleep   *prendere sonno*
to go to the doctor's office   *andare dal dottore*
to go up   *alzare*
government   *il governo*
to go well with   *andare bene insieme con*
to graduate   *diplomarsi (high school), laurearsi
        (college)*
to graduate with a   *laurearsi in chimica*
  major in chemistry
gram   *il grammo*
grapes   *l'uva*
grater   *la grattugia*
gravy (of meat)   *il sugo*
gravy boat   *la salsiera*
grease job   *la lubrificazione*
grill   *la griglia*
grilled   *alla graticola, alla griglia*
groceries   *i generi alimentari*
grocery store   *la drogheria, il negozio di
        alimentari*
ground   *la terra*
to guard   *sorvegliare*
guests   *gli ospiti, gli invitati*
gust (blast) of wind   *una raffica di vento*

hail   *la grandine*
to hail   *grandinare*
haircut   *il taglio dei capelli*
hairdresser   *il (la) parrucchiere(a)*
hair dryer   *l'asciugacapelli*
hair oil   *la brillantina*

hair spray   *la lacca, lo spray*
half-slip   *la sottana*
hammer   *il martello*
hammock   *l'amaca*
hand break   *il freno a mano*
handkerchief   *il fazzoletto*
handle   *il manico*
hand luggage   *il bagaglio a mano*
to hand over   *consegnare*
to hang   *appendere*
hanger   *la gruccia, la stampella*
to hang up   *riattaccare, attaccare*
don't hang up   *resti in linea, non riattacchi*
to happen   *capitare*
hat   *il cappello*
to have   *avere*
to have a cold   *essere raffreddato(a)*
head   *il capo, la testa*
head of lettuce   *il cespo*
headache   *il mal di testa*
headlight   *il fanale*
headset (for listening to music)   *la cuffia stereofonica*
headwaiter   *il capocameriere*
heart   *il cuore*
heart attack   *l'attacco di cuore*
heart disease   *la malattia di cuore*
heat   *il caldo, il calore*
to heat   *scaldare, scaldarsi*
heating   *il riscaldamento*
heel   *il tacco*
hemorrhoids   *le emorroidi*
high   *alto(a)*
high beams   *i fari abbaglianti*
high school   *il collegio, l'istituto, il liceo, la scuola media superiore*
high tide   *l'alta marea*
hip   *il fianco, l'anca*
to hit   *battere, colpire*
hold on   *resti in linea, non riattacchi*
hole   *il buco*
hole (golf)   *la buca*
holiday   *il giorno festivo*
hood (car)   *il cofano*
homegrown   *nostrano(a)*
horn   *il clacson*
hors d'oeuvres   *l'antipasto*
hospital   *l'ospedale*
hot   *caldo(a), caloroso(a)*
hot water   *l'acqua calda*
hour   *l'ora*
an (per) hour   *all'ora*
house of representatives   *la camera dei deputati, il congresso*
house specialty   *la specialità della casa*

housework   *le faccende domestiche, i lavori domestici*
how long? (time)   *quanto tempo?*
how much?   *cosa (quanto) costa?*
how much are they?   *quanto costano?*
how much is it?   *quanto costa?*
how much time?   *quanto tempo?*
hubcap   *la borchia*
humanities   *le lettere e filosofia*
human right   *il diritto umano*
humid   *umido(a)*
to hurt   *fare male*
hysterectomy   *l'isterectomia*

ignition   *l'accensione*
ignition key   *la chiave dell'accensione*
illness   *la malattia*
illuminated   *acceso(a)*
immediately   *immediatamente, subito*
imperialism   *l'imperialismo*
imperialist   *l'imperialista*
in   *dentro*
included   *incluso(a)*
it is incredible   *è incredibile*
indicator lights   *le luci di direzione*
inexpensive   *economico(a)*
inflamed   *infiammato(a)*
influenza   *l'influenza, il flu*
to inform   *informare*
injection   *l'iniezione*
inscription   *l'iscrizione*
inside   *dentro, interno(a)*
in installments   *a rate*
instead   *invece*
insurance   *l'assicurazione*
insurance company   *la società di assicurazioni*
to insure   *assicurare*
interest   *l'interesse*
interest rate   *il tasso d'interesse*
interior   *interno(a)*
intermission   *l'intervallo*
intersection   *l'incrocio*
intern   *il dottore interno*
international   *internazionale*
interventionism   *l'interventismo*
interventionist   *l'interventista*
intestine   *l'intestino*
intravenous   *endovenoso(a)*
iodine   *la tintura di iodio*
iron   *il ferro da stiro*
to iron   *stirare*
ironing   *lo stiro*
ironing board   *l'asse da stiro*
isolationism   *l'isolazionismo*
isolationist   *l'isolazionista*
to issue a visa   *vistare, dare il visto*

jacket   *la giacca*
January   *gennaio*
to jolt   *sobbalzare*
juice (fruit)   *il succo*
juice (meat)   *il sugo*
in its juices   *nel suo sugo*
July   *luglio*
June   *giugno*
junior high school   *la scuola media inferiore*
junta   *la giunta*

to keep   *mantenere*
kettle   *il bollitore*
to kick   *calciare, dare un calcio*
kidney   *il rene*
kilogram   *il chilogrammo*
kitchen   *la cucina*
kitchen closet   *la credenza, il pensile*
knapsack   *lo zaino*
knee   *il ginocchio (pl. le ginocchia)*
knife   *il coltello*
knocking (car)   *battendo in testa*
to know   *sapere, conoscere*
known   *conosciuto(a)*

label   *la targhetta* (for identification)
labor pains   *le doglie*
to be in labor   *essere di parto*
lace   *il merletto, il pizzo*
lamb   *l'agnello*
lamb chop   *la cotoletta d'agnello*
lamp   *la lampada*
to land   *atterrare*
landing   *l'atterraggio*
lane   *la corsia*
large   *grosso(a)*
to last   *durare*
late   *tardi, in ritardo*
later   *più tardi*
laundry   *il bucato*
laundry service   *il servizio guardaroba*
law   *la legge*
to lay oneself down   *sdraiarsi*
lead   *il piombo*
lead actor (actress)   *il (la) protagonista*
leaded (gasoline)   *con piombo*
to leak   *gocciare*
leaking   *perdendo*
to learn   *imparare*
leather   *il cuoio, la pelle*
leather sole   *la suola di cuoio*
to leave   *partire*
lecture   *la conferenza, la lezione*
left   *sinistro(a)*
Left (political orientation)   *la sinistra*
to the left   *a sinistra*
leftist   *di sinistra (uomo o donna)*

left end (soccer)   *l'ala sinistra*
leg   *la gamba*
of legal age   *maggiorenne*
less   *meno*
lesson   *la lezione*
letter   *la lettera*
letter carrier   *il portalettere, il postino*
lettuce   *la lattuga*
liberal   *il (la) liberale*
liberalism   *il liberalismo*
license plate   *la targa*
lifeguard   *il (la) bagnino(a) per i salvataggi*
life preserver   *la cintura di salvataggio*
life vest   *il giubbotto di salvataggio*
light   *la luce*
to light   *accendere*
light blue   *celeste*
light bulb   *la lampadina*
lighthouse   *il faro*
lightning   *il lampo*
to lightning   *lampeggiare*
light switch   *l'interruttore*
line   *la fila, la linea*
lining   *la fodera*
to listen to   *ascoltare*
lit   *acceso(a)*
to live   *abitare*
liver   *il fegato*
living room   *il salotto*
loan   *il prestito*
lobster   *l'aragosta*
local call   *la telefonata urbana (locale)*
local train   *il treno locale*
to be located   *stare*
lodged   *alloggiato(a)*
long   *lungo(a)*
long-distance call   *la telefonata interurbana*
to look for   *cercare*
lost   *perduto(a), perso(a)*
love (tennis)   *zero*
low beams   *i fari antiabbaglianti*
lower chamber   *la camera bassa*
lower house   *la camera bassa*
on a low flame   *a fuoco lento*
low tide   *la bassa marea*
lube   *la lubrificazione*
luggage   *il bagaglio*
luggage checkroom   *il bagagliaio, il deposito bagagli*
lung   *il polmone*
luxurious   *di lusso*

magazine   *la rivista*
maid   *la cameriera*
mail   *la corrispondenza, la posta*
to mail   *imbucare*
mailbox   *la cassetta postale*

main   *principale*
main dish   *il secondo piatto*
maître d'   *il capocameriere*
majority   *la maggioranza*
to make   *fare*
to make a basket (basketball)   *fare canestro*
                                              (cesto)
to make a decision   *prendere una decisione*
to make a deposit   *fare un deposito*
                                     (versamento)
to make (score) a goal   *fare un gol, segnare un*
                                        gol (una rete)
to make a motion   *presentare una mozione*
to make a phone call   *fare una telefonata*
                                        (chiamata)
to make a stop   *fare scalo*
to make the bed   *fare il letto*
makeup   *il maquillage, il trucco*
manicure   *il manicure*
March   *marzo*
martial law   *la legge marziale*
Marxism   *il marxismo*
Marxist   *il (la) marxista*
match   *il fiammifero*
match (sports)   *la partita*
to match   *andare bene insieme, accoppiare*
to matriculate   *immatricolarsi, iscriversi*
mattress   *il materasso*
May   *maggio*
meal   *il pasto*
measles   *il morbillo*
to measure   *misurare*
meat   *la carne*
medical history   *l'anamnesi*
medicine   *la medicina*
medicine cabinet   *l'armadietto farmaceutico*
medium (meat)   *cotto(a) moderatamente*
large meeting   *il congresso*
to melt   *liquefare*
to mend   *rammendare*
menstruation   *le mestruazioni*
mental illness   *la malattia mentale*
menu   *la lista delle vivande, il menu*
message   *il messaggio*
mezzanine   *la galleria*
middle school   *la scuola media, la scuola*
                                media inferiore
midnight   *la mezzanotte*
mild   *mite*
mileage (in kilometers)   *il chilometraggio*
militarism   *il militarismo*
militarist   *il (la) militarista*
military person   *il (la) militare*
milk   *il latte*
minced   *tritato(a)*
minority   *la minoranza*
minute   *il minuto*
mirror   *lo specchio*
to miss   *perdere*

missing a stroke (car)   *perdendo colpi*
to miss the shot (basketball)   *fallire il tiro*
mixer   *il mixer*
modern languages   *le lingue moderne*
monarch   *il (la) monarca*
monarchist   *il (la) monarchico(a)*
monarchy   *la monarchia*
Monday   *lunedì*
money   *la banconota, il biglietto, il denaro*
money order   *il vaglia postale*
month   *il mese*
monthly payments   *i pagamenti mensili*
mop   *la scopa di cotone*
morning   *la mattina*
in the morning   *di mattina*
mortgage   *l'ipoteca*
motion   *la mozione*
motorboat   *il motoscafo*
mouth   *la bocca*
movie   *il film, la pellicola*
movies   *il cinema*
mumps   *gli orecchioni, la parotite*
musical   *musicale*
musical revue   *la rivista musicale*
mustache   *i baffi*

nail polish   *lo smalto per le unghie*
nap   *il pisolino, il sonnellino*
napkin   *la salvietta, il tovagliolo*
narrow   *stretto(a)*
nasty weather   *il tempo brutto, il tempo*
                                    cattivo
national   *nazionale*
naturally   *naturalmente*
nausea   *la nausea*
near   *vicino(a), vicino a*
necessary   *necessario(a)*
neck   *il collo*
on the neck   *sul collo*
necktie   *la cravatta*
need   *il bisogno*
to need   *avere bisogno di, occorrere*
                         (impersonal)
to be in need   *avere bisogno di*
I need   *mi occorre*
net   *la rete*
neutral (car)   *in folle*
newspaper   *il giornale*
New Year   *l'Anno Nuovo*
New Year's Day   *il primo dell'anno,*
                                Capodanno
New Year's Eve   *l'ultimo dell'anno, la vigilia*
                                di Capodanno
night   *la notte*
at night   *di notte*
night table   *il comodino*
nonstop (flight)   *senza scalo*

noon　　*mezzogiorno*
no-smoking section　　*la sezione di non fumare*
no-smoking sign (light)　　*il segnale «vietato
　　　　　　　　　　　　　　fumare»*
notebook　　*il quaderno, il blocchetto per
　　　　　　　appunti*
November　　*novembre*
nowadays　　*oggigiorno*
to nullify　　*annullare*
nurse　　*l'infermiere(a)*
nursery school　　*l'asilo infantile*
nylon　　*il nailon, il nylon*

obstetrician　　*l'ostetrico(a)*
to obtain　　*ottenere*
October　　*ottobre*
odometer (in kilometers)　　*il contachilometri*
to offer　　*offrire*
office　　*l'ufficio*
oil　　*l'olio*
at once　　*immediatamente, subito*
once here　　*una volta qui*
one-way　　*direzione unica, senso unico*
only　　*solamente*
open　　*aperto(a)*
to open　　*aprire*
to open the mouth　　*aprire la bocca*
to operate　　*operare, fare un intervento
　　　　　　　　chirurgico*
operating room　　*la sala operatoria*
operating table　　*il tavolo operatorio*
operation　　*l'operazione*
operetta　　*l'operetta*
opportunity　　*l'opportunità*
opposing　　*avversario(a)*
opposite　　*contrario(a), opposto(a)*
opposition　　*l'opposizione*
orchestra　　*la platea*
orchestra seat　　*la poltrona in platea*
to order　　*ordinare*
to originate　　*provenire*
orthopedic surgeon　　*il chirurgo ortopedico*
otherwise　　*altrimenti*
outdoors　　*all'aperto*
out of bounds　　*fuori campo*
out of order　　*fuori servizio*
outlet　　*la presa*
outside　　*fuori*
ovary　　*l'ovaia*
oven　　*il forno*
overcoat　　*il soprabito*
overhead compartment　　*il compartimento in
　　　　　　　　　　　　　alto*
to overheat　　*surriscaldarsi*
over the net　　*sopra la rete*
oxygen　　*l'ossigeno*
oxygen mask　　*la maschera d'ossigeno*
oxygen tent　　*la tenda di ossigeno*

package　　*un pacchetto, un pacco*
pain　　*il dolore*
painting　　*il quadro*
pair　　*un paio*
pan　　*la padella, il tegame*
panties　　*le mutandine*
pantry　　*la dispensa*
pants　　*i calzoni, i pantaloni*
pantsuit　　*il completo pantalone*
panty hose　　*un collant*
parcel　　*il pacco*
to pare　　*sbucciare, pelare*
paring knife　　*il coltello da (per) pelare
　　　　　　　　(sbucciare), il coltello da frutta*
to park　　*parcheggiare, posteggiare*
parking　　*il posteggio*
parking lights　　*le luci di posizione*
party (politics)　　*il partito*
to pass　　*passare*
to pass the exams　　*passare agli esami*
to pass a resolution　　*prendere una decisione*
passbook　　*il libretto*
passenger　　*il (la) passeggero(a)*
passing through　　*di passaggio*
passport　　*il passaporto*
passport control　　*il controllo del passaporto*
to pass the exams　　*andare bene agli esami*
pastry　　*la pasta*
pastry shop　　*la pasticceria*
patient　　*il (la) malato(a), il (la) paziente*
to pay　　*pagare*
to pay cash　　*pagare in contanti*
to pay in installments　　*pagare a rate*
to pay in one lump sum　　*pagare in contanti*
payment　　*il pagamento*
peas　　*i piselli*
pedicure　　*il pedicure*
to peel　　*pelare, sbucciare*
penicillin　　*la penicillina*
penknife　　*il coltellino, il temperino*
people　　*la gente, il popolo*
pepper　　*il pepe*
pepper shaker　　*la pepiera*
percent　　*per cento*
to perform surgery　　*fare un intervento
　　　　　　　　　　　chirurgico, operare*
period (sports)　　*il tempo*
period (time)　　*il periodo*
permanent (wave)　　*la permanente*
personal effects　　*gli effetti personali*
person-to-person call　　*la telefonata con
　　　　　　　　　　　　preavviso*
phleboclysis　　*la fleboclisi*
phlegm　　*il catarro*
phone book　　*la guida telefonica*
phone call　　*la telefonata*
to pick up (receiver of phone)　　*staccare*
picture　　*il quadro*

picture postcard   *la cartolina illustrata*
pie   *la torta*
piece   *il pezzo*
pig   *il maiale, il suino*
pill   *la pillola*
pillow   *il guanciale*
pillowcase   *la federa*
pilot   *il (la) pilota*
pipes   *la tubatura*
to pitch a tent   *piantare una tenda*
place   *il luogo*
to place   *mettere*
place setting   *il coperto*
plane   *l'aereo*
by plane   *in aereo*
plate   *il piatto*
plate warmer   *lo scaldavivande*
platform (railroad)   *il binario*
to play   *giocare*
player   *il giocatore (la giocatrice)*
to play the part   *fare la parte*
pleasure trip   *un viaggio di piacere*
plebiscite   *il plebiscito*
plenary session   *la sessione plenaria*
plug   *il tappo*
to plug   *otturare*
to plug in   *attaccare*
plumber   *l'idraulico*
plumbing   *la tubatura*
P.M.   *del pomeriggio*
pocketbook   *la borsa*
pocketknife   *il coltellino, il temperino*
point   *il punto*
pole   *il paletto*
policy   *la polizza*
polio   *la poliomelite*
to polish   *lucidare*
political   *politico(a)*
political policy   *la politica*
political science   *le scienze politiche*
politics   *la politica*
with polka dots   *a pallini*
polyp   *il polipo*
pork   *la carne di maiale, la carne suina*
pork butcher shop   *la norcineria*
pork chop   *la cotoletta di maiale*
porter   *il facchino*
postal code   *il codice d'avviamento postale*
post office   *l'ufficio postale*
post office box   *la casella postale*
pot (type of pan)   *la casseruola*
potato   *la patata*
potato chips   *le patatine fritte*
potato peeler   *il pelapatate*
poultry store   *la polleria*
precipitation   *la precipitazione*
pregnant   *gravida, incinta*

to prescribe   *ordinare, prescrivere*
president   *il presidente (la presidentessa)*
pressure cooker   *la pentola a pressione*
price   *il prezzo*
prime minister   *il primo ministro*
private bath   *il bagno privato*
problem   *il problema*
product   *il prodotto*
production (dramatic)   *il lavoro*
prognosis   *la prognosi*
program   *il programma*
progressive   *il (la) progressista*
progressivism   *il progressismo*
to promise   *promettere*
to protect   *proteggere*
pulse   *il polso*
pupil   *l'alunno(a), lo (la) scolaro(a)*
to push   *spingere*
to put   *mettere*
to put on   *mettersi*
to put through   *mettere in comunicazione con*
to put up the tent   *piantare la tenda*

quorum   *il quorum*

racism   *il razzismo*
racist   *il (la) razzista*
racket   *la racchetta*
radiator   *il radiatore*
radical   *il (la) radicale*
radicalism   *il radicalismo*
radio   *la radio*
radiologist   *il (la) radiologo(a)*
radiology   *la radiologia*
rag   *lo straccio*
rain   *la pioggia*
to rain   *piovere*
raincoat   *l'impermeabile*
rainy   *piovoso(a)*
range (stove)   *la cucina*
rare (meat)   *al sangue*
too rare (meat)   *troppo al sangue*
rate   *la tariffa*
rate of exchange   *il cambio*
razor   *il rasoio*
to reach   *arrivare*
reading book   *il libro di lettura*
ready   *pronto(a)*
to be ready   *essere pronto(a)*
rear   *posteriore*
rear cabin   *la cabina posteriore*
receipt   *la ricevuta*
receiver   *il (la) destinatario(a)*
receiver (telephone)   *il ricevitore*
record   *il disco*
record player   *il giradischi*
recovery room   *la sala di risveglio*

red   *rosso(a)*
reef   *lo scoglio*
referee   *l'arbitro*
referendum   *il referendum*
refrigerator   *il frigorifero*
regional   *nostrano(a)*
to register   *immatricolarsi, iscriversi*
registration counter   *il banco registrazione*
registration form   *il modulo di registrazione*
regular mail   *la posta normale*
regulation   *la norma*
to reject   *respingere*
to relax   *rilassare*
religious   *religioso(a)*
to remain   *restare, rimanere, trattenersi*
to remove   *togliere*
to rent   *affittare*
to repair   *riparare*
repairs   *le riparazioni*
repair shop   *l'officina di riparazione*
representative   *il (la) deputato(a)*
reservation   *la prenotazione*
reserved   *riservato(a), prenotato(a)*
to reside   *abitare*
restaurant   *il ristorante*
to return the ball   *rimandare la palla*
in reverse   *in retromarcia*
to ride the waves   *fare il surfing*
right   *destro(a)*
right (prerogative)   *il diritto*
Right (political orientation)   *la destra*
rightist   *di destra (uomo o donna)*
to the right   *a destra*
rights of the people   *i diritti del popolo*
right end (soccer)   *l'ala destra*
to ring   *squillare, suonare, sonare*
road   *la strada*
to roast   *arrostire*
roasted   *arrostito(a)*
rock   *la roccia, lo scoglio*
roll   *il panino*
to roll up   *rimboccare*
room   *la camera, la stanza*
room and board   *il vitto e alloggio*
room service   *il servizio di camera*
room with two beds   *una camera a due letti*
rope   *la corda, la fune*
rough (sea)   *agitato, grosso, mosso*
round trip   *viaggio di andata e ritorno*
row   *la fila*
rubber   *la gomma*
rubber sole   *la suola di gomma*
rug   *il tappeto*
rule   *la norma*
rush hour   *l'ora di punta*

sack   *il sacchetto*

safety   *la sicurezza*
safety belt   *la cintura di sicurezza*
sailboat   *la barca a vela*
saint's day   *l'onomastico*
salad   *l'insalata*
salad bowl   *l'insalatiera*
sales clerk   *il (la) commesso(a)*
salesperson (in a shop)   *il (la) commesso(a)*
salt   *il sale*
salt shaker   *la saliera*
salty   *salato(a)*
same   *medesimo(a)*
sample   *il campione*
sand   *la rena, la sabbia*
sandal   *il sandalo*
Saturday   *sabato*
sauce   *la salsa*
saucer   *il piattino*
sausage   *la salsiccia*
sautée   *rosolare*
to save   *risparmiare*
savings account   *il libretto di risparmio*
scale   *la bilancia, la pesa*
scarf   *la sciarpa*
scattered   *sparso(a)*
scene   *la scena*
schedule   *l'orario*
scholarship   *la borsa di studio*
schoolbag   *la cartella*
school desk   *il banco*
scissors   *le forbici*
score   *il punteggio*
to score a goal   *segnare un gol (una rete)*
to score a point   *fare un punto*
scoreboard   *il tabellone*
screen   *lo schermo*
to scrub   *pulire*
sea   *il mare*
sea bathing   *i bagni di mare*
seat   *il posto, il sedile*
seat back   *lo schienale del sedile*
seated   *seduto(a)*
second   *il secondo, secondo(a)*
to second the motion   *appoggiare la mozione*
second-tier box   *il palco di second'ordine*
secular   *laico(a)*
sedative   *il sedativo, sedativo(a)*
senate   *il senato, la camera alta*
senator   *il senatore (la senatrice)*
to send   *inviare, mandare, spedire*
sender   *il (la) mittente*
separatism   *il separatismo*
separatist   *il (la) separatista*
September   *settembre*
serum   *il siero*
to serve   *servire*
to serve the ball   *servire la palla*

service   *il servizio*
service charge   *il servizio*
serving platter   *il piatto di portata*
set (tennis)   *la partita*
to set the alarm clock   *regolare la sveglia*
to set the bone   *ridurre la frattura*
to set the table   *apparecchiare la tavola*
setting (of hair)   *la messa in piega*
to sew   *cucire*
to sew again   *ricucire*
to sew on a button   *attaccare un bottone*
shampoo   *lo sciampo, la lavatura dei capelli*
to shave (oneself)   *radersi, fare la barba*
shaving soap   *il sapone da barba*
sheet   *il lenzuolo (pl. le lenzuola)*
shellfish   *i frutti di mare*
to shine   *brillare, lucidare*
shirt   *la camicia*
shoe   *la scarpa*
shoelaces   *i lacci*
shoe polish   *il lucido per le scarpe*
to shoot   *tirare*
to shoot (a film)   *girare*
shopping bag   *la sporta*
shopping basket   *la sporta*
shore   *il lido*
short   *corto(a)*
too short   *troppo corto(a)*
to shorten   *accorciare*
shoulder   *la spalla*
show   *lo spettacolo*
shower   *la doccia*
shower (rain)   *la pioggia, l'acquazzone*
shower cap   *la cuffia per la doccia*
to shrink   *restringere*
sick   *malato(a)*
sick person   *il (la) malato(a)*
sideboard   *il buffet, la credenza*
sideburns   *le basette*
on the sides   *ai lati*
sign   *l'iscrizione*
to sign   *firmare*
silk   *la seta*
since   *dato che, poiché*
single room   *la camera singola, la camera a
                  un letto*
singles (tennis)   *un (incontro) singolo*
sink (bathroom)   *il lavandino*
sink (kitchen)   *l'acquaio, il lavello*
size (for dresses, coats)   *la taglia, la misura*
to ski   *sciare*
skillet   *la padella*
skirt   *la gonna*
slacks   *i pantaloni*
to slam   *sbattere*
to sleep   *dormire*
sleeping bag   *il sacco a pelo*

sleeping car   *il vagone letto*
sleeve   *la manica*
slice   *la fetta*
slip   *il sottabito, la sottoveste*
slippers   *le pantofole*
slot   *la fessura del (per il) gettone*
small change   *gli spiccioli*
to smoke   *fumare*
smoked   *affumicato(a)*
smoking   *fumare*
sneakers   *le scarpe da tennis*
snow   *la neve*
to snow   *nevicare*
snowfall   *la nevicata*
snowstorm   *la tempesta di neve, la tormenta*
soap   *il sapone*
soap dish   *il portasapone*
soap powder   *il sapone in polvere*
soccer   *il calcio*
soccer ball   *il pallone*
soccer field   *il campo di calcio, lo stadio*
socialism   *il socialismo*
socialist   *il (la) socialista*
socket   *la presa*
socks   *i calzini*
sodium pentothal   *il pentotal di sodio*
sofa   *il divano, il sofà*
sold out   *tutto esaurito*
sole (fish)   *la sogliola*
some   *alcuni, alcune*
something   *qualcosa*
so much   *un tanto*
as soon as   *appena*
sore throat   *il mal di gola*
to sound the horn   *sonare il clacson*
soup   *la minestra*
soup spoon   *il cucchiaio*
soup tureen   *la zuppiera*
spare   *di ricambio*
spare parts   *i pezzi di ricambio*
spark plugs   *le candele*
to speak   *parlare*
to specialize   *specializzarsi*
specialty of the day   *il menu del giorno*
spectator   *lo spettatore (la spettatrice)*
speed   *la velocità*
speedometer   *il tachimetro*
to spend the summer   *trascorrere l'estate*
spike   *il chiodo*
to spill   *rovesciare*
spinach   *gli spinaci*
sponge   *la spugna*
small sponge   *la spugnetta*
sport   *lo sport*
spot   *la macchia*
to sprain   *slogarsi*
to sprain one's ankle   *slogarsi una caviglia*

spring   *la primavera*
stadium   *lo stadio*
stage   *il palcoscenico*
stage box   *il palco di proscenio*
stain   *la macchia*
to stall (engine)   *arrestarsi*
stamp   *il francobollo*
stamped postcard   *la cartolina postale*
to stamp (one's foot)   *battere*
to stamp the feet   *battere i piedi sul pavimento*
starch   *l'amido*
to start   *cominciare, incominciare, iniziare,*
    mettere in moto
starter   *l'accensione, il motorino d'avviamento*
station   *la stazione, la stazione d'imbarco*
to stay   *restare, stare, trattenersi*
staying   *alloggiato(a)*
steak   *la bistecca*
steamed   *cotto(a) con il vapore*
steering wheel   *il volante*
stem glass   *il bicchiere a calice*
stereophonic music   *la musica stereofonica*
stethoscope   *lo stetoscopio*
stewed   *in umido*
stick   *il bastone*
stitch   *il punto*
to stitch   *dare i punti*
stockings   *le calze*
stomach   *lo stomaco*
stop   *la fermata*
to stop   *fermare, fermarsi, parare, smettere*
stopper   *il tappo*
storm   *il temporale*
stormy   *tempestoso(a)*
story   *la storiella*
stove   *la cucina*
straight   *dritto(a)*
to strain   *colare*
strainer   *il colino, il passino*
street   *la strada, la via*
stretcher   *la barella, la lettiga*
to strike   *battere, colpire*
string beans   *i fagiolini*
striped   *rigato(a), a righe*
to strip to the waist   *spogliarsi fino alla cintola*
strong   *forte*
student   *lo (la) scolaro(a), lo (la) studente(ssa)*
student's desk   *il banco*
subject   *la materia*
subject of specialization   *la materia di*
    specializzazione
sudden   *improvviso(a)*
suddenly   *all'improvviso*
suede   *la pelle scamosciata*
suffered   *sofferto(a)*
sugar   *lo zucchero*
sugar bowl   *la zuccheriera*

to suggest   *consigliare*
suit   *l'abito completo (da uomo o da donna)*
suitcase   *la valigia*
small suitcase   *la valigetta*
suits   *i vestiti*
sultry (weather)   *afoso(a), soffocante*
summer   *l'estate*
summer vacation   *la villeggiatura*
sun   *il sole*
to sunbathe   *prendere il sole*
Sunday   *domenica*
sunglasses   *gli occhiali da sole*
sunny   *di sole, soleggiato(a)*
sunset   *il tramonto*
suntan   *l'abbronzatura, la tintarella*
suntan lotion   *la lozione abbronzante*
supermarket   *il supermercato*
supper   *la cena*
to support the motion   *appoggiare la mozione*
to surf   *fare il surfing*
surfboard   *la tavola da surfing*
surgeon   *il chirurgo*
surgery   *l'intervento chirurgico*
to suture   *dare i punti*
sweater   *il golf, la maglia, il maglione*
to sweep (with a broom)   *scopare*
to sweep the floor   *spazzare il pavimento*
to swim   *nuotare*
swimming pool   *la piscina*
switchboard   *il centralino*
swollen   *ingrossato(a)*
symptom   *il sintomo*
synthetic   *sintetico(a)*
system   *il sistema*

table   *il tavolino, il tavolo, la tavola*
tablecloth   *la tovaglia*
tablespoon   *il cucchiaio*
tag   *la targhetta* (for identification)
tailor   *il (la) sarto(a)*
take-off   *il decollo*
to take   *prendere*
to take (an examination)   *sostenere*
to take (in the sense of time)   *impiegare*
to take back   *ritirare*
to take a bath   *fare il bagno*
to take into consideration   *prendere in*
    considerazione
to take measurements   *prendere le misure*
to take notes   *prendere appunti*
to take off (plane)   *decollare*
to take out   *togliere, ritirare*
to take a shower   *fare la doccia*
tall   *alto(a)*
tan (color)   *avana*
tanned   *abbronzato(a)*

tape   *il nastro (magnetico)*
tariff   *la tariffa*
taxes   *le tasse*
taxi   *il tassì, il taxi*
to teach   *insegnare*
teacher (secondary school or university)
    il professore (la professoressa)
team   *la squadra*
teaspoon   *il cucchiaino*
telephone   *il telefono*
to telephone   *telefonare, chiamare al telefono*
telephone booth   *la cabina telefonica*
telephone call   *la telefonata, la chiamata*
    telefonica
telephone number   *il numero del telefono*
telephone operator   *il (la) telefonista, il (la)*
    centralinista
television   *la televisione*
television set   *il televisore*
teller   *il (la) cassiere(a)*
teller's window   *lo sportello*
temperature   *la temperatura*
tennis   *il tennis*
tennis court   *il campo da tennis*
tennis shoes   *le scarpe da tennis*
tent   *la tenda (da campo)*
terminal   *la stazione, la stazione d'imbarco*
to terminate   *terminare*
terrorism   *il terrorismo*
terrorist   *il (la) terrorista*
tetanus   *il tetano*
textbook   *il libro di testo*
that   *ciò*
theater   *il teatro*
there   *lì*
there are   *ci sono*
there is   *c'è*
thermos   *il termos*
thigh   *la coscia*
third-tier box   *il palco di terz'ordine*
this   *ciò*
throat   *la gola*
to throw   *tirare*
to throw away   *buttare via*
thunder   *il tuono*
to thunder   *tuonare*
thunderstorm   *il temporale*
Thursday   *giovedì*
ticket   *il biglietto*
ticket window (airport, bus,   *lo sportello*
    train station)
ticket window (movie, theater)   *il botteghino*
to tidy up   *rimettere in ordine*
to tie   *legare*
tied   *pari*
tight   *stretto(a)*
small tile   *il mosaico*

tiles   *le mattonelle*
time   *il tempo*
on time   *a (in) tempo, in orario*
timetable   *l'orario*
tint   *la tintura*
tip   *la mancia*
tire   *la gomma, il pneumatico*
tobacco   *il tabacco*
today   *oggi*
toe   *il dito (del piede)*
toilet   *il gabinetto, il water*
toilet paper   *la carta igienica*
token   *il gettone*
to tolerate   *tollerare*
toll   *il pedaggio*
tollbooth   *il casello autostradale*
toll call   *la telefonata interurbana*
tomato   *il pomodoro*
tomato sauce   *la salsa di pomodoro*
tomorrow   *domani*
tomorrow morning   *domani mattina*
tonight   *questa sera, stasera*
tonsils   *le tonsille*
too   *pure, anche, troppo*
too much   *troppo*
toothbrush   *lo spazzolino da denti*
toothpaste   *il dentifricio, la pasta dentifricia*
top   *la cima*
on top   *sopra*
top balcony   *il loggione*
total   *il totale*
too tough   *troppo duro(a)*
tourist card   *la carta di turista*
tourist class   *la classe turistica*
tournament   *il torneo*
to tow   *rimorchiare*
towel   *l'asciugamano*
towel rack   *il portasciugamano*
tow truck   *il carro attrezzi*
track   *il binario*
traffic   *il traffico, il transito*
traffic light   *il semaforo*
tragedy   *la tragedia*
trailer   *la roulotte*
train   *il treno*
train station   *la stazione ferroviaria*
tranquilizer   *il calmante*
transit   *il transito*
traveler   *il viaggiatore (la viaggiatrice)*
traveler's checks   *gli assegni turistici*
tray   *il vassoio*
trim   *una spuntata, una spuntatina*
trousers   *i calzoni, i pantaloni*
trunk (car)   *il bagagliaio*
to try   *provare*
tuberculosis   *la tubercolosi*
Tuesday   *martedì*

tuna   *il tonno*
tune-up   *una messa a punto*
to turn   *girare*
to turn around   *tornare indietro, voltarsi*
to turn on the light   *accendere la luce*
to turn out (off) the light   *spegnere la luce*
turnpike   *l'autostrada a pedaggio*
twins   *i gemelli*
type   *il tipo*
typhoid fever   *il tifo*

ulcer   *l'ulcera*
under   *sotto*
underpants   *le mutandine*
undershirt   *la maglietta*
undertow   *la controcorrente*
underwear   *la biancheria intima*
to undress oneself   *spogliarsi*
unexpected turbulence   *la turbolenza
                          inaspettata*
unicameral   *unicamerale*
uniform   *la divisa, l'uniforme*
university   *l'università*
unleaded (gasoline)   *senza piombo*
unstable   *incerto(a), instabile*
unstitched   *scucito(a)*
upper chamber   *la camera alta*
upper house   *la camera alta*
uprising   *la sommossa*
urine   *l'urina, l'orina*
to use   *usare*
usher   *la maschera* (f. *la mascherina*)

to vacate   *lasciare libero(a)*
vacation   *la vacanza, la villeggiatura*
vacuum cleaner   *l'aspirapolvere*
to vacuum-clean   *usare l'aspirapolvere*
variable   *variabile*
vaudeville   *il varietà*
veal   *la carne di vitello, vitello*
veal cutlet   *la cotoletta di vitello*
vegetables   *i legumi, i vegetali, le verdure*
venereal disease   *la malattia venerea*
venetian blinds   *le veneziane*
vibrating   *vibrando*
village   *il paese, il villaggio*
visa   *il visto*
voltage   *il voltaggio*
vomit   *il vomito*
to vomit   *vomitare*
vote   *il voto*
to vote   *votare*
vote of confidence   *il voto di fiducia*
voting right   *il diritto al voto*

waiter   *il cameriere*
waiting room   *la sala d'aspetto*
waitress   *la cameriera*

to walk   *camminare, andare a piedi*
to walk along the seashore   *camminare lungo
                                la spiaggia*
wall closet   *l'armadio a muro*
wall-to-wall carpet   *la moquette*
warm   *caldo(a), caloroso(a)*
to wash   *lavare*
to wash oneself   *lavarsi*
to wash one's hair   *lavarsi i capelli*
washing machine   *la lavatrice*
to watch   *guardare, sorvegliare*
water   *l'acqua*
waterskis   *gl'idroscì, gli sci d'acqua*
to waterski   *fare lo sci acquatico*
waterskiing   *lo sci acquatico*
wave   *l'onda*
waving (of hair)   *la messa in piega*
to wear   *portare*
weather   *il tempo*
weather forecast   *il bollettino meteorologico,
                     le previsioni del tempo*
Wednesday   *mercoledì*
week   *la settimana*
by the week   *per settimana, alla settimana*
weekday   *il giorno feriale*
weekend   *il fine settimana*
to weigh   *pesare*
to welcome   *dare il benvenuto*
well-done (meat, food)   *ben cotto(a)*
too well-done (meat)   *troppo cotto(a)*
to be well-informed   *essere al corrente*
well-known   *conosciuto(a)*
what do you suggest?   *cosa ci consiglia?*
what luck!   *che fortuna!*
wheel   *la ruota*
wheelchair   *la carrozzella, la sedia a rotelle*
when   *quando*
by when?   *per quando?*
whiskey   *il whisky*
whistle   *il fischio, il fischietto*
to whistle   *fischiare*
white   *bianco(a)*
who's calling   *chi parla?*
wide   *largo(a)*
to win   *vincere*
wind   *il vento*
window   *la finestra, lo sportello*
windshield   *il parabrezza*
windshield wiper   *il tergicristallo*
windstorm   *la tempesta di vento*
wine   *il vino*
wine list   *la lista dei vini*
wing   *l'ala*
winter   *l'inverno*
to withdraw   *ritirare*
without   *senza*
wool   *la lana*

work   *il lavoro*
doesn't work   *non funziona*
workday   *la giornata lavorativa*
worried   *preoccupato(a)*
worsted wool   *la lana pettinata*
wound   *la ferita*
to wrap   *incartare*
to wrinkle   *sgualcirsi*
wrinkle-resistant   *ingualcibile, resistente alle grinze*
wrist   *il polso*
to write   *scrivere*
wrong number   *il numero sbagliato*

x-ray   *la lastra, la radiografia*

year   *l'anno*
a year ago   *un anno fa*
next year   *l'anno prossimo, l'anno che viene*
last year   *l'anno scorso (passato)*
yellow fever   *la febbre gialla*
yesterday   *ieri*

zero   *lo zero*
zipper   *la chiusura lampo*
zone   *la zona*

Glossary: Italian—English
Glossario: Italiano—Inglese

abbronzato(a)   tanned
l'abbronzatura   suntan
abitare   to live, to reside
l'abito completo (da uomo o da donna)   suit
accampare   to camp
l'accappatoio   bathrobe
l'acceleratore   accellerator, gas pedal
accendere   to light
accendere la luce   to turn on the light
l'accensione   ignition, starter
acceso(a)   lit, illuminated
accompagnare   to accompany
accorciare   to shorten
l'acqua   water
l'acqua calda   hot water
l'acquaio   sink (kitchen)
l'acqua potabile   drinking water
l'acquazzone   shower (rain)
l'addebito   charge
l'addome   abdomen
addormentarsi   to fall asleep
l'aereo   plane
in aereo   by plane
l'aeroporto   airport
per affari   on business
affittare   to rent
affumicato(a)   smoked
afoso(a)   sultry
agganciare   to fasten
agitato(a)   rough, choppy (sea)
l'agnello   lamp
agosto   August
ahimè!   alas!
l'ala   wing
l'ala destra   right end (soccer)
l'ala sinistra   left end (soccer)
l'alba   dawn
alcuni   some, a few
l'allergia   allergy
allergico(a)   allergic
all'estero   abroad
alloggiato(a)   lodged, staying
l'alta marea   high tide
alternativamente   alternatively
l'altitudine   altitude
alto(a)   tall, high
altrimenti   otherwise
l'alunno(a)   pupil
alzare   to go up
alzarsi   to get up
alzarsi da tavola   to get up from the table

l'amaca   hammock
l'ambulanza   ambulance
l'amido   starch
l'analisi   analysis
l'anamnesi   medical history
l'anca   hip
anche   also
andare   to go
andare a letto   to go to bed
andare a piedi   to walk
andare bene agli esami   to pass the exams
andare bene insieme con   to match, to go well with
andare dal dottore   to go to the doctor's office
andare in giro   to go around
andare male agli esami   to fail
di andata   one-way
di andata e ritorno   round trip
l'anestesia   anesthesia
l'anestesista   anesthetist
d'angolo   in the corner
l'angolo   corner
l'anno   year
un anno fa   a year ago
l'Anno Nuovo   New Year
l'anno prossimo (che viene)   next year
l'anno scorso (passato)   last year
annullare   to nullify
annuvolato(a)   cloudy
anteriore   front, forward
l'antibiotico   antibiotic
l'anticipo   down payment
l'anticlericale   anticlerical person
l'anticlericalismo   anticlericalism
l'antipasto   appetizer, hors d'oeuves
l'aperitivo   aperitif, cocktail
aperto(a)   open
all'aperto   outdoors
apparecchiare la tavola   to set the table
appena   as soon as
appendere   to hang
l'appendice   appendix
l'appendicite   appendicitis
applaudire   to applaud
appoggiare la   to second the motion, to
  mozione   support the motion
approssimativo(a)   approximate
approvare   to approve, to accept
l'apribottiglia   bottle opener
aprile   April
aprire   to open

aprire la bocca   to open the mouth
l'apriscatola   can opener
l'aragosta   lobster
l'arbitro   referee
l'aria condizionata   air conditioning
l'armadietto farmaceutico   medicine cabinet
l'armadio   closet
l'armadio a muro   wall closet
arrestarsi   to stall (engine)
arrivare   to arrive, to reach
l'arrivo   arrival
arrostire   to roast
arrostito(a)   roasted
l'artrite   arthritis
l'asciugacapelli   hair dryer
l'asciugamano   towel
asciugarsi   to dry oneself
ascoltare   to listen to
l'asilo infantile   nursery school
l'asma   asthma
l'aspirapolvere   vacuum cleaner
l'asse da stiro   ironing board
gli assegni turistici   traveler's checks
l'assemblea   assembly
assicurare   to insure
l'assicurazione   insurance
l'assicurazione con   full-coverage insurance
  copertura totale
l'assistente di volo   flight attendant
attaccare   to hang up, to plug in
attaccare il bottone   to sew on the button
l'attacco   attack
l'attacco di cuore   heart attack
l'atterraggio   landing
atterrare   to land
l'atto   act
l'attore   actor
l'attrice   actress
l'aula   classroom
l'auto   car, auto
l'autobus   bus
l'autocaravan   camper
l'autofficina   car-repair garage
l'automobile   car, automobile
l'autoriparazione   car repairs
l'autostrada a pedaggio   turnpike
l'autostrada normale   freeway
l'autunno   autumn
avana   tan (color)
avanti!   come in!
avere   to have
aver(e) bisogno di   to be in need of, to need
aver(e) caldo   to be hot
aver(e) colpa   to be at fault, to be guilty
aver(e) coraggio   to be brave
aver(e) fame   to be hungry
aver(e) freddo   to be cold
aver(e) paura   to be afraid

aver(e) ragione   to be right
aver(e) sete   to be thirsty
aver(e) sonno   to be sleepy
aver(e) torto   to be wrong
aver(e) vergogna   to be ashamed
avversario(a)   opposing

i baffi   mustache
il bagagliaio   trunk (car), luggage checkroom
il bagaglio   luggage
il bagaglio a mano   hand luggage, carry-on
                luggage
il (la) bagnino(a) per i salvataggi   lifeguard
il bagno   bathroom, bath
il bagno di mare   sea bathing
il bagno privato   private bath
il balcone   balcony
il (la) bambino(a)   little boy, little girl, child,
                baby
la banca   bank
il banco   counter, student's desk, school desk
la banconota   bill, money
il banco registrazione   registration counter
il barattolo   can
la barba   beard
il barbiere   barber
la barbieria   barber shop
la barca a vela   sailboat
la barella   stretcher
le basette   sideburns
la bassa marea   low tide
il bastone   stick
battendo in testa   knocking (car)
battere   to beat, to hit, to strike, to clap, to
                stamp (one's foot)
battere i piedi sul pavimento   to stamp the feet
la batteria   battery
la benda   bandage
bendare   to bandage, to dress
la benzina   gasoline
la biancheria intima   underwear
bianco(a)   white
bicamerale   bicameral (two-house)
il bicchiere   glass
il bicchiere a calice   stem glass
il bidone dell'immondizia   garbage can
il biglietto   ticket, bill, money, bank note
i biglietti di grosso   bills of high denominations
  taglio   (big bills)
i biglietti di piccolo taglio   bills of low
                denominations
la bilancia   scale
il binario   platform, track
il biscotto   cookie
il bisogno   need
la bistecca   steak
il blocchetto per appunti   notebook

i blue jeans   blue jeans
la bocca   mouth
il bollettino meteorologico   weather forecast
bollire   to boil
il bollitore   kettle
la borchia   hubcap
la borsa   pocketbook
la borsa di studio   scholarship
il botteghino   ticket window, box office
la bottiglia   bottle
il bottone   button
il braccio (pl. *le braccia*)   arm
brevemente   briefly
la brillantina   hair oil
brillare   to shine
il brivido   chill
bruciato(a)   burned
la buca   hole (golf)
il bucato   laundry
il buco   hole
il buffet   buffet, sideboard
il burro   butter
la busta   envelope
il busto   girdle, corset, foundation garment
buttar via   to throw away

la cabina   cabin
la cabina anteriore   forward cabin
la cabina di pilotaggio   cockpit
la cabina posteriore   rear cabin
la cabina telefonica   telephone booth
cadere   to fall, to drop
la caffettiera   coffeepot
calare   to go down
calciare   to kick
il calcio   soccer
il caldo   heat
caldo(a)   warm, hot
il calmante   tranquilizer
calmo(a)   calm
il calore   heat
le calze   stockings
i calzini   socks
i calzoni   trousers, pants
il cambiamento   change
cambiare   to change, to exchange, to cash
cambiare aereo   to change planes
cambiare un assegno   to cash a check
cambiare treno   to change trains
il cambio   rate of exchange, change, coins
il cambio di velocità   gear shift
la camera   room
la camera alta   upper house, senate, upper chamber
la camera bassa   lower house, lower chamber
la camera dei deputati   chamber of deputies, house of representatives

la camera doppia   double room
la camera a due letti   room with two beds
la camera da letto   bedroom
la camera a un letto   single room
la camera singola   single room
la cameriera   maid, waitress
il cameriere   waiter
la camicetta   blouse
la camicia   shirt
il caminetto   fireplace
camminare   to walk
camminare lungo la spiaggia   to walk along the seashore
il campeggio   camping, camp ground
il camper   camper
il campione   sample
il campo   court, field
il campo da tennis   tennis court
il campo di calcio   soccer field
il canale   channel
il cancro   cancer
il candelabro   candelabra
le candele   spark plugs, candles
il capanno   bathing hut, cabin
la caparra   down payment
il capitano   captain
capitare   to happen
il capo   head, chief, boss
il capocameriere   headwaiter, maître d'
il Capodanno   New Year's Day
il cappello   hat
il cappello da spiaggia   beach hat
il cappotto   coat
la carne   meat
la carne di maiale   pork
la carne di manzo   beef
la carne suina   pork
caro(a)   expensive
la carota   carrot
il carrello   cart
il carro attrezzi   tow truck
la carrozzella   wheelchair
la carta di credito   credit card
la carta d'imbarco   boarding card, boarding pass
la carta di turista   tourist card
la carta igienica   toilet paper
la cartella   bookbag, schoolbag
la cartolina illustrata   picture postcard
la cartolina postale   stamped postcard
la casella postale   post office box
il casello autostradale   tollbooth
in caso di   in case of
la cassa   cashier's window, cashier's counter
la casseruola   casserole, (type of) pot
la cassetta farmaceutica d'urgenza   first-aid kit
la cassetta postale   mailbox

il cassetto   drawer
il cassetto ripostigli   glove compartment
il cassettone   bureau, chest of drawers
il (la) cassiere(a)   cashier, teller
il catarro   phlegm, congestion
le cateratte (le cataratte)   cataracts
il catino   basin (portable)
cattivo(a)   bad
il cavatappi   corkscrew
la caviglia   ankle
c'è   there is
celeste   light blue, baby blue
la cena   supper
centigrado   centigrade
il (la) centralinista   telephone operator
il centralino   switchboard
cercare   to look for
certamente   certainly
il cespo   head (of lettuce)
che fortuna!   what luck!
chiamare   to call
chiamare al telefono   to call up, to telephone
la chiamata telefonica   telephone call
chiaro(a)   clear
la chiave dell'accensione   ignition key
il chilogrammo   kilogram
il chilometraggio   mileage (in kilometers)
la chimica   chemistry
il chiodo   spike
chi parla?   who's calling?
il chirurgo   surgeon
il chirurgo ortopedico   orthopedic surgeon
la chiusura lampo   zipper
la ciliegia (pl. le ciliegie)   cherry
la cima   top
il cinema   movies
la cinta   belt
la cintura   belt
la cintura di salvataggio   life preserver
la cintura di sicurezza   safety belt
ciò   this, that
la cisti   cyst
il (la) cittadino(a)   citizen
il clacson   horn
la classe   classroom, class
la classe economica   economy class
la classe turistica   tourist class
il codice d'avviamento postale   postal code
il cofano   hood (car)
il colapasta   colander
colare   to strain
il colino   strainer
un collant   panty hose
il collegio   hich school
il collo   neck
sul collo   on the neck
il colon   colon
il colore   color

colpire   to hit, to strike
il coltellino   pocket knife
il coltello   knife
il coltello da pelare   paring knife
cominciare   to begin, to start
la commedia   comedy
il (la) commesso(a)   salesperson (in a shop), sales clerk
la commissione   ccmmission, charge
il comodino   night table
la compagnia aerea   airline
la compagnia di aviazione   airline
il compartimento   compartment
il compartimento in alto   overhead compartment
il compleanno   birthday
completare   to fill out, to complete
al completo   full
il completo pantalone   pantsuit
il computer   computer
il comunismo   communism
il (la) comunista   communist
la conferenza   lecture
la conferma   confirmation (reservation)
il congelatore   freezer
il congresso   large meeting, convention, House of Representatives (U.S.)
conosciuto(a)   known, well-known
consegnare   to hand over
conseguire   to achieve, to attain
il conservatore (la conservatrice)   conservative
il conservatorismo   conservatism
consigliare   to suggest
il consiglio dei ministri   cabinet
il contachilometri   odometer (in kilometers)
in contanti   (in) cash
il conto   bill, check, account
il conto corrente   checking account
contrario(a)   opposite, contrary
contrarre   to contract
il contratto   contract
contro   against
la controcorrente   undertow
controllare   to check
il controllo del passaporto   passport control
il controllore   conductor
conversare   to chat
la coperta   blanket
il coperto   place setting
coperto(a)   covered
il coprifuoco   curfew
il copriletto   bedspread
la corda   cord, rope
coricarsi   to go to bed
la cornice   frame
correggere   to correct
la corrente   current
la correzione   correction

il corridoio aisle
la corrispondenza mail
la corsia lane, aisle
il corso di studi course of study, curriculum
corto(a) short
cosa ci consiglia? what do you suggest?
cosa costa? how much?
la coscia thigh
costare to cost
costipato(a) constipated
la costituzione constitution
il costume da bagno bathing suit
la cotoletta chop, cutlet
la cotoletta d'agnello lamb chop
la cotoletta di maiale pork chop
la cotoletta di vitello veal chop
il cotone cotton
il cotone ritorto denim
cotto(a) moderatamente medium (neat)
ben cotto(a) well-done
cotto(a) con il vapore steamed
la cravatta necktie
la credenza kitchen closet, cupboard, buffet, cabinet, sideboard
il cruscotto dashboard
il cucchiaino teaspoon
il cucchiaio soup spoon, tablespoon
la cucina kitchen, stove, range, cuisine
la cucina a gas gas range
la cucina elettrica electric range
cucinare to cook
cucire to sew
la cuffia per la doccia shower cap
la cuffia stereofonica headset
cuocere to cook
il cuoio leather
il cuore heart
curare to cure

dare to give
dare alla luce to give birth
dare il benvenuto (a bordo) to welcome (aboard)
dare un calcio to kick
dare i punti to stitch, to suture
dare il visto to issue a visa
la data date
la data di scadenza due date
dato che since
davanti in front
decollare to take off (plane)
il decollo takeoff
deliberare to deliberate, to discuss
il (la) democratico(a) democrat
la democrazia democracy
il denaro money
il denaro liquido cash

il denaro in contanti cash
il dentifricio toothpaste
dentro in, inside
depositare to deposit (money or funds into an account), to check (luggage)
il deposito deposit
il deposito bagagli luggage checkroom
il (la) deputato(a) deputy, representative
il (la) destinatario(a) receiver
la destinazione destination
con destinazione bound for
la destra Right (political orientation)
a destra to the right
di destra (uomo o donna) rightist
destro(a) right
il diabete diabetes
diagnosticare to diagnose
la diarrea diarrhea
dicembre December
dichiarare to declare
la dichiarazione di (per la) dogana customs declaration
didietro back, behind
dietro in the back, behind
difendere to defend
direttamente directly
il direttore (la direttrice) elementary school principal
direzione unica one-way
i diritti del popolo rights of the people
il diritto right (prerogative)
il diritto al voto voting rights
il diritto umano human rights
il disco record
il disco combinatore dial
discutere to discuss, to deliberate
la dispensa pantry
disponibile available
dispotico(a) despotic
distribuire to deliver (mail)
il distributore di benzina gas station
la distribuzione delivery (of mail)
il dito (pl. le dita) finger, toe
il dito del piede toe
il dittatore dictator
la dittatura dictatorship
il divano sofa, couch
la divisa uniform
la doccia shower
la dogana customs, duty
il doganiere customs agent
le doglie labor pains
il dolce dessert
il dolore pain, ache
domani tomorrow
domani mattina tomorrow morning
domenica Sunday
doppiato(a) dubbed

un (incontro) doppio   doubles (tennis)
dopodomani   day after tomorrow
dormire   to sleep
il dorso   back
il dottorato di ricerca   doctorate
il dottore (la dottoressa)   doctor
il dottore interno   intern
la dozzina   dozen
il dramma   drama
dritto(a)   straight
la drogheria   grocery store
durare   to last

economico(a)   inexpensive
gli effetti personali   personal effects
eleggere   to elect
l'elettricista   electrician
l'elettrocardiogramma   electrocardiogram
l'emendamento   amendment
emendare   to amend
l'emergenza   emergency
le emorroidi   hemorrhoids
endovenoso(a)   intravenous
entrare   to fit, to enter
entrare in scena   to enter (come) on stage
l'epilessia   epilepsy
l'equipaggio   crew
esaminare   to examine
essere   to be
essere al corrente   to be well-informed
essere ammesso(a)   to be accepted, to be
                                        admitted
essere bocciato(a)   to fail
essere di parto   to be in labor
essere promosso(a)   to be promoted
essere pronto(a)   to be ready
essere raffreddato(a)   to have a cold
l'estate   summer
l'esterno(a)   day student

le faccende domestiche   housework
il facchino   porter
la facoltà   department (school)
i fagiolini   string beans
fallire il tiro   to miss the shot (basketball)
il fallo   foul
il falò   bonfire
il fanale   headlight
fare   to make, to do
fare il bagno   to bathe, to take a bath
fare i bagni di mare   to bathe in the sea
fare la barba   to shave
fare il biglietto   to buy a ticket
fare il bucato   to do the laundry
fare campeggio   to camp, to go camping
fare canestro (cesto)   to make a basket
                                        (basketball)
fare una chiamata   to make a phone call

fare un deposito   to make a deposit
fare la doccia   to take a shower
fare un gol   to make a goal
fare un intervento   to operate, to perform
  chirurgico   surgery
fare il letto   to make the bed
fare male   to hurt
fare il morto   to float with arms stretched out
fare il numero   to dial
fare pagare   to charge
fare la parte   to play the part
fare un punto   to score a point
fare scalo   to make a stop (airplane or boat)
fare lo sci acquatico   to waterski
fare il surfing   to surf, to ride the waves
fare una telefonata   to make a phone call
fare un versamento   to make a deposit
i fari abbaglianti   high beams
i fari antiabbaglianti   low beams
il faro   lighthouse
la fascia   bandage
fasciare   to bandage
fasciare una ferita   to dress a wound
il fazzoletto   handkerchief
febbraio   February
la federa   pillowcase
fermare   to stop
la fermata   stop
il ferro (da stiro)   iron
il fascismo   fascism
il (la) fascista   fascist
la febbre   fever
la febbre gialla   yellow fever
le feci (pl. only)   feces
il fegato   liver
la ferita   wound
la fessura del gettone   slot
una fetta   slice
il fiammifero   match
il fianco   hip
la fila   line, row
il film   movie, film
le finanze   finances
il fine settimana   weekend
la finestra   window
firmare   to sign
firmare a tergo   to endorse
fischiare   to whistle
il fischio, il fischietto   whistle
la flanella   flannel
la fleboclisi   phleboclysis
la fodera   lining
in folle   neutral
le forbici   scissors
la forchetta   fork
il formaggio   cheese
il fornello   burner on a stove
il forno   oven

al forno   baked
forte   strong
fragile   fragile
i francobolli   stamps
la frattura composta   compound fracture
le frecce   directional signals
la freccia   arrow
freddo(a)   cold
il freezer   freezer
frenare   to brake
il freno   brake
il freno a mano   hand brake
il freno a pedale   foot brake
frequentare   to attend
freschissimo(a)   very fresh
fresco(a)   cool
friggere   to fry
il frigorifero   refrigerator
fritto(a)   fried
fritto(a) in olio   deep-fried
il frullatore   blender
il frullino   eggbeater
la frutta   fruit
i frutti di mare   shellfish
fulminato(a)   burned out
la fune   rope, cord
non funziona   doesn't work
il fuoco   fire
a fuoco lento   on a low flame
fuori   outside
fuori campo   out of bounds
fuori servizio   out of order

il gabardine   gabardine
il gabinetto   toilet; cabinet
galleggiare   to float
la galleria   mezzanine
la gamba   leg
il gas butano   butane
i gemelli   cuff links, twins
i generi alimentari   food, groceries
gennaio   January
il gettone   token
la ghiandola   gland
la giacca   jacket
il ginocchio (pl. le ginocchia)   knee
giocare   to play
il giocatore (la giocatrice)   player
il giornale   newspaper
la giornata   day
la giornata lavorativa   workday
il giorno   day
al giorno   by the day
il giorno feriale   weekday
il giorno festivo   holiday
di giorno in giorno   day by day
giovedì   Thursday

il giradischi   record player
girare   to turn, to shoot (a film)
il giubbotto di salvataggio   life vest
giugno   June
la giunta   junta
gocciare   to drip, to leak
gocciolando   dripping
godere   to enjoy
la gola   throat
il gomito   elbow
la gomma   tire, rubber
una gomma forata   flat tire
una gomma a terra   flat tire
la gonna   skirt
la gota   cheek
il governo   government
il grammo   gram
grandinare   to hail
la grandine   hail
il grappolo   bunch (of grapes)
alla graticola   broiled, grilled
la grattugia   grater
gravida   pregnant
alla griglia   broiled, grilled
la griglia   grill
grosso(a)   big, large, rough (sea)
la gruccia   hanger
il gruppo sanguigno   blood type
la guancia   chick
il guanciale   pillow
i guanti   gloves
guardare   to watch
il guardaroba   cloakroom
un guasto   a breakdown
è guasto(a)   it is broken
la guida telefonica   phone book, directory

l'idraulico   plumber
gl'idroscì   waterskis
ieri   yesterday
ieri mattina   yesterday morning
l'imbarco   embarcation, boarding
imbucare   to mail, to drop
immatricolarsi   to matriculate, to register
immediatamente   immediately, at once
l'immondizia   garbage
imparare   to learn
l'imperialismo   imperialism
l'imperialista   imperialist
l'impermeabile   raincoat
impiegare   to take (in the sense of time)
l'impiegato(a)   employee, clerk, desk clerk
improvviso(a)   sudden
all'improvviso   suddenly
incartare   to wrap
incerto(a)   unstable
incinta   pregnant
incluso(a)   included

incominciare   to begin, to start
è incredibile   it's incredible
l'incrocio   intersection, crossing
l'indirizzo   address
gl'indumenti   clothes, clothing
l'infermiere(a)   nurse
infiammato(a)   inflamed
l'influenza   influenza, flu
informare   to inform
l'ingegneria   engineering
l'ingessatura   cast
ingrossato(a)   swollen
ingualcibile   wrinkle-resistant
l'iniezione   injection
iniziare   to begin, to start
l'insalata   salad
l'insalatiera   salad bowl
insegnare   to teach
instabile   unstable
l'interesse   interest
internazionale   international
l'interno(a)   boarding student, inside, interior
interrompere la linea   to cut off (telephone)
l'interruttore   light switch
l'interruzione di linea   cut off (telephone)
l'intervallo   intermission
l'interventismo   interventionism
l'interventista   interventionist
l'intervento chirurgico   surgery
intestare   to endorse
l'intestino   intestine, bowel
invece   instead
l'inverno   winter
inviare   to send
gl'invitati   guests
l'ipoteca   mortgage
iscriversi   to register, to matriculate
l'iscrizione   sign, inscription
l'isolato   block
l'isolazionismo   isolationism
l'isolazionista   isolationist
l'isterectomia   hysterectomy
l'istituto   high school

la lacca   hair spray
i lacci   shoelaces
laico(a)   secular
la lampada   lamp
la lampada a stelo   floor lamp
la lampadina   light bulb
la lampadina tascabile   flashlight
lampeggiare   to lightning
il lampo   lightning
la lana   wool
la lana pettinata   worsted wool
largo(a)   wide
lasciar libero(a)   to vacate
la lastra   x-ray

ai lati   on the sides
il latte   milk
la latteria   dairy store
i latticini   dairy products
la lattina   can
la lattuga   lettuce
laurearsi   to graduate
laurearsi in chimica   to graduate with a major in chemistry
il lavabo   basin
il lavaggio a secco   dry cleaning
la lavagna   chalkboard
la lavanderia   dry cleaner's shop
il lavandino   sink (bathroom)
la lavapiatti   dishwasher
lavare   to wash
lavare a secco   to dry-clean
lavarsi   to wash oneself
lavarsi i capelli   to wash one's hair
la lavastoviglie   dishwasher
la lavatrice   washing machine
la lavatura dei capelli   shampoo
il lavello   sink (kitchen)
i lavori domestici   housework
il lavoro   work, production (dramatic)
legare   to tie
la legge   law
la legge marziale   martial law
i legumi   vegetables
il lenzuolo (pl. le lenzuola)   sheet
il lenzuolo da bagno   bath towel
lesso(a)   boiled
la lettera   letter
le lettere e filosofia   humanities
la lettiga   stretcher
il letto   bed
il letto matrimoniale   double bed
la lezione   lesson, lecture
lì   there
il (la) liberale   liberal
il liberalismo   liberalism
libero(a)   free, available
la libertà   freedom
la libertà di parola   freedom of speech
la libertà di stampa   freedom of the press
la libreria   bookcase
il libretto   passbook, bankbook
il libretto degli assegni   checkbook
il libretto di risparmio   savings account
il libro di lettura   reading book
il libro di testo   textbook
il liceo   high school
il lido   shore, beach
limpido(a)   clear
la linea   line
la linea aerea   airline
le lingue moderne   modern languages
liquefare   to melt

la lista dei vini   wine list
la lista delle vivande   menu
il loggione   top balcony
lontano   far
la lozione abbronzante   suntan lotion
la lubrificazione   grease job, lube
la luce   light
lucidare   to shine, to polish
le luci di direzione   directional signals, indicator lights
le luci di posizione   parking lights
il lucido per le scarpe   shoe polish
luglio   July
lunedì   Monday
lungo(a)   long
il luogo   place
di lusso   luxurious

la macchia   stain, spot
la macchina   car
la macelleria   butcher shop
il (la) maestro(a)   elementary school teacher
maggio   May
la maggioranza   majority
maggiorenne   of legal age
la maglia   sweater
la maglietta   undershirt
il maglione   sweater
il maiale   pig
il (la) malato(a)   sick person, patient
malato(a)   sick
la malattia   illness, disease
la malattia di cuore   heart disease
la malattia mentale   mental illness
la malattia venerea   venereal disease
il male d'aria   air sickness
il mal di gola   sore throat
il mal di testa   headache
la mancia   tip
mandare   to send
il mangiare   food
la manica   sleeve
il manico   handle
il manicure   manicure
la manifestazione   demonstration
mantenere   to keep
il maquillage   makeup
il mare   sea
marrone   brown
martedì   Tuesday
il martello   hammer
il marxismo   Marxism
il (la) marxista   Marxist
marzo   March
la maschera (f. la mascherina)   usher
la maschera d'ossigeno   oxygen mask
il materassino gonfiabile   air mattress
il materasso   mattress

la materia   subject
la materia di specializzazione   subject of specialization
la mattina   morning
di mattina   in the morning, A.M.
le mattonelle   tiles
la mazza   club (golf)
un mazzo   bunch
medesimo(a)   same
la medicina   medicine
il medico   doctor
meglio   better
la mela   apple
meno   less
il menu   menu
il menu del giorno   specialty of the day, fixed menu
mercoledì   Wednesday
il merletto   lace
il mese   month
la messa in piega   waving (of hair), setting
una messa a punto   tune-up
il messaggio   message
le mestruazioni   menstruation
mettere   to put, to place
mettere in comunicazione con   to put through, to connect
mettere in moto   to start
mettersi   to put on
la mezzanotte   midnight
il mezzogiorno   noon
il (la) militare   military person
il militarismo   militarism
il (la) militarista   militarist
la minestra   soup
il ministero degli affari esteri   department of foreign affairs
il ministero dell'agricoltura   department of agriculture
il ministero del commercio   department of commerce
il ministero della difesa   department of defense
il ministero di grazia e giustizia   department of justice
il ministero della guerra   department of war
il ministero degli interni   department of the interior
il ministero del lavoro   department of labor
il ministero della pubblica istruzione   department of education
il ministero del tesoro   department of the treasury
la minoranza   minority
il minuto   minute
misto(a)   blend (of fibers)
la misura   size (dresses, coats, suits)
misurare   to measure
mite   mild

il (la) mittente   sender
il mixer   mixer
il modulo   form
il modulo di registrazione   registration form
il (la) monarca   monarch
la monarchia   monarchy
il (la) monarchico(a)   monarchist
la moneta   corn
la moquette   wall-to-wall carpeting
il morbillo   measels
il mosaico   small tile
mosso(a)   rough (sea)
il motorino d'avviamento   starter
il motoscafo   boat, launch
la mozione   motion
musicale   musical
la musica stereofonica   stereophonic music
le mutandine   panties, underpants

il nailon   nylon
il nastro (magnetico)   tape
il Natale   Christmas
naturalmente   naturally
la nausea   nausea
la nave   boat
nazionale   national
la nebbia   fog
necessario(a)   necessary
il negozio di alimentari   grocery store
il negozio di frutta e verdure   fruit and
                                   vegetable store
nero(a)   black
la neve   snow
nevicare   to snow
la nevicata   snowfall
la norcineria   pork butcher shop
la norma   rule, regulation
nostrano(a)   homegrown, regional
la notte   night
novembre   November
la nube   cloud
il numero del telefono   telephone number
il numero interno   extension
il numero sbagliato   wrong number
nuotare   to swim
nuovamente   again
la nuvola   cloud
nuvolo(a)   cloudy
la nuvolosità   cloudiness
nuvoloso(a)   cloudy
il nylon   nylon

gli occhiali   glasses
gli occhiali da sole   sunglasses
mi occorre   I need
occorrere (impersonal)   to need
occupato(a)   busy

l'officina di riparazione   repair shop
offrire   to offer
oggi   today
oggigiorno   nowadays
l'olio   oil
l'olio dei freni   brake fluid
l'ombrellone   beach umbrella
l'onda   wave
l'onomastico   saint's day
operare   to operate
l'operazione   operation
l'operetta   operetta
l'opportunità   opportunity
l'opposizione   opposition
opposto(a)   opposite
l'ora   hour
all'ora   an (per) hour
l'ora di punta   rush hour
l'orario   schedule, timetable
in orario   on time
ordinare   to order, to prescribe
l'orecchio   ear
gli orecchioni   mumps
l'orina   urine
l'ospedale   hospital
l'ospite   guest
l'ossigeno   oxygen
l'osso (pl. *gli ossi*)   bone (animal)
l'osso (pl. *le ossa*)   bone (human)
l'ostetrico(a)   obstetrician
ottenere   to obtain
ottobre   October
otturare   to plug, to clog
otturato(a)   clogged
l'ovaia   ovary

un pacchetto   package
il pacco   package, parcel
la padella   pan, frying pan, skillet
il paese   village
i pagamenti mensili   monthly payments
il pagamento   payment
pagare   to pay
pagare in contanti   to pay cash, to pay in one
                        lump sum
pagare a rate   to pay in installments
un paio   a pair, a couple, a few
il palco   box seat
il palco di prim'ordine   first-tier box
il palco di proscenio   stage box
il palco di second'ordine   second-tier box
il palco di terz'ordine   third-tier box
il palcoscenico   stage
il paletto   pole
la palla   ball
la pallacanestro   basketball
a pallini   with polka dots

il pallone   ball, soccer ball
la pancetta   bacon
la panetteria   bakery
il panino   roll
una panne (panna)   breakdown
i panni   clothes, clothing
i panni sporchi   dirty clothes
il panno   dish towel, cloth
il panno di spugna   face cloth
i pantaloni   pants, slacks, trousers
le pantofole   slippers
il parabrezza   windshield
il parafango   fender
parare   to stop, to block
il paraurti   bumper
parcheggiare   to park
pari   tied
parlare   to speak, to chat
la parotite   mumps
il (la) parrucchiere(a)   men's (ladies')
hairdresser
la partenza   departure
particolarmente invitante   appetizing
partire   to leave
la partita   match, set (tennis)
il partito   party
partorire   to give birth
la Pasqua   Easter
di passaggio   passing through
il passaporto   passport
passare   to pass
passare agli esami   to pass the exams
il (la) passeggero(a)   passenger
il passino   strainer
la pasta   pastry
la pasticceria   pastry shop
il pasto   meal
le patatine fritte   potato chips
la patente automobilistica   driver's license
la patta   fly (pants)
la pattumiera   garbage can, dustpan
il pavimento   floor
il (la) paziente   patient
il pedaggio   toll
il pedale della frizione   clutch pedal
il pedicure   pedicure
il pelapatate   potato peeler
pelare   to peel, to pare
la pelle   leather
la pelle scamosciata   suede
la pellicola   film, movie
la penicillina   penicillin
la penna a sfera   ballpoint pen
il pensile   kitchen closet, cupboard, cabinet
la pentola a pressione   pressure cooker
il pentotal di sodio   sodium pentothal
il pepe   pepper

la pepiera   pepper shaker
per cento   percent
perdendo   leaking
perdendo colpi   missing a stroke (car)
perdere   to miss
perduto(a)   lost
pericoloso(a)   dangerous
il periodo   period (time)
la permanente   permanent (wave)
per quando?   by when?
perso(a)   lost
la pesa   scale
pesare   to weigh
il pesce   fish
la pescheria   fish store, fish market
pettinarsi   to comb one's hair
una pettinata   comb out
il petto   breast (of fowl), chest
i pezzi di ricambio   spare parts
un pezzo   piece
piantare la tenda   to pitch (put up) the tent
il piattino   saucer
il piatto   plate, dish, course
il piatto da portata   serving platter
il piede   foot
pieno(a)   full
la pila   battery
la pillola   pill
il (la) pilota   pilot
la pioggia   rain, shower
il piombo   lead
con piombo   leaded (gasoline)
senza piombo   unleaded (gasoline)
piovere   to rain
piovigginare   to drizzle
piovoso(a)   rainy
la piscina   swimming pool
i piselli   peas
il pisolino   nap
il piumino   feather duster
più oltre   farther on
più tardi   later
il pizzo   lace
la platea   orchestra
il plebiscito   plebiscite
il pneumatico   tire
poiché   since, because
la poliomelite   polio
il polipo   polyp
la politica   politics, political policy
politico(a)   political
la polizza   policy
il pollame   fowl
la polleria   poultry store
il pollo   fowl, chicken
il polmone   lung
i polsini   cuffs

il polso   pulse, wrist
la poltrona   armchair
la poltrona in platea   orchestra seat
il pomello   choke (car)
il pomeriggio   afternoon
del pomeriggio   in the afternoon, P.M.
il pomodoro   tomato
il popolo   people
la porta   goal (soccer), door
il portaburro   butter dish
il portalettere   letter carrier
portare   to carry, to bring, to wear
portare a ebollizione   to bring to boil
il portasapone   soap dish
il portasciugamano   towel rack
la portata   course
il portiere   goalie
la portineria   conciergerie
la posta   mail
la posta aerea   air mail
la posta normale   regular mail
posteggiare   to park
il posteggio   parking
posteriore   back, rear
il postino   letter carrier
il posto   seat
potere   to be able (can)
la precipitazione   precipitation
il prefisso   area code
prendere   to get, to take, to catch
prendere appunti   to take notes
prendere in considerazione   to take into consideration
prendere una decisione   to make a decision, to pass a resolution
prendere le misure   to take measurements
prendere il sole   to sunbathe
prendere sonno   to go to sleep
prenotato(a)   reserved
la prenotazione   reservation
preoccupato(a)   worried
la presa   electric outlet, electric socket
prescrivere   to prescribe
presentare una mozione   to make a motion
il (la) preside di facoltà   dean
il presidente (la presidentessa)   president
la pressione dell'aria   air pressure
la pressione atmosferica   atmospheric pressure
la pressione barometrica   barometric pressure
la pressione del sangue   blood pressure
il prestito   loan
presto   early
le previsioni del tempo   weather forecast
il prezzo   price
in prima   in first gear
la prima classe   first class
la prima colazione   breakfast

la prima sessione   first term
prima di tutto   first of all
la primavera   spring
primo   first
il primo dell'anno   New Year's Day
il primo ministro   prime minister
il primo piatto   first course
il primo tempo   first period
principale   main
il problema   problem
il prodotto   product
il professore (la professoressa)   teacher (secondary school or university)
profondamente   deeply
la prognosi   prognosis
il programma   program
il progressismo   progressivism
il (la) progressista   progressive
promettere   to promise
pronto(a)   ready
il pronto soccorso   emergency room
il (la) protagonista   lead actor (actress)
proteggere   to protect
provare   to try
proveniente da   arriving from
provenire   to derive, to originate
pulire   to clean, to scrub
pulire a secco   to dry-clean
il punteggio   score
il punto   stitch, point
in punto   at exactly (with time of day)
pure   also, too

il quaderno   notebook
il quadro   picture, painting
a quadri   checked (in design)
qualcosa   something
quanto costa?   how much is it?
quanto costano?   how much are they?
quanto tempo?   how long? how much time?
quasi   almost
questa sera   tonight
il quorum   quorum

la racchetta   racket
la raccomandata   certified (registered) mail
radersi   to shave oneself
il radiatore   radiator
il (la) radicale   radical
il radicalismo   radicalism
la radio   radio
la radiografia   x-ray
la radiologia   radiology
il (la) radiologo(a)   radiologist
la raffica di vento   gust (blast) of wind
il raffreddore   cold (illness)
la ragazza   girl

il ragazzo   boy
il ragazzo d'albergo   bellhop
rammendare   to mend, to darn
il rapido   express train
il rasoio   razor
il rasoio elettrico   electric razor
rasserenarsi   to clear (up)
a rate   in installments
il razzismo   racism
il (la) razzista   racist
il (la) receptionist   receptionist, clerk at the
            reception desk
il referendum   referendum
il reggipetto   brassiere
il reggiseno   brassiere
il regime autocratico   autocratic regime
regolare la sveglia   to set the alarm clock
religioso(a)   religious
la rena   sand
il rene   kidney
resistente alle grinze   wrinkle-resistant
respingere   to reject
respirare   to breath
restare   to remain, to stay
resti in linea   hold on, don't hang up
restringere   to shrink
la rete   net
sopra la rete   over the net
in retromarcia   in reverse
la rettifica   correction, amendment
riattaccare   to hang up
non riattacchi   hold on, don't hang up
di ricambio   spare
il ricevitore   receiver (on a telephone)
la ricevuta   receipt
richiamare   to call again
ricucire   to sew again
ridurre la frattura   to set the bone
riempire   to fill
rigato(a)   striped
a righe   striped
rilassare   to relax
rimandare la palla   to return the ball
rimanere   to remain
rimboccare   to roll up
rimettere in ordine   to tidy up
rimorchiare   to tow
riparare   to repair
le riparazioni   repairs
il riscaldamento   heating
riservato(a)   reserved
risparmiare   to save
rispondere   to answer
la risposta   answer
il ristorante   restaurant
il ritardo   delay
in ritardo   late

ritirare   to claim (luggage), to withdraw, to
            take back (out)
la rivista   magazine
la rivista musicale   musical revue
la roba da mangiare   food
la roccia   rock
rompere   to break
rosolare   to sautée
la rosolia   German measles
rosso(a)   red
la rotta di volo   flight plan, flight path
la roulotte   trailer
rovesciare   to spill
il rubinetto   faucet
la ruota   wheel

sabato   Saturday
la sabbia   sand
il sacchetto   bag, sack
il sacchetto per il male d'aria   airsickness bag
il sacco a pelo   sleeping bag
la sala d'aspetto   waiting room
la sala operatoria   operating room
la sala di parto   delivery room
la sala da pranzo   dining room
la sala di risveglio   recovery room
salato(a)   salty
la salsiccia   sausage
il saldo   balance
il sale   salt
la saliera   salt shaker
salire in (su)   to get on, to board
il salotto   living room
la salsa   sauce
la salsa di pomodoro   tomato sauce
la salsiera   gravy boat
la salvietta   napkin
il sandalo   sandal
il sangue   blood
al sangue   rare (meat)
il sapone   soap
il sapone da barba   shaving soap
il sapone in polvere   soap powder
la saponetta   bar of soap
il (la) sarto(a)   tailor
sbattere   to beat, to slam
sbucciare   to pare, to peel
lo scaffale   bookcase
scaldarsi   to heat
lo scaldavivande   plate warmer
lo scarico   drain
la scarpa   shoe
le scarpe da tennis   tennis shoes, sneakers
la scatola   box
la scatola delle valvole   fuse box
la scatoletta   can
scegliere   to choose

la scena   scene
scendere   to get off, to descend, to go down
lo scendibagno   bath mat
lo schermo   screen
schiarirsi   to clear up
la schiena   back
lo schienale del sedile   seat back
la schiuma   foam
lo sci acquatico   waterskiing
lo sciampo   shampoo
sciare   to ski (snow)
la sciarpa   scarf
le scienze politiche   political science
lo scoglio   rock, reef
lo scolapiatti   dish drainer
scolare   to drain
lo (la) scolaro(a)   pupil, student
lo scompartimento   compartment
lo scontrino   baggage claim check
la scopa   broom
la scopa di cotone   mop
scopare   to sweep (with a broom)
scrivere   to write
scucito   unstitched
la scuola elementare   elementary school
la scuola media inferiore   junior high school
la scuola media superiore   high school
mi scusi   excuse me
sdriarsi   to lay oneself down
il secolo   century
la seconda galleria   balcony
il secondo piatto   main dish
sedativo(a)   sedative
il sedativo   sedative
la sedia   chair
la sedia a rotelle   wheelchair
la sedia pieghevole   folding chair
la sedia a sdraio   canvas beach chair
il sedile   seat
seduto(a)   seated
il segnale di linea libera   dial tone
il segnale di linea occupato   busy signal
il segnale «vietato fumare»   no-smoking sign
                                          (light)
segnare un gol (una rete)   to make (score) a
                                          goal
seguire (segua [Lei])   to follow
il semaforo   traffic light
il senato   senate
il senatore (la senatrice)   senator
il seno   breast
senso unico   one-way
sentire il polso   to feel the pulse
senza   without
senza scalo   nonstop (flight)
il separatismo   separatism
il (la) separatista   separatist
la sera   evening

il serbatoio   gas tank
sereno(a)   clear
servire   to serve
servire la palla   to serve the ball
i servizi   facilities
il servizio   service, service charge
il servizio di camera   room service
il servizio guardaroba   laundry service
la sessione plenaria   plenary session
la seta   silk
settembre   September
la settimana   week
alla settimana   by the week
per settimana   by the week
la sezione di (non) fumare   (no-) smoking
                                          section
la sezione (non) fumatori   (no-) smoking
                                          section
sgualcirsi   to crumple, to crease, to wrinkle
la sicurezza   safety
il siero   serum
la sigaretta   cigarette
un (incontro) singolo   singles (tennis)
la sinistra   Left (political orientation)
a sinistra   to the left
di sinistra (uomo o donna)   leftist
sinistro(a)   left
sintetico(a)   synthetic
il sintomo   symptom
il sipario   curtain (of a stage)
il sistema   system
slogarsi   to sprain
slogarsi una caviglia   to sprain one's ankle
lo smalto per le unghie   nail polish
smettere   to stop
sobbalzare   to bounce, to jolt
il socialismo   socialism
il (la) socialista   socialist
la società di assicurazioni   insurance company
il sofà   sofa, couch
sofferto   suffered
soffocante   sultry
la sogliola   sole
solamente   only
il sole   sun
di sole   sunny
soleggiato(a)   sunny
la sommossa   uprising
sonare il clacson   to sound, to blow the horn
il sonnellino   nap
sopra   on top
il soprabito   overcoat
sorvegliare   to guard, to watch
sostenere   to take (an examination)
il sottabito   slip
la sottana   half-slip
sotto   under
la sottoveste   slip

la spalla   shoulder
sparecchiare la tavola   to clear the table
sparso(a)   scattered
spazzare (il pavimento)   to sweep (the floor)
lo spazzolino   toothbrush
lo specchio   mirror
la specialità della casa   house specialty
specializzarsi   to specialize
una specializzazione   advanced degree
spedire   to send
spegnere la luce   to turn out (off) the light
la spesa   charge, expense
lo spettacolo   show
lo spettatore (la spettatrice)   spectator
la spiaggia   beach
gli spiccioli   small change, coins
spiegare   to explain
la spina   bone (fish only)
la spina   electric plug
gli spinaci   spinach
spingere   to push
spogliarsi   to undress oneself
spogliarsi fino alla cintola   to strip to the waist
spolverare   to dust
sporco(a)   dirty
lo sport   sport
la sporta   shopping bag, shopping basket
lo sportello   window, ticket window, teller's
        window
lo spray   hair spray
lo spremiagrumi   citrus fruit squeezer
la spugna   sponge
la spugnetta   small sponge
la spuntata   trim
la spuntatina   trim
la squadra   team
squillare   to ring
staccare   to pick up (receiver)
lo stadio   stadium, soccer field
la stampella   hanger, crutch
la stanza   room
la stanza da letto   bedroom
stare   to stay, to be located
stare a galla   to float
la stazione   terminal, station
la stazione ferroviaria   train station
la stazione d'imbarco   terminal, station
lo stetoscopio   stethoscope
stirare   to iron
lo stiro   ironing
stitico(a)   constipated
gli stivaletti   boots
gli stivali   boots
la stoffa   fabric
lo stomaco   stomach
la storiella   story
le stoviglie   dishes, cutlery
lo straccio   rag

lo straccio per la polvere   dustcloth
la strada   street, road
stretto(a)   narrow, tight
lo strofinaccio   dustcloth
lo (la) studente(ssa)   student
la stuoia da bagno   bath mat
subito   at once, immediately
il sugo   juice, gravy (of meat)
nel suo sugo   in its juices
il suino   pig
la suola di cuoio   leather sole
la suola di gomma   rubber sole
suonare (or sonare)   to ring
il supermercato   supermarket
il supplemento   additional charge
surgelato(a)   frozen
surriscaldarsi   to overheat
la sveglia   alarm clock

il tabacco   tobacco
il tabellone   scoreboard
il tachimetro   speedometer
il tacco   heel
la taglia   size (dresses, coats)
tagliare   to cut
tagliare a pezzetti   to dice
tagliato(a) a pezzetti   diced
il taglio dei capelli   haircut
un tanto   so much
il tappeto   rug, carpet
il tappo   plug (of sink), stopper (of bottle)
tardi   late
la targa   license plate
la targhetta   label, tag (for identification)
la tariffa   tariff, rate
le tasse   taxes
il tassì   taxi
il tasso d'interesse   interest rate
la tavola da surfing   surfboard
il tavolino   table
il tavolino pieghevole   folding table
il tavolo (la tavola)   table
il tavolo operatorio   operating table
il taxi   taxi
la tazza   cup
il teatro   theater
il tegame   pan
telefonare   to telephone
la telefonata   telephone call
la telefonata a carico del   collect call
   destinatario
la telefonata interurbana   long-distance call,
                toll call
la telefonata con preavviso   person-to-person
                call
la telefonata urbana (locale)   local call
il (la) telefonista   telephone operator
il telefono   telephone

la televisione   television
il televisore   television set
la temperatura   temperature
il temperino   pocket knife
la tempesta di neve   snowstorm
la tempesta di vento   windstorm
tempestoso(a)   stormy
il tempo   period (sports), time, weather
il tempo brutto   nasty weather
il tempo cattivo   nasty weather
a (in) tempo   on time
il tempo di volo   flight time
il temporale   storm, thunderstorm
la tenda   drape
la tenda (da campo)   tent
la tenda di ossigeno   oxygen tent
il tennis   tennis
il tergicristallo   windshield wiper
terminare   to end, to finish, to terminate
il termos   thermos
la terra   ground
il terrorismo   terrorism
il (la) terrorista   terrorist
il tessuto   fabric
la testa   head
il tetano   tetanus
il tifo   typhoid fever
la tintarella   suntan
la tintoria   dry cleaner's shop
la tintura   tint
la tintura di iodio   iodine
il tipo   type
il tipo di sangue   blood type
tirare   to shoot, to throw, to blow (wind)
togliere   to remove, to get out, to take out
tollerare   to tolerate, to bear
il tonno   tuna
le tonsille   tonsils
la tormenta   snowstorm
tornare indietro   to turn around
il torneo   tournament
la torta   cake, pie
la tortiera   baking pan
la tosse   cough
tossire   to cough
il totale   total
la tovaglia   tablecloth
il tovagliolo   napkin
il traffico   traffic
la tragedia   tragedy
il tramonto   sunset, dusk
tranquilo(a)   calm
il transito   transit, traffic
trascorrere l'estate   to spend the summer
la trasmissione automatica   automatic
transmission
trattenersi   to remain, to stay

il treno   train
il treno locale   local train
il tribunale   court
il trinciante   carving knife
trinciare   to carve
tritare   to chop
tritato(a)   minced
troppo   too much, too
troppo corti(e)   too short
troppo cotto(a)   too well-done
troppo duro(a)   too tough
troppo al sangue   too rare
trovare   to find
trovarsi   to find oneself
il trucco   makeup
la tubatura   pipes, plumbing
la tubercolosi   tuberculosis
tuonare   to thunder
il tuono   thunder
la turbolenza inaspettata   unexpected
turbulence
tutti coloro che   all those who
tutto esaurito   sold out

l'ufficio   office
l'ufficio di cambio   exchange bureau
l'ufficio cassa   cashier's office
l'ufficio postale   post office
ugualmente   equally
l'ulcera   ulcer
l'ultimo dell'anno   New Year's Eve
umido(a)   humid
in umido   stewed
l'unghia   fingernail
unicamerale   unicameral
l'uniforme   uniform
l'università   university
l'uovo (pl. le uova)   egg
l'urina   urine
usare   to use
usare l'aspirapolvere   to vacuum-clean
l'uscita   exit
l'uscita d'emergenza   emergency exit
l'uscita d'imbarco   boarding gate
l'uva   grapes

il vaglia postale   money order
il vagone   car of a train
il vagone letto   sleeping car
il vagone ristorante   dining car
la valigetta   briefcase, small suitcase
la valigia   suitcase
la valvola   fuse
variabile   changeable, variable
la varicella   chicken pox
il varietà   vaudeville
la vasca da bagno   bathtub

il vassoio   tray
i vegetali   vegetables
il velluto a coste   corduroy
la velocità   speed, gear
venerdì   Friday
le veneziane   venetian blinds
il vento   wind
le verdure   vegetables
il versamento   deposit
verso   at about (with time of day)
le vertigini   dizziness
la vescica   bladder
la vescichetta biliare   gallbladder
la vestaglia   dressing gown
vestire   to dress
vestirsi   to dress oneself
i vestiti   dresses, suits, clothes
il vestito   dress, suit
la vettura   car of a train
la via   street
la via aerea   air mail
per via aerea   by air mail
il viaggiatore (la viaggiatrice)   traveler
un viaggio di piacere   pleasure trip
il viale   avenue
via mare   by boat
vibrando   vibrating
vicino (vicino a)   near
la vigilia di Capodanno   New Year's Eve
la vigilia di Natale   Christmas Eve
il villaggio   village
la villeggiatura   vacation, summer vacation
la villetta   bungalow

il villino   bungalow
vincere   to win
il vino   wine
il viso   face
vistare   to issue a visa
il visto   visa
il vitello   calf, veal
il vitto e alloggio   room and board
la vivanda   food, dish
il volante   steering wheel
volare   to fly
il volo   flight
una volta qui   once here
il voltaggio   voltage
voltarsi   to turn around
vomitare   to vomit
il vomito   vomit
votare   to vote
il voto   vote
il voto di fiducia   vote of confidence
vuotare   to empty
vuoto(a)   empty
il water   toilet

il whisky   whiskey

lo zaino   knapsack
lo zero   zero, love (tennis)
la zona   zone, area
la zuccheriera   sugar bowl
lo zucchero   sugar
la zuppiera   soup tureen

New from McGraw-Hill
Schaum's Foreign Language Series!

These books provide the everyday vocabulary you need to survive in real-life situations. Progress from one proficiency level to the next by studying the vocabulary presented in the recurring themes which appear in each book (e.g., directions for travel, receiving emergency medical care, ordering food in a restaurant). The audio cassettes provide useful drills and exercises for developing effective pronunciation and listening skills.

COMMUNICATING IN SPANISH Novice
Order code 056642-9/$8.95 WITH CASSETTE 911016-9/$14.95

COMMUNICATING IN SPANISH Intermediate
Order code 056643-7/$8.95 WITH CASSETTE 911017-7/$14.95

COMMUNICATING IN SPANISH Advanced
Order code 056644-5/$8.95

COMMUNICATING IN FRENCH Novice
Order code 056645-3/$8.95 WITH CASSETTE 911018-5/$14.95

COMMUNICATING IN FRENCH Intermediate
Order code 056646-1/$8.95 WITH CASSETTE 911019-3/$14.95

COMMUNICATING IN FRENCH Advanced
Order code 056647-x/$8.95

COMMUNICATING IN GERMAN Novice
Order code 056934-7/$9.95

COMMUNICATING IN GERMAN Intermediate
Order code 056938-X/$9.95

COMMUNICATING IN GERMAN Advanced
Order code 056941-X/$9.95

The books in this series teach the practical Spanish or French needed to read or communicate effectively in your major field of study or profession. Each topic is presented at the equivalent of the third semester of language study at the college level.

BUSINESS AND MARKETING
COMERCIO Y MARKETING
Order code 056807-3/$10.95
COMMERCE ET MARKETING
Order code 056811-1/$10.95

FINANCE AND ACCOUNTING
FINANZAS Y CONTABILIDAD
Order code 056806-5/$10.95
FINANCE ET COMPTABILITÉ
Order code 056810-3/$10.95

MEDICINE AND HEALTH SERVICES
MEDICINA Y SERVICIOS MÉDICOS
Order code 056805-7/$11.95
MÉDECINE ET SOINS MÉDICAUX
Order code 056809-x/$11.95

EDUCATION AND THE SCHOOL
EDUCACIÓN Y DOCENCIA
Order code 056818-9/$10.95
ÉDUCATION ET ENSEIGNEMENT
Order code 056822-7/$10.95 (Available 1995)

POLITICAL SCIENCE AND INTERNATIONAL RELATIONS
CIENCIA POLÍTICA Y RELACIONES INTERNACIONALES
Order code 056819-7/$10.95
SCIENCES POLITIQUES ET RELATIONS INTERNACIONALES
Order code 056823-5/$10.95 (Available 1995)

LAW AND CRIMINOLOGY
DERECHO Y CRIMINOLOGÍA
Order code 056804-9/$11.95
DROIT ET CRIMINOLOGIE
Order code 056808-1/$11.95 (Available 1995)

ECONOMICS AND FINANCE
ECONOMÍA Y FINANZAS
Order code 056824-3/$9.95
ÉCONOMIE ET FINANCE
Order code 056825-1/$9.95

SOCIOLOGY AND SOCIAL SERVICES
SOCIOLOGÍA Y SERVICIOS SOCIALES
Order code 056817-0/$10.95
SOCIOLOGIE ET SERVICES SOCIAUX
Order code 056821-9/$10.95

TOURISM AND HOTEL MANAGEMENT
TURISMO Y HOSTELERÍA
Order code 056816-2/$10.95
TOURISME ET HÔTELLERIE
Order code 056820-0/$10.95 (Available 3/93)

ASK FOR THESE TITLES AT YOUR LOCAL BOOKSTORE!

If they are not available, mail the following coupon to McGraw-Hill, Inc.

ORDER CODE	TITLE	QUANTITY	$ AMOUNT
_____	_____	_____	_____
_____	_____	_____	_____
_____	_____	_____	_____

LOCAL SALES TAX _____

$1.25 SHIPPING/HANDLING _____

TOTAL _____

NAME _____
(please print)

ADDRESS _____
(no P.O. boxes please)

CITY _____ STATE _____ ZIP _____

ENCLOSED IS ❑ A CHECK ❑ MASTERCARD ❑ VISA ❑ AMEX (✓ one)

ACCOUNT # _____ EXP. DATE _____

SIGNATURE _____

PRICES SUBJECT TO CHANGE WITHOUT NOTICE AND MAY VARY OUTSIDE U.S.
FOR THIS INFORMATION, WRITE TO THE ADDRESS ABOVE OR CALL THE **800** NUMBER.

Make checks payable to
McGraw-Hill, Inc.

Mail with coupon to:
McGraw-Hill, Inc.
Order Processing S-1
Princeton Road
Hightstown, NJ 08520

or call 1-800-338-3987